ZHONGGUO JIANZHUYE SHANGSHIGONGSI
CAISHUI YANJIU BAOGAO

中国建筑业上市公司
财税研究报告

（2021 年版）

中国施工企业管理协会 ◎ 组织编写

中国财经出版传媒集团
中国财政经济出版社

图书在版编目（CIP）数据

中国建筑业上市公司财税研究报告：2021年版/中国施工企业管理协会组织编写. --北京：中国财政经济出版社，2022.1

ISBN 978-7-5223-0848-7

Ⅰ. ①中… Ⅱ. ①中… Ⅲ. ①建筑企业-上市公司-税收管理-研究报告-中国 Ⅳ. ①F812.423

中国版本图书馆CIP数据核字（2021）第208438号

责任编辑：王 芳　　责任校对：徐艳丽

封面设计：陈宇琰　　责任印制：党 辉

中国财政经济出版社 出版

URL：http://www.cfeph.cn

E-mail：cfeph@cfeph.cn

社址：北京市海淀区阜成路甲28号 邮政编码：100142

营销中心电话：010-88191522

天猫网店：中国财政经济出版社旗舰店

网址：https://zgczjjcbs.tmall.com

北京富生印刷厂印刷 各地新华书店经销

成品尺寸：170mm×240mm 16开 15.5印张 186 000字

2022年1月第1版 2022年1月北京第1次印刷

定价：60.00元

ISBN 978-7-5223-0848-7

（图书出现印装问题，本社负责调换，电话：010-88190548）

本社质量投诉电话：010-88190744

打击盗版举报热线：010-88191661 QQ：2242791300

中国建筑业上市公司财税研究报告（2021年）

编委会

序一

中国注册税务师协会会长　国家税务总局原副局长　宋兰

2020 年是我国“十三五”规划收官之年，在以习近平同志为核心的党中央坚强领导下，“十三五”规划主要目标任务顺利完成。“十三五”时期，习近平总书记指出，减税降费政策措施要落地生根，让企业轻装上阵。党中央、国务院精准实施经济逆周期调节，有序推出一系列减税降费政策。特别是 2020 年面对疫情给经济发展带来的下行压力，在继续贯彻落实好 2019 年大规模减税降费政策的基础上，税务总局将制度性减税和阶段性减税政策相结合，加大对部分市场主体和行业税收优惠、减免力度，阶段性“免减缓”缴社保费，重点减轻中小微企业、个体工商户和困难行业企业税费负担。2021 年的政府工作报告晒出 2020 年减税降费成绩单，全年为市场主体减负超过 2.6 万亿元，其中减免社保费 1.7 万亿元。依据税务总局统计数据显示，“十三五”时期，5 年新增减税降费规模合计超过 7.6 万亿元，且宏观税负（即一般公共预算收入中税收收入占 GDP 比重）逐年下降。

税负变化是衡量纳税人和各行业获得感的一项重要的、直接的标准，如何理解、计算和分析税负，则是一个相对复杂且具争议性的话题。研究评价宏观税负、行业税负和纳税人税负，或出于收入分配研究、税制合理性分析、政策效果和效应评价、企业改进管理乃至反映政策诉求等目的，不一而足。需要我们认识的是，这些工作都是新时代赋予我国财税界工作者的职责，我们要主动开展相关研究的评价工作，不应在国际组织和国外商业机构针对我国税负、税收营商环境发布相关报告时去解释应对。通常，政府财税主管部门、高校是该类研究的积极承担主体，在税负研究方面做了大量卓有成效的工作，但也分别存在行政机关自我评价的社会公信力有待提升、学术与实务衔接程度有待加强等改进空间。如何以更加客观中立、专业务实的立场来研究和计算税负，需要有志者从研究能力，到专业储备，再到数据处理和人力资源投入等方面克服重重挑战，探索新的道路，形成优秀成果。

北京华政税务师事务所在行业财税研究方面开展了积极有益的探索。在多年业务经验和成果沉淀的基础上，该所进一步提高站位，专门组建了研究部门，联合相关行业协会和机构，组织专业团队，开展专业论证，搜集大量公开数据，以税负分析为核心内容，开展分行业上市公司的财税研究，积极回应了新时代提出的重要课题。研究报告的付梓，至少具有三个方面的重大意义：一是研究报告客观反映了行业上市公司财务和纳税实际情况，有助于该行业企业对照同行，总结企业财税管理的得失，为进一步创造企业价值找出重点和方向；二是该报告对比研究了行业内上市公司近几年的纳税情况，覆盖税收政策变化相关年度，为行业内企业、税务机关、行业协会等各利益相关者评价纳税人税负变化，提供了周期完整、高度可比、专业可信的参照系；三是首开税务专业服务组织开展分行业上市公司财税研究的先河，以行业研究为引领，透视客户经营活动，拓宽服务视角，追求更加卓越的业务品质，必将为推动税务专业服务行业高质量发展注入新的动能。

本报告的发布已进入第四年，内容与方法体系已渐趋成熟稳定。从报告内容上看，除了体系合理完整外，可谓亮点纷呈，兼具专业实务与学术研究价值。报告借鉴宏观经济理论中 GDP 收入法核算中有关生产税净额的概念，设计了“生产税”“生产税负”指标，统一计算了与企业生产经营直接关联的各类非所得税类税种税负，有助于准确评价减税政策对纳税人的实际减负作用，此谓亮点一。报告根据上市公司年度报告公开数据，基于现金流量表、资产负债表、利润表三者的关系，以及涉税相关会计科目核算内容和方法，以相对接近的口径，设计了“增值税”“增值税税负”指标计算方法，解决了长期以来学术界和实务界从上市公司年报公开数据准确推算增值税的难题，此谓亮点二。报告能够站在企业经营的角度，结合行业环境变化、深化供给侧结构性改革、国有企业管理、财税政策调整等因素，动态开展研究，此谓亮点三。

鉴于税负计算的专业复杂性，建议读者结合对上市公司报表合并、税务会计核算和税收政策的研究和认识，先行阅读正文内容，特别是关于术语口径及税负影响因素的有关内容，然后以辩证、客观的视角去理解报告所附排行榜的含义。我相信，掩卷之余，读者必然能够对报告所涉及行业的财税情况有更为深入的认识，同时也能在拓展研究视角和业务思路、提升专业能力方面有所裨益。

最后，希望主编方能够持续完善研究方法和内容，将财税研究报告覆盖我国各重点税源行业，形成我国分行业财税系列研究精品，为政府、企业和社会各界观察分析纳税人，提供一个可信赖的重要窗口，同时亦能以此类成果，推动我国税务专业服务行业加强研究队伍和力量建设，以更加广阔的视野、更为高端的战略，加速行业高质量发展路径的探索，为建立和完善我国现代财税体制以及税收社会共治体系做出积极贡献。

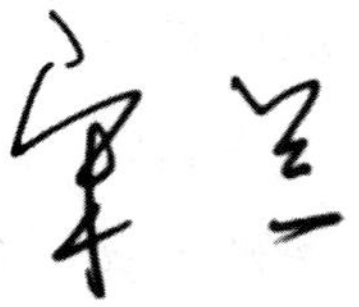

2021 年 9 月

序二

中国施工企业管理协会会长
中国建筑集团有限公司党组书记、董事长　郑学选

当前，我国经济社会已进入高质量发展阶段。企业财税管理担负着赋能服务企业高质量发展的重要职能。面对新冠肺炎疫情的冲击影响，面对国际国内双循环发展格局的构建，面对供给侧结构性改革的深化，国家在企业财税改革上出台实施了一系列新政策新法规，也带来了企业财税服务和管理工作的新情况、新特点、新变化。《中国建筑业上市公司财税研究报告(2021年)》正是从这些新情况新问题的研究出发，对目前企业财税状况作进一步的分析，进一步揭示当前企业财税管理工作的特点规律，为服务企业发展提供有益借鉴。

《中国建筑业上市公司财税研究报告（2021年)》以116家建筑业上市公司公开的财务信息数据为基础，重点分析了建筑企业的营业收入、利润、毛利率、净利率、资产负债率、净资产收益率、研发投入等财务情况，以及企业所得税、生产税、增值税税额税负、总体税额税负、税费净利比等纳税情况。为了使研究报告在服务企业上更具针对性和指导性，我们在编写过程中注重把握了三个方面：一是坚持用事实说话。通过大量数据的比对归纳，使研究报告建立在客观真实的基础之上。二是注重理性分析。着重分析国家财税改革对企业经营状况的影

响，为企业用足用好用活国家政策提供有益借鉴。三是兼顾不同企业。在数据采集和分析运用中，兼顾到不同所有制、不同产值规模、不同专业领域的企业情况，力求使研究报告更具普遍指导意义。

2021 年 11 月

Preface

At present, China's economy and society has entered a stage of high-quality development. Corporate finance and tax management is performing an important function of empowering and serving the high-quality development of enterprises. In the face of the impact of the COVID-19, the construction of a dual circulation development paradigm with domestic and international markets reinforcing each other and the deepening of supply-side structural reform, the government has introduced and implemented a series of new policies and regulations in corporate finance and tax reforms, which have also brought new situation, new features, and new changes in corporate finance and tax services and management. The *Financial and Taxation Research Report on Listed Companies in China's Construction Industry* (*2021*) is based on the study of these new situations and new issues. It further analyzes the current corporate finance and tax circumstances, further reveals the characteristics and rules of current corporate finance and tax management, providing helpful reference for the development of enterprises.

Based on the financial information and data of 116 listed companies in the construction industry, the *Financial and Taxation*

Research Report on Listed Companies in China's Construction Industry (*2021*) focuses on the analysis of the financial status (including operating income, profit, gross profit margin, net profit rate, debt-asset ratio, return on net assets, R&D investment) and tax status (including corporate income tax, production tax, value-added tax burden, overall tax burden, tax net profit ratio, etc.) of construction companies. In order to make the research report more pertinent and instructive in serving enterprises, we pay attention to three aspects in the compilation process. First, we insist on using facts to explain opinions. Through the comparison and summary of a large amount of data, the research report is established on the basis of objective truth. The second is to focus on rational analysis. We lay special stress o the analysis of the impact of fiscal and taxation reforms on the operating situation of the companies, and provide useful reference for enterprises to make full use of the policies. The third is to take different companies into account. When collecting and analyzing data, we have taken the situation of companies with different ownerships, different scales of output value, and different professional fields into consideration, striving to add to the research report a more universal guiding significance.

目　录

Contents

摘　要

近年来，我国建筑业上市公司持续稳步发展，增长速度有所放缓，盈利状况保持基本稳定，去杠杆力度加大，资产保值增值状况较好，研发投入持续增长。总体上看，受增值税进一步深化改革以及增值税税率下调、减税降费等因素影响，总体税负近两年呈持续下降的走势。

一、建筑业上市公司财税情况总体分析

（一）财务情况分析

近4年，建筑业上市公司营业收入持续稳步增长，年均增速为13.41%，2020年增速略有回落至12.06%。资产总额、净资产增速快于营业收入增速，年均增速分别为14.12%和17.65%，2020年分别达12.18%和16.89%，营业收入对资产保值增值的贡献较为显著。

近4年，建筑业上市公司的净利润保持连续增长，年均增幅为8.97%，2020年增速为7.07%，其中归属于母公司股东的净利润年均增幅为4.93%，2020年增速有所减缓，为4.21%。

建筑业上市公司的毛利率水平呈先升后降趋势，但总体变化较稳定，由2017年至2018年小幅上升后，2020年又下跌至11.26%，净利率水平近4年基本稳定在3.4%左右。

根据央企负责人经营业绩利润考核口径计算，2019 年至 2020 年，建筑业上市央企实现净利润分别为 1 742.43 亿元和 1 874.55 亿元（同比增加 7.58%），研发投入分别为 991.77 亿元和 1 353.87 亿元（同比增加 36.51%），根据考核净利润的计算公式（考核净利润 = 净利润 + 研发投入 ×75%），央企考核净利润分别为 2 486.26 亿元和 2 889.95 亿元（同比增加 16.24%）。2020 年剔除所得税影响的研发投入占考核净利润的比重为 46.85%，研发投入增长对考核净利润增长贡献较大。

近 4 年，建筑业上市公司的净资产收益率呈逐年下降趋势，总体保持在 10% 左右，扣除非经常损益后的净资产收益率基本保持在 9% 左右，2020 年两项指标分别下降至 9.63% 和 8.07%。

近 4 年，建筑业上市公司的资产负债率持续下降，从 2017 年的 76.27% 下降至 2020 年的 74.00%，下降了 2.27 个百分点，表明去杠杆政策持续发力，建筑业深化供给侧结构性改革取得明显成效。

（二）纳税额与结构分析

近 4 年，受企业所得税、增值税等主要税种变动影响，建筑业总体纳税规模呈逐步上升的走势，年均增速 6.33%。

2017—2020 年，随着增值税改革稳步推进和营业收入的增长，缴纳生产税持续稳步上升，年均增速 5.52%，2020 年缴纳生产税上升至 1 656.63 亿元。

近 4 年，新税制稳定运行后，缴纳增值税与生产税呈相同趋势，年均增速 6.42%，2020 年缴纳增值税规模上升至 1 254.84 亿元。

近 4 年，受营业收入和利润总额稳中向好的影响，建筑业上市公司缴纳企业所得税呈持续增长态势，年均增速为 8.49%，略低于利润总额年均增速 9.56%。

建筑业上市公司税金及附加构成项目以土地增值税、城建税和教育费附加为主。根据近 4 年样本分析，土地增值税占比在 40% 左右，三者合计占比超过 60%。

（三）税负分析

2017—2020 年，受深化增值税改革、减税降费、2020 年新冠肺炎疫情优惠政策等因素影响，建筑业上市公司总体税负与生产税税负和增值税负变动基本一致，呈现逐步下降趋势。

近 4 年，主要受增值税改革、减税降费政策、新冠肺炎疫情蔓延等因素影响，建筑业上市公司生产税税负、增值税税负均呈逐年下降趋势，2020 年分别下降至 2.56% 和 1.94%，平均税负分别为 2.95% 和 2.19%。

近 4 年，建筑业上市公司企业所得税税负水平呈先升后降趋势，4 年平均税负为 25.32%。2017—2019 年受纳税调整、税收优惠政策享受不足等因素影响，建筑业上市公司企业所得税税负水平略高于法定税率，2020 年税收优惠力度加大，行业企业所得税税负为 24.73%，略低于法定税率。

2017—2020 年，建筑业上市公司净利率基本保持稳定，税费净利比受总体税负影响较大，在 2018 年小幅上升后呈下降走势，2019 年及 2020 年显著下降，2020 年税费净利比为 112.77%，4 年平均值为 119.63%，建筑业对国家税收收入做出了积极贡献。

二、财务情况分类分析

（一）分明细行业分析

从营业收入和资产增长情况看，2017—2020 年，随着行业景气度回升，除了国际工程、园林生态工程、建筑装饰行业外，其他各明细行业的营业收入都实现了持续增长；国际工程行业受全球新冠肺炎疫情蔓延、世界经济衰退、国际形势严峻等多重压力因素影响，营业收入呈先升后降趋势；园林生态工程行业受全球经济下行、市场融资趋紧、新冠肺炎疫情蔓延、工程项目开工复工受限制等因素影响，营业收入呈波动下降的走势；建筑装饰业受新冠肺炎疫情冲击，下游房地产业不利因素增加等影响呈现先升后降趋势；除园林生态业外，所有明细行业的资产总额、净资产均实现了持续增长，营业收入的增长对资产的保值增值发挥了重要作用。

从净利润变化情况看，2017—2020 年，基础设施建设和房屋建筑行业因为行业景气度回升，实现了净利润的持续增长；石化冶金矿山工程、钢结构行业因加大宏观政策应对力度，立足国内国际双循环，整体呈现良好持续增长态势；建筑装饰业、国际工程、园林生态工程行业受新冠肺炎疫情的冲击，世界经济形势下降、融资收紧等因素的影响，呈波动下降或持续下降走势。

从毛利率和净利率变化情况看，2017—2020 年，基础设施行业毛利率和净利率变化都较为平稳，分别保持在 11% 和 3% 以上；房屋建筑和建筑装饰行业毛利率都呈现先升后降趋势，房屋建筑行业净利率变化较为平稳，在 4% 上下浮动，建筑装饰行业净利率呈现连续下降趋势；国际工程和园林生态行业毛利率和净利率都呈现下降趋势；石化冶金矿山和钢结构行业毛利率都呈现下降趋势，净利率都呈现先降后升趋势。

从净资产收益率变化情况看，2017—2020 年，除了石化冶金和钢结构以外各明细行业的净资产收益率呈现波动下降态势。受国内外复杂的经济形势影响，融资成本提高、计提减值准备、高负债经营等因素影响较大，净资产收益率、扣除非经常损益后的净资产收益率均呈波动下滑或持平态势，园林生态行业因受新冠肺炎疫情蔓延、市场环境严峻等因素影响，净资产收益率显著下滑；基础设施建设、建筑装饰、国际工程等行业净资产收益率呈现波动下降趋势；房屋建筑业净资产收益率较平稳，维持在 14% 左右水平波动；石化冶金、钢结构行业呈现上升趋势。

从资产负债率变化情况看，2017—2020 年，基础设施建设、房屋建筑业、国际工程行业资产负债率持续下降或波动下降，分别下降至 74.25%、75.70%和 62.94%，去杠杆持续发力，深化供给侧结构性改革取得成效。2018 年开始，石化冶金行业负债水平显著回升，2020 年负债率上升至 73.65%，钢结构行业资产负债率在前 3 年逐年上升，2020 年小幅回落至 56.57%。园林生态工程、建筑装饰行业的资产负债率显著上升，分别达 67.09%、65.69%。

（二）分营业收入规模区间分析

从财务情况看，营业收入分档规模较大企业的财务状况比较稳定，抗风险能力更强，营业收入增速更加稳定，净资产收益水平更高，分档规模较小企业的营业收入增长困难，抗风险能力弱，净资产收益水平更低。

（三）分控股类型分析

国有控股上市公司的财务状况比较稳定，营业收入增速比民营控股上市公司更高且更加稳定，宏观环境变化对国有控股上市公司利润的影响较小，民营控股上市公司利润受宏观环境影响程度较大。国有控股上市公司的杠杆利用程度比民营控股上市公司高出近 10 个百分点，并且净资产收益率也较民营控股上市公司平均高出 4—7 个百分点。

三、纳税情况分类分析

（一）分明细行业分析

从纳税额看，基础设施建设、房屋建筑业、石化冶金矿山工程三个行业纳税贡献较大，合计贡献占比超过 90%。

从税负水平看，2020 年房屋建筑业主要受土地增值税等因素影响，园林生态工程行业主要受龙头企业纳税增加等因素影响，总体税负较高，超过 4%；基础设施建设、建筑装饰和钢结构行业税负为 3%—4%，处于中间水平，其中钢结构行业税负较上年显著提高；石化冶金、国际工程行业税负较低，在 3% 以下，其中国际工程行业税负较上年明显降低。

从税负走势看，2017—2020 年，基础设施建设行业呈现出先升后降趋势，建筑装饰、园林生态工程、钢结构行业呈先降后升趋势，房屋建筑、石化冶金、国际工程行业整体呈下降趋势。除园林生态行业外，其他行业均在增值税改革、大规模减税降费措施下实现生产税税负、总体税负的下降，较 2017 年而言，生产税税负下降 0.6—1.1 个百分点不等，总体税负下降 0.44—1.56 个百分点不等。

从税费净利比来看，2017—2020 年，房屋建筑、基础设施建设、石化冶金、园林生态行业上市公司的税费净利比呈下降走势，钢结构行业呈先降后升走势，国际工程行业在波动中略有上升，建筑装饰行业呈上升走势，石化冶金、基础设施、房屋建筑、建筑装饰行业上市公司的税费净利比相对较高，4 年平均值都在 102% 以上，国际工程、钢结构行业的税费净利率相对较低，4 年平均值在 80% 以下，由于园林生态行业上市公司近两年受到宏观政策等因素的影响，税费净利比出现了较大幅度的波动。

（二）分营业收入规模区间分析

从纳税额看，营业收入分档规模在 1 000 亿元以上的 10 家企业（不含中国能源建设股份有限公司）贡献了约 85% 的行业税收，纳税总额的行业集中度较高。

从税负水平看，营业收入分档规模最小的企业类型总体税负水平较高，营业收入 100 亿—1 000 亿元的企业的总体税负和生产税负均较低，总体上各营业收入规模分档上市公司税负差异不大。

从税负走势看，随着增值税深化改革、减税降费举措实施，除营业收入 100 亿—1 000 亿元的上市公司总体税负、生产税税负、增值税税负在 2020 年出现小幅回升外，各营业收入规模分档上市公司整体均呈现下降走势。

从税费净利比来看，2017—2020 年，营业收入规模分档上市公司税费净利比都呈现下降趋势。营业收入分档规模最小的企业类型，税费净利比在 2018 年之前较高，2019 年开始与营业收入分档规模最大的企业趋同。

（三）分控股类型分析

从纳税额看，国有控股上市公司贡献了近 96% 的行业税收，民营控股上市公司贡献了约 4% 的行业税收，前者贡献规模比重远高于后者。

从税负水平看，整体上国有控股上市公司生产税税负与民营控股上市公司的生产税税负相差幅度不大。

从税负走势看，国有控股、民营控股上市公司的生产税税负及总体税负均呈下降或波动下降走势，随着增值税深化改革及税率降低，2020 年增值税税负较 2017 年均有所降低。

从税费净利比来看，2017—2018 年，国有控股上市公司的税费净利比均高于民营控股上市公司，2019 年受宏观经济形势影响，民营控股上市公司净利水平急剧下降，造成其 2019 年税费净利比远高于国有控股上市公司，2020 年受到新冠肺炎疫情影响、世界经济下行等因素影响，2020 年民营税费净利比持续高于国有控股上市公司。

四、税收优惠情况分析

建筑业上市公司主要享受的税收优惠项目包括高新技术企业低税率优惠、西部大开发低税率优惠和研发费加计扣除优惠。

从享受主体上来看，2020 年建筑业上市公司报表合并范围内子公司已广泛享受高新技术及西部大开发优惠，其中基础设施建设企业数量最多。

从享受企业所得税低税率优惠的节税额来看，2020 年建筑业上市公司享受的低税率企业所得税优惠节税额显著增加。2017—2020 年，除 2018 年出现了小幅下降外，其余年份均呈现上升走势，分别为 91.05 亿元、89.58 亿元（同比减少 1.61%）、93.41 亿元（同比增加 4.26%）和 126.23 亿元（同比增加 35.14%）。

近 4 年，建筑业上市公司的研发投入总额呈明显的逐年上升趋势，尤其是 2020 年增长显著，费用化支出占比仍超 99%。研发费占营业收入的比重呈快速上升趋势，近 4 年比重分别为分别为 1.79%、1.89%、1.96% 和 2.38%。2017—2019 年，建筑业上市公司研发费用加计扣除优惠的实际享受优惠比例也呈上升趋势，但受研发投入增长较快影响，2020 年出现下降，整体实际享受比例为 22.53%—43.48%。2017—2020 年分别为 22.88%—38.14%、23.35%—38.92%、26.09%—43.48% 和 22.53%—37.56%。

五、社保费情况分析

近 4 年，建筑业上市公司由单位负担的社保总额呈先升后降趋势，各年单位缴纳的社保总额分别为 417.71 亿元、458.29 亿元（同比增长 9.71%）、490.85 亿元（同比增长 7.10%）和 380.96 亿元（同比下降 22.39%）。其中，2017—2019 年逐年稳健上升，而 2020 年受疫情影响，人力资源和社会保障部、财政部、税务总局出台阶段性减免企业社会保险费相关政策，对企业负担的社会保险费减免力度较大，使得企业负担的社会保险费总额显著降低。

近 4 年，建筑业上市公司社会保险单位承担部分占工资的比例呈逐年降低趋势，尤其 2020 年下降幅度较大。按上市公司年报数据估计，各年占比分别为 19.13%、18.39%、17.42%和 12.42%。而以北京市为例，2017—2020 年各项社会保险费单位缴费比例为 31.9%、31.9%、28.9%和 28.64%。各年建筑业上市公司由单位承担部分社保占工资比例远小于法定社保缴费比例，差距均在 10%以上。

第一部分

引　言

1.1　研究背景和目的

建筑业是我国国民经济的重要支柱产业之一。改革开放以来，我国建筑业快速发展，建造能力不断增强，产业规模不断扩大，吸纳了大量农村转移劳动力，带动了大量关联产业，对经济社会发展、城乡建设和民生改善做出了重要贡献。根据国家统计局统计，2020 年全年全社会建筑业增加值为 72 996 亿元，比上年增长 3.5%。全国具有资质等级的总承包和专业承包建筑业企业利润为 8 303 亿元，比上年增长 0.3%，其中国有控股企业 2 871 亿元，增长 4.7%[①]。据中国建筑

① 国家统计局：2020 年国民经济和社会发展统计公报［EB/OL］，（2021－02－28）［2021－08－11］，http：//www.stats.gov.cn/tjsj/zxfb./202102/t20210227_ 1814154.html。

业协会《2020 年建筑业发展统计分析》数据显示，截至 2020 年底，全国有施工活动的建筑业企业 11.6 万个，同比增长 12.4%；从业人数 5 366.9 万人，同比下降 1.1%；按建筑业总产值计算的劳动生产率为 42.3 万元/人，同比增长 5.8%。2020 年，全国建筑业企业完成建筑业总产值 26.4 万亿元，签订合同总额 59.6 万亿元，完成房屋施工面积 149.47 亿平方米，实现利润 8 303 亿元，同比增长 0.3%。

2020 年是“十三五”规划收官之年，而税收制度作为国家战略目标实现的重要手段，在“十三五”的经济发展中起到了举足轻重的作用。“十三五”期间税收征管体制不断完善，营商环境持续改善，减税降费利企惠民，税收信息化建设飞速发展，国际税收成果丰硕。特别是自 2016 年 5 月起建筑业作为国民经济的重要支柱行业，与房地产业、金融业、生活服务业一并纳入营业税改征增值税试点，实现增值税货物和服务行业全覆盖。随后进一步减轻企业税负，促进经济结构转型升级，增值税开始深化改革，具体措施包括增值税税率降低与并档、完善增值税进项税抵扣链条、统一小规模纳税人标准、完善留抵退税制度，等等，进一步实现了结构性减税，适应我国经济的增值税制度逐步完善、成型。增值税深化改革期间，建筑业增值税税率从 11%降至 9%，项目预缴相关的征管制度进一步明确，留抵退税制度的实行，减少了建筑业因项目前期进项留抵过大导致的资金占压问题。建筑业税制的改革完善助力其行业的经济发展。

目前，建筑服务的计税依据、计税方法、适用税率（征收率）及税额预缴等增值税税收政策规定已平稳运行，本研究所涉及的 2017—2020 年报告数据均为建筑业征收增值税的完整年度。为全面掌握建筑业税收贡献情况，合理评估建筑业各年度税负变化，客观了解建筑企业的纳税现状和税收负担，进一步提升建筑企业税收管理水平和税收管理价值，中国施工企业管理协会和北京华政税务师事务所（华政税务集团研究院）达成共识，决定以建筑业上市公司为研究对象，立足公开数据，共同开展中国建筑业财税情况分析研究。

1.2 研究对象与研究方法

本书以境内 A 股上市的建筑企业为主要研究对象①。

关于建筑业的分类。目前证监会执行的是《上市公司行业分类指引（2012 年修订）》，该指引参照了《国民经济行业分类》（GB/T 4754—2011），将“E 建筑业”门类划分为“47 房屋建筑业”“48 土木工程建筑业”“49 建筑安装业”“50 建筑装饰业和其他装饰业”四个大类。《国民经济行业分类》（GB/T 4754—2017）将门类“50 建筑装饰业和其他装饰业”调整为“50 建筑装饰、装修和其他建筑业”，新标准的变化主要体现在小类划分，如“47 房屋建筑业”大类下设置“4710 住宅房屋建设”等小类，“483 海洋工程建筑”中类下设置“4831 海洋油气资源开发利用工程”等小类，“489 其他土木工程建筑”中类下设置“4891 园林生态工程”等小类，“501 建筑装饰和装修业”中类下设置“5011 公共建筑装饰和装修”“5012 住宅装饰和装修”“5013 建筑幕墙装饰和装修”三个小类等。

关于销售建筑服务的应税范围。财政部和国家税务总局制定的《营业税改征增值税试点实施办法》（财税〔2016〕36 号附件 1）所附《销售服务、无形资产、不动产注释》中，对应税销售建筑服务的具体范围做出规定。建筑服务指各类建筑物、构筑物及其附属设施的建

---

① 考虑到中国能源建设股份有限公司（以下简称中国能建）在建筑业中的规模具有一定重要性，本报告在分析财务类指标时，也将其纳入计算和分析范围；但受香港会计准则下年度报告披露信息的差异和限制，在计算各类税负指标时，除非另有说明或列示，未纳入计算和分析范围。

造、修缮、装饰，线路、管道、设备、设施等的安装以及其他工程作业的业务活动。包括工程服务、安装服务、修缮服务、装饰服务和其他建筑服务。

本报告结合上述行业分类标准和应税销售建筑服务注释，参考对上市公司主营业务的分析，并考虑了2017—2020年数据的完整性和准确性，最终选择确定116户建筑业上市公司，其中115户为A股上市的建筑企业，1户为在香港上市的建筑企业（即中国能建，基础设施建设），并将其划分为八大细分行业。

纳入本报告研究范围的115户A股上市的建筑企业名单如下：

基础设施建设（24户）

中国交建	隧道股份	宏润建设	天健集团	浦东建设
腾达建设	四川路桥	山东路桥	龙建股份	东湖高新
北新路桥	正平股份	成都路桥	中国中铁	中国铁建
葛洲坝	安徽建工	粤水电	围海股份	中国电建
中国核建	浙江交科	天沃科技	永福股份	

房屋建筑业（9户）

中国建筑	上海建工	重庆建工	龙元建设	宁波建工
中国海诚	同济科技	空港股份	高新发展	

建筑装饰业（含幕墙，24户）

金螳螂	江河集团	亚厦股份	广田集团	宝鹰股份
中航三鑫	奇信股份	弘高创意	洪涛股份	东易日盛
全筑股份	嘉寓股份	建艺集团	郑中设计	瑞和股份
柯利达	罗顿发展	创兴资源	中装建设	名雕股份
森特股份	名家汇	美芝股份	维业股份	

园林生态工程（26户）

东方园林	棕榈股份	铁汉生态	普邦股份	岭南园林
美晨生态	蒙草生态	中锐股份	文科园林	美丽生态

美尚生态　云投生态　乾景园林　花王股份　农尚环境
博天环境　巴安水务　京蓝科技　万邦达　　中船科技
祥龙电业　杭州园林　诚邦股份　元成股份　天域生态
大千生态

石化冶金矿山工程（8 户）

中国中冶　中国化学　海油工程　陕西建工　东华科技
金诚信　　镇海股份　三维工程

国际工程（5 户）

中材国际　中色股份　中工国际　北方国际　中钢国际

钢结构行业（7 户）

东南网架　精工钢构　杭萧钢构　富煌钢构　东方铁塔
海波重科　鸿路钢构

其他行业（12 户）

苏交科　华电重工　中化岩土　西藏天路　垒知集团
雅百特　重庆路桥　延华智能　正源股份　亚翔集成
多喜爱　百利科技

本书采用定性方法分析了税负及其影响因素，便于读者科学认识税负变化的含义，避免对税负高低简单地得出不利或有利的结论。研究人员搜集整理了分析对象的年度报告中营业收入、利润、税金等主要财务和税务数据，并采用定量方法进行了建筑业纳税结构、税负、税收优惠等方面的研究，并合理提炼相关结论，意图揭示建筑业上市公司纳税情况的规律性特征。本书在最后还附列了建筑业上市纳税总额、税负及税费净利比排行榜，供业界参考，并希望读者对照本书内容正确理解数字所代表含义。由于存在时间、数据质量和研究水平等方面的限制，可能存在差错缺漏，敬请读者提醒和谅解。

1.3 主要术语与口径

1.3.1 净资产收益率分析

按照《公开发行证券公司信息披露编报规则第 9 号——净资产收益率和每股收益的计算及披露》，上市公司在编制年度财务报告时，应以表格形式，列示按加权平均法计算的净资产收益率。该规则要求根据“归属于公司普通股股东的净利润”“扣除非经常性损益后归属于公司普通股股东的净利润”两种口径计算和披露加权平均的净资产收益率。

上市公司编制和披露合并财务报表的，“扣除非经常性损益后归属于公司普通股股东的净利润”以扣除少数股东损益后的合并净利润为基础，扣除母公司非经常性损益（应考虑所得税影响）、各子公司非经常性损益（应考虑所得税影响）中母公司普通股股东所占份额；“归属于公司普通股股东的期末净资产”不包括少数股东权益金额。

加权平均净资产收益率 $= P_0/(E_0 + NP \div 2 + E_i \times M_i \div M_0 - E_j \times M_j \div M_0 \pm E_k \times M_k \div M_0)$

其中：P_0 分别对应于归属于公司普通股股东的净利润、扣除非经常性损益后归属于公司普通股股东的净利润；NP 为归属于公司普通股股东的净利润；E_0 为归属于公司普通股股东的期初净资产；E_i 为报告期发行新股或债转股等新增的、归属于公司普通股股东的净资产；E_j 为报告期回购或现金分红等减少的、归属于公司普通股股东的净资产；M_0 为报告期月份数；M_i 为新增净资产次月起至报告期期末的累计月数；M_j 为减少净资产次月起至报告期期末的累计月数；E_k 为因其他交易或事项引起的、归属于公司普通股股东的净资产增减变动；M_k 为发生其他净资产增减变动次月起至报告期期末的累计月数。

本书所列建筑业上市公司样本的净资产收益率以各公司年度报告披露数为准。本书在计算建筑业上市公司总体和分明细行业等分类分析的净资产收益率时，以各样本的归属于公司普通股股东的净资产期初数和期末数平均值作为近似权重，计算得到建筑业上市公司总体和分明细行业等分类的加权平均净资产收益率。如无特别说明，本书中所称净资产收益率即指加权平均净资产收益率。

1.3.2 央企考核净利润

2018 年新出台的《中央企业负责人经营业绩考核办法》，突出创新驱动导向，引导企业加大研发投入。对技术进步要求高的企业，在计算经济效益指标时，可将研发投入视同利润加回。新的考核办法从 2019 年 4 月份起执行。为剔除研发投入加回的所得税影响，本书将考核净利润按净利润与研发投入的 75% 合计数列示，即：考核净利润 = 净利润 + 研发投入 × 75%

1.3.3 税负和总体税负

税负又称税收负担率，有宏观税负和微观税负之分。宏观税负是指一国在特定时期内税收收入与同期国内生产总值的比值。微观税负是指纳税人在特定时期内应缴纳税款（或实际缴纳税款）与同期计税依据的比值。本书研究的建筑业企业税收负担水平属于微观税负范畴。由于上市公司财务报表属于合并报表，因此，上市公司税负与母公司或者纳入合并范围的某一个子公司的税负存在差异。建筑企业缴纳的主要税种为增值税和企业所得税，本书主要分析企业所得税税负、增值税税负、生产税税负和总体税负共计四个税负指标。

在计算各类税负时，学术界一般参考 GDP 核算方法，以包含固定资产折旧额的企业增加值（以收入法计算，包括固定资产折旧、生产税净额、劳动者报酬和营业盈余）作为计算税负的分母。实际工作中，一般使用应税销售收入或营业收入（主营业务收入和其他业务收入之和）作为计算增值税税负的分母，本书采用此口径。

平均税负。各类税负的计算结果为平均值，即平均税负，表示单位计税基础承担的税收负担。平均税负可以分为加权平均税负和简单算术平均税负，前者以计税依据或税负计算分母项为权重计算得出，因而受到权重系数影响较大，后者以每个税负数值简单算术平均后计算得出。除非特别说明，本书中所称税负为加权平均税负，税负趋势分析为加权平均税负趋势。

总体税负也称综合税负、总税负或总税率，指企业当期应纳税额与当期营业收入的比值，反映了企业产出的综合税收负担水平。理论上，可以通过“当期应纳企业所得税”，加上“当期税金及附加”（不含计入管理费用和资产价格的税金），再加上“当期应纳增值税”，相对准确地计算得出“当期应纳税额”，但由于“当期应纳增值税”公开取数受限，自2019年起我们采用“当期支付的各项税费 - 应交税金上期期末余额 + 应交税金当期期末余额”作为当期应纳税额口径（经测算，应交个人所得税在应交税金中的比重非常小，约在万分之五以下，基本可以忽略不计，下同）。“营业收入”采用上市公司年度报告合并利润表中相应栏次金额。总体税负的公式为：

总体税负 = 当期应纳税额 /当期营业收入 = （当期支付的各项税费 - 应交税金上期期末余额 + 应交税金当期期末余额）/当期营业收入

1.3.4　生产税税负

按照国家统计局关于使用收入法核算国内生产总值的说明，国民经济各行业收入法增加值之和等于收入法国内生产总值，增加值由劳动者报酬、生产税净额、固定资产折旧和营业盈余四个部分组成。其中，生产税净额是指生产税减生产补贴后的余额。

生产税指政府对生产单位生产、销售和从事经营活动以及因从事生产活动使用某些生产要素（如固定资产、土地、劳动力）所征收的各种税、附加费和规费。生产补贴与生产税相反，指政府对生产单位的单方面转移支付，因此视为负生产税，包括政策亏损补贴、价格补贴等。部分学者如韩丽萍（2015）和李颖（2018）认为，政府通过生产税参与国民收入初次分配，生产税与间接税、流转税存在对应关系和较为一致的统计口径。

本书创造性地将“生产税”引入到微观税负计算中来，提出“生产税税负”的概念。我们认为，生产税包括除企业所缴纳的企业所得税以外的大部分税费（不含社保费），即生产税包括增值税、消费税、教育费附加、车船税、房产税、城镇土地使用税、印花税、排污费等。该口径与工程计价中的税费明细存在着天然的行业一致性。工程计价中的税金和企业管理费两项中包含的税费包括：营业税（营改增前）、增值税（营改增后）、教育费附加、车船税、房产税、城镇土地使用税、印花税、排污费等①。通过对比可以看出，生产税所含的税费与工程计价中的税费明细几乎一致，两者具有高度相关性。在建筑业纳税分析中引入生产税的概念具有较强的行业可行性。

从外延覆盖的税收种类看，生产税包括了增值税、营业税等流转税，土地增值税、印花税等行为税，以及房产税等财产税。建筑企业的生产税税负能够较为客观地反映以增值税为主的生产经营税收负担水平，同时使得建筑业营改增税制转换前、转换中和转化后不同年度的税负计算保持可比。

生产税税负，指企业当期应纳生产税额与当期营业收入的比值。

---

① 可参考《住房城乡建设部办公厅关于做好建筑业营改增建设工程计价依据调整准备工作的通知》（建办标〔2016〕4号）、《交通运输部办公厅关于〈公路工程营业税改征增值税计价依据调整方案〉的通知》（交办公路〔2016〕66号）、《关于印发〈关于建筑业营业税改征增值税调整北京市建设工程计价依据的实施意见〉的通知》（京建发〔2016〕116号）等文件，多地法规关于税费的规定几乎一致，不再一一列示。

2019 年，我们按照税款所属期与营业收入报告期保持一致的原则，将“当期应纳生产税额”用“当期实缴税额”（用当期支付的各项税费表示）减去上期“应交税金”期末数，再加上当期“应交税金”期末数，最后减去“当期应纳企业所得税额”后的差额表示。即：

生产税税负 =（当期支付的各项税费 - 应交税金上期期末余额 + 应交税金当期期末余额 - 当期应纳企业所得税额）/当期营业收入

如无特别说明，本书采用上述口径进行生产税和生产税税负的分析，该口径也用于增值税及增值税税负的测算。

1.3.5 增值税税负

企业增值税税负。企业增值税税负是指某个企业增值税纳税人当期企业当期实际缴纳增值税税额与当期增值税应税销售收入的比值，反映了某个企业增值税纳税人产出的增值税负担水平。我国实行的是消费型增值税，增值税的计税依据比较接近于剔除固定资产折旧额后的企业当期增加值。

合并增值税税负。根据上市公司年度报告等公开信息，准确计算或测算上市公司增值税税负是一项挑战性难题。中国人民大学财税研究所、中国人民大学重阳金融研究院和中国人民大学财政金融学院（2019）根据上市公司年度报告披露的当期缴纳教育费附加除以教育费附加平均费率，倒推测算当期实际缴纳增值税额，再据此计算增值税税负，做出了积极有益的尝试。我们考虑到，由于教育费附加地区间差异、年度报告披露信息不完整（如是否属于补缴以前年度附加）等因素影响，倒推计算可能导致增值税税负测算出现较大的误差，于是基于类似方法对相关数据进行了测算，但无法对测算结果的准确性做出合理保证。为了更加准确、合理地反映建筑业上市公司增值税税负，本书根据企业会计准则、企业合并财务报告指标之间的关系、增值税和企业所得税等税种的核算规定，以及基于对数据合理性分析，设计出一个计算上市公司合并口径的增值税税负（以下简称合并增值税税负）公式。

合并增值税税负 = 当期应缴增值税 / 营业收入 =（当期应缴税费总额 - 当期应交企业所得税 - 当期税金及附加）/ 营业收入

其中，当期应缴税费总额 = 当期支付的各项税费 - 应交税金上期期末余额 + 当期应交税金期末余额

"当期支付的各项税费"取自合并现金流量表当期该指标数额；"当期应交税金期末余额"取自合并资产负债表当期该指标数额；"应缴税金上期期末余额"取自合并资产负债表上期应缴税金期末余额；"当期应交企业所得税"来源于当期合并财务报表附注信息；"当期税金及附加"取自当期合并利润表该指标数额；"营业收入"取自年度报告当期该指标数额。

上述公式在计算"当期应缴税费总额"时，还原计算出所属期（与营业收入报告期相同）的各项应缴税费，在报告期方面实现了与据以产生纳税义务的营业收入的匹配和一致，而后者正是产生纳税义务的基础。公式中利用"当期应缴税费总额 - 当期应交所得税 - 当期税金及附加"表示"当期应缴增值税"。需要注意的是，从计算公式来看，还存在应交个人所得税对应税金的影响（影响较小，可忽略，请见总体税负中的相关说明），以及合并报表范围内的子公司法人增值税留抵税额的影响（一方面，子公司之间可能会存在因增值税留抵造成的应交税金期末借方余额，与期末贷方余额的合计抵消；另一方面，建筑企业可能存在预缴增值税和增值税留抵并存的情况，在计算合并增值税税负时抵消增值税留抵也存在一定的合理性）。

考虑到增值税税负的计算应该从营改增结束后的第一个年度起计算，以及从"税金及附加"会计核算口径变化后计算税负更加准确，本书从2017年度起计算合并增值税税负。

如无特别说明，本书所称增值税税负均指合并增值税税负。

1.3.6　企业所得税税负

企业所得税税负指当期应纳企业所得税额与同期企业利润总额的比值，反映了企业经营成果的企业所得税负担水平。

企业所得税税负＝当期应纳企业所得税额/当期企业利润总额

“当期应纳企业所得税额”取自企业所得税年度申报表相应栏次，本书采用上市公司年度报告中“合并财务报表项目附注”中“所得税费用”项下“当期所得税”金额。“利润总额”采用上市公司年度报告中合并利润表相应栏次金额。

1.3.7　税费净利比

本书所定义的税费净利比，指企业当期应纳税额与当期净利润（税后）的比值，反映了企业实现单位净利润所缴纳和贡献税费的水平。由于当期利润不是各项税费合计的计税依据，该指标严格来说，并不满足税负的定义。但通过分析该指标，我们可以观察到建筑企业在实现最终经营成果的同时面临的税费成本，以及对国家财政和社会做出的贡献，该指标仍具有相当的参考价值。“税费合计”目前用“当期支付的各项税费”表示。

税费净利比＝当期应纳税额/当期净利润＝（当期支付的各项税费－应交税金上期期末余额＋应交税金当期期末余额）/当期净利润

国际上也有类似研究方法，如世界银行集团（2020）用一个中等规模企业在某个年度应缴纳的各类税费（含企业所得税、由雇主承担的社会保险及住房公积金部分、土地增值税、房产税等，但不含代扣代缴的个人所得税、可转嫁增值税等）占商业利润（税前[①]）的比值，即总税费率（TTCR，Total Tax & Contribution Rate）来测量各国税制下企业的税收成本。

---

① 商业利润为企业承担所有税费之前的利润，与通常理解的利润表中的利润总额存在较大差异。

第二部分

财税情况总体分析

2.1 建筑业发展概述

2.1.1 建筑业发展近 10 年走势分析

据中国建筑业协会《2020 年建筑业发展统计分析》数据显示，近 10 年来，随着我国建筑业企业生产和经营规模不断扩大，建筑业总产值持续增长，2020 年达到 26.4 万亿元，比上年增长 6.24%。但建筑业总产值增速比上年降低了 3.78 个百分点（如图 2－1 所示）。

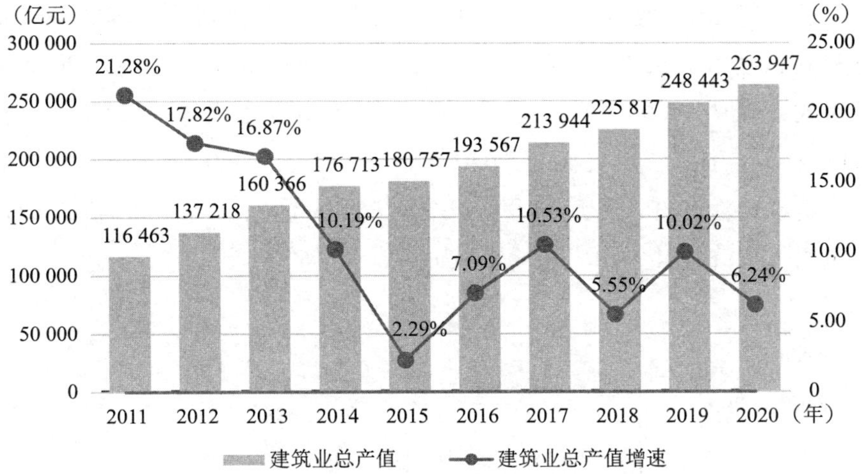

图 2－1　2011—2020 年建筑业总产值及增速①

自 2011 年以来，建筑业增加值占国内生产总值的比例始终保持在 6.8% 以上。2020 年再创历史新高，达到了 7.18%（如图 2－2 所示），体现了建筑业稳固的国民经济支柱产业地位。

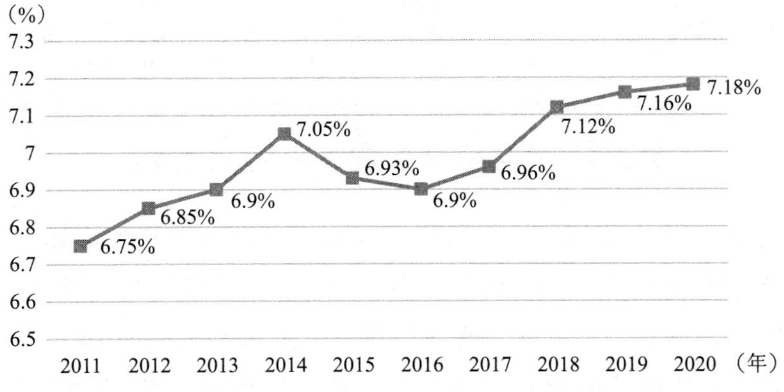

图 2－2　2011—2020 年建筑业增加值占国内生产总值比重

① 本书采用国家统计局年度数据（https://data.stats.gov.cn/easyquery.htm? cn = C01）。2018 年建筑业总产值为 225 816.86 亿元，与《2020 年建筑业发展统计分析》中 2018 年建筑业总产值数据存在差异，因此与该报告“图 3　2011—2020 年全国建筑业总产值及增速”所示趋势不同。

近 10 年来，建筑业企业利润总量持续增长，但增速逐步放缓。企业利润总额增速从 2011 年的 22.27% 呈阶段下降趋势，特别是 2015 年断崖式下降从 14.93% 直接降至 0.69%，2016 年回升至 8.29% 后，自 2017 年逐年下降，最终降至 2020 年的 0.28%。2020 年，全国建筑业企业实现利润 8 303 亿元，比上年增加 23.45 亿元，增速降为 0.28%，增速比上年降低 4.81 个百分点（如图 2－3 所示）。

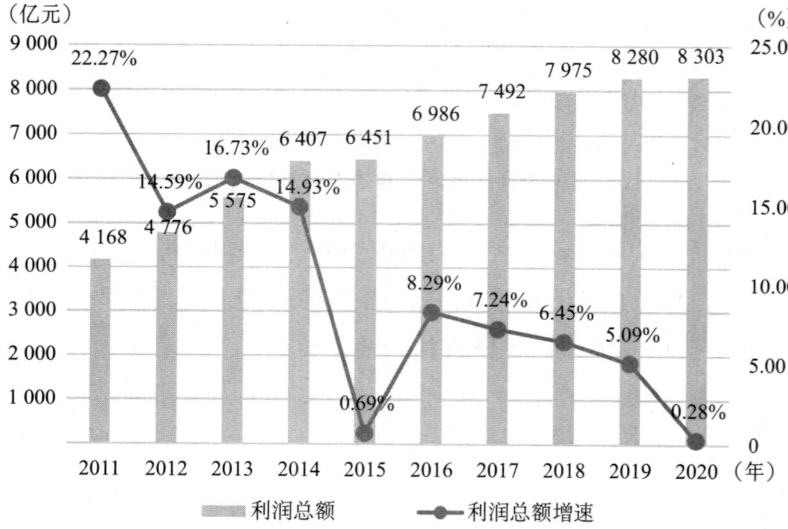

图 2－3 2011—2020 年建筑业企业利润总额及增速

近 10 年来，建筑业产值利润率（利润总额与总产值之比）一直在 3.5% 上下徘徊，自 2016 年起连续 4 年下降，从 3.61% 降至 3.15%。2020 年，建筑业产值利润率下降至 3.15%，创 10 年内最低值，比上年降低了 0.22 个百分点（如图 2－4 所示）。建筑业产值利税率①一直在 6.5% 上下徘徊。建筑业营改增后，2016—2019 年呈现波动

① 产值利税率采用国家统计局计算口径，指报告期已实现的利润、税金总额（包括利润总额、产品销售税金及附加和应交增值税）占同期全部工业总产值的百分比，计算公式：产值利税率（%）＝（利税总额/工业总产值）×100%，即产值利税率中不包含企业所得税数据。

下降趋势，2019 年建筑业产值利税率为 6.2%，比上年降低了 0.4 个百分点。建筑业产值利润率和产值利税率变化大致趋同。

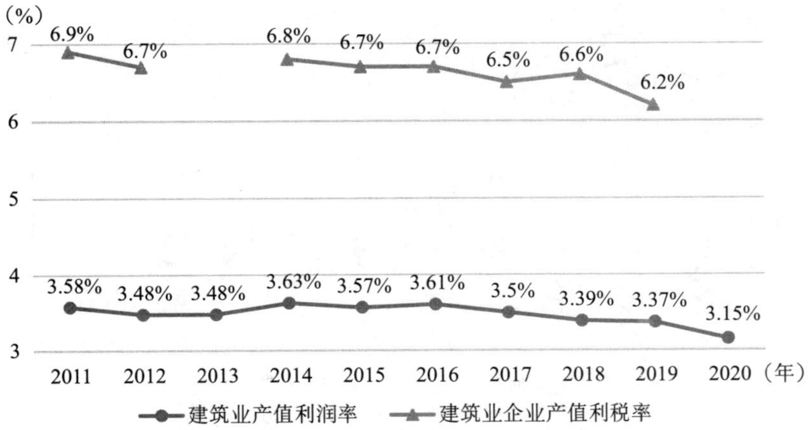

图 2－4　2011—2020 年建筑业产值利润率及产值利税率①

近 10 年来，全国建筑业企业房屋施工面积从 2011 年增速的最高值 20.31% 逐步下降，并在 2015 年呈现负增长；随后在 2016—2018 年增速逐年回升至 6.96%。2019 年受经济下行影响，增速降至 2.32%，2020 年回升至 3.68%。竣工面积增速呈现大致相同的趋势，连续 4 年下降，且在 2020 年达到 38.48 亿平方米，比上年下降 4.4%（如图 2－5 所示）。

2.1.2　建筑业 2020 年发展状况及特点

2020 年是“十三五”的收官之年，受新冠肺炎疫情冲击，国内外经济形势严峻复杂。建筑业在中央积极的财政政策和大力支持基建投资的主基调下，围绕战略性新兴产业、新基建、生态环境保护改善、

---

① 2011—2020 年建筑业产值利税率数据来源于国家统计局年度数据。受数据来源限制，缺失 2013 年及 2020 年两年数据。数据来自 https：//data. stats. gov. cn/easyquery. htm？ cn = C01&zb = A0F0I&sj = 2020。

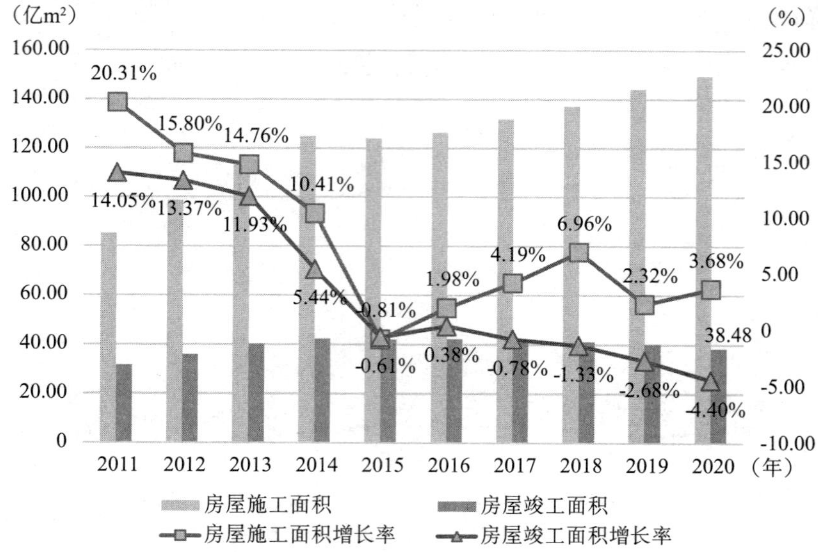

图 2－5　2011—2020 年建筑业房屋施工、竣工面积及增速

城市更新、基础设施补短板等方面，攻坚克难、率先复工复产，为快速有效防控疫情提供了强大的基础设施保障，为全国人民打赢疫情防控阻击战做出了重大贡献，保证了发展质量和效益的不断提高。建筑业经受住了新冠肺炎疫情的严峻考验，保持稳步增长。

据中国建筑业协会《2020 年建筑业发展统计分析》数据显示，2020 年全年国内生产总值人民币 101.6 万亿元，比上年增长 2.3%（按不变价格计算），全年全社会建筑业实现增加值 7.3 万亿元，比上年增长 3.5%，增速高于国内生产总值 1.2 个百分点。建筑业支柱产业地位稳固。2020 年建筑业整体营业收入增幅放缓，企业利润总量总数继续放缓，行业产值利润率连续 4 年下降。

2020 年我国建筑业发展规模增速放缓，行业集中度持续提升。据国家统计局 2021 年 2 月《中华人民共和国 2020 年国民经济和社会发展统计公报》显示，全社会建筑业增加值 72 996 亿元，比上年增长 3.5%，但增速较上年下降 1.7 个百分点。全国具有资质等级的总承包和专业承包建筑业企业的利润为 8 303 亿元，比上年增长 0.3%，其中国有控股企业利润为 2 871 亿元，增长 4.7%。

从行业转型升级方面来看，2020 年 7 月住建部等十三部门联合印发《关于推动智能建造与建筑工业化协同发展的指导意见》，贯彻落实习近平总书记重要指示精神、推动建筑业转型升级、促进建筑业高质量发展。文件明确提出，要围绕建筑业高质量发展总体目标，以大力发展建筑工业化为载体，以数字化、智能化升级为动力，形成涵盖科研、设计、生产加工、施工装配、运营等全产业链融合一体的智能建造产业体系。2020 年 10 月，党的十九届五中全会通过了《中共中央关于制定国民经济和社会发展第十四个五年规划和二〇三五年远景目标的建议》。"十四五"规划建议中提出统筹推进基础设施建设，构建系统完备、高效实用、智能绿色、安全可靠的现代化基础设施体系；提出拓展投资空间，强基础、补短板、两新一重是"十四五"期间重要的投资方向；以及实施乡村建设行动，推动区域协调发展，推进以人为核心的新型城镇化，实施城市更新行动等发展方向。

2021 年是我国实施"十四五"规划、开启全面建设社会主义现代化新征程的第一年，也是在经历新冠肺炎疫情后我国经济重回发展正轨的关键之年，建筑行业同样面临新机遇、新挑战。随着行业转型升级，必然给建筑业带来广阔的市场；但与此同时，建筑业发展明显分化，市场竞争日益激烈，行业整合重组加速进行，企业发展不进则退。

2.1.3 建筑业近年纳税总体情况

"十三五"规划期间，国家税务总局推行了一系列税制改革，对建筑业影响最大的就是增值税改革。建筑业 2016 年 5 月进行营改增试点，经历了试点阶段及深化增值税改革阶段。优化增值税税率结构，建筑业税率从 11% 降至 9%；完善增值税抵扣链条，建筑业增加可抵扣项目；试行增值税留抵退税制度，建筑业减少相关的资金占压等。

其他税收方面的改革还包括出台小微企业普惠性税收减免；特殊区域特殊财税政策支持，如粤港澳大湾区、长三角一体化发展、海南自贸港建设等；持续优化营商环境，降低企业税务合规负担；积极参与国际税收规则制定，助力推进“一带一路”建设发展。

据 2021 年政府工作报告，围绕市场主体急需制定和实施宏观政策，稳住经济基本盘。实施阶段性大规模减税降费，与制度性安排相结合，2020 年全年为市场主体减负超过 2.6 万亿元，其中减免社保费 1.7 万亿元。据国家统计局年度数据显示，财政各项税收 2020 年为 15.43 万亿元，2019 年为 15.80 万亿元，同比下降 2.34%。体现了中国受全球疫情及减税降费的影响，2020 年财政税收收入有所降低。

据《中国统计年鉴》和国家统计局在线数据库数据分析，2015—2019 年，全国建筑企业税金总额（不含企业所得税）分别为 5 673.41 亿元、5 977.45 亿元、6 367.32 亿元、7 502.85 亿元和 7 163.10 亿元[①]，2015—2018 年税金总额呈逐年增长趋势，2019 年受中美两国经贸摩擦以及美国与其他国家的贸易冲突影响，全球国际贸易在 2019 年出现萎缩，我国经济也受到一定影响，且随着我国减税降费持续推进，造成税金总额在 2019 年呈下降趋势，降幅达到 4.53%。

2.2 上市公司财务情况分析

2.2.1 上市公司基本情况分析

近 4 年，建筑行业上市的公司营业收入持续稳步增长，年均增速

---

① 数据来源于《中国统计年鉴》，税金总额包括主营业务税金及附加（消费税、城市维护建设税、教育费附加等）和管理费用中支付的房产税、印花税、车船使用税和土地使用税。

为13.41%，其中2020年增速较2019年略有回落，为12.06%。资产总额、净资产增速快于营业收入增速，年均增速分别为14.12%和17.65%，其中2020年增速分别达12.18%和16.89%，营业收入对资产保值增值的贡献较为显著（具体数据如表2－1和图2－6所示）。

表2－1　　建筑业上市公司营业收入、资产、净资产统计表　金额单位：亿元

项目＼年份	2017	2018		2019		2020	
	值	值	同比（%）	值	同比（%）	值	同比（%）
营业收入	46 243.41	51 315.75	10.97	60 189.9	17.29	67 446.08	12.06
资产	71 237.99	82 554.88	15.89	94 389.94	14.34	105 883.86	12.18
净资产	16 907.71	20 018.7	18.40	23 555.46	17.67	27 533.83	16.89

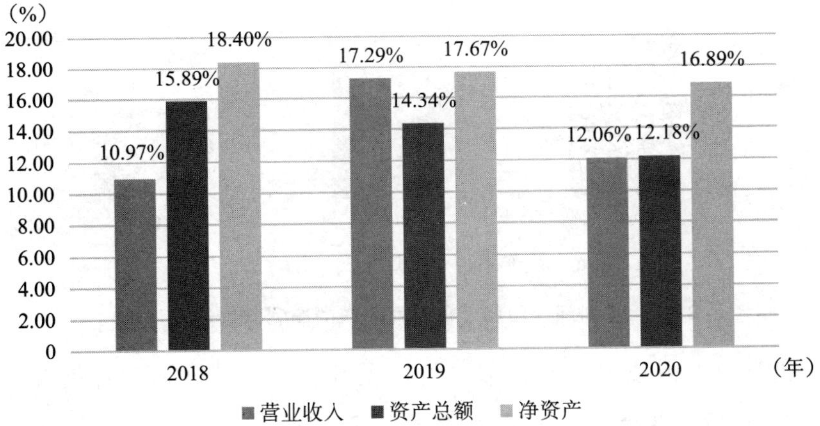

图2－6　营业收入、资产总额、净资产增速变动情况

近4年，建筑业上市公司的利润总额、净利润保持连续增长，年均增幅分别为9.17%和8.97%，其中2020年增速分别为8.18%和7.07%；归属于母公司股东的净利润年均增幅4.93%，2020年增速有所减缓，降至4.21%（具体数据如表2－2和图2－7所示）。

表 2－2　建筑业上市公司利润总额、净利润、归属于母公司净利润统计表

金额单位：亿元

项目 \ 年份	2017	2018		2019		2020	
	值	值	同比（%）	值	同比（%）	值	同比（%）
利润总额	2 128.55	2 327.85	9.36	2 560.22	9.98	2 769.53	8.18
净利润	1 650.12	1 808.22	9.58	1 994.21	10.29	2 135.27	7.07
净利润*	1 438.69	1 500.71	4.31	1 595.24	6.30	1 662.32	4.21

注：净利润*，指归属于母公司普通股股东的净利润。

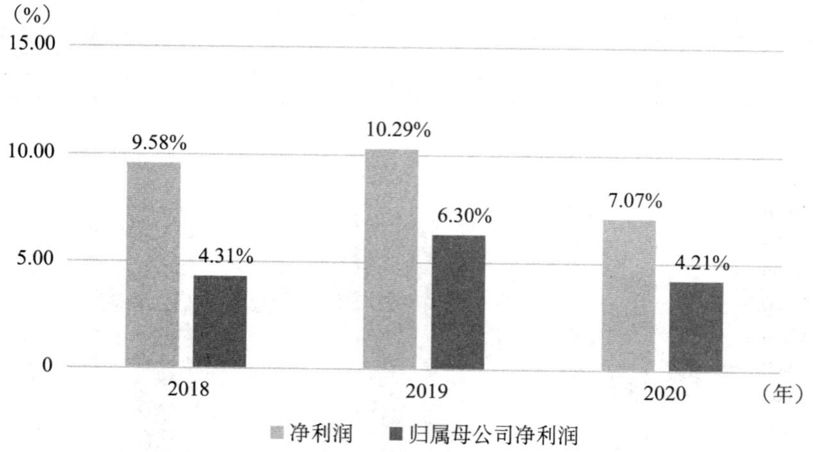

图 2－7　净利润、归属于母公司股东的净利润增速变动情况

建筑业上市公司的毛利率水平呈先升后降趋势，但总体变化较稳定，由 2017—2018 年小幅上升后，2019—2020 年又持续下跌至 11.26%；净利率水平呈现逐年小幅下降趋势，近 4 年基本稳定在 3.4%左右（如图 2－8 所示）。

2.2.2　央企考核净利润分析

研发是创新的源头，是我国科技自立自强的重要战略支撑。2020 年我国研发经费投入再创新高，研究与试验发展（R&D）经费投入总

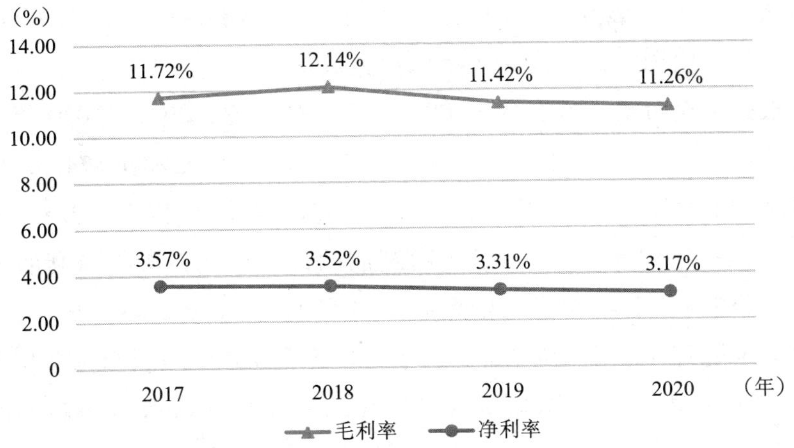

图 2-8　毛利率和净利率变动情况

量突破 2.4 万亿元①。近年来，建筑业上市公司对研发创新日益重视，研发投入也在持续增加，2017—2020 年研发费占营业收入的比重分别为 1.78%、1.89%、1.97% 和 2.39%，总体趋势呈持续上升特征，特别是在 2020 年上升比较显著。

2019 年 4 月，国资委印发《中央企业负责人经营业绩考核办法》，央企负责人经营业绩考核利润包括净利润和研发费，指标口径详见本书 1.3.2 部分的“央企考核净利润”相关内容。按照该口径，我们利用建筑业上市公司中的央企年度报告披露的信息进行计算，有助于我们初步了解考核净利润的规模、研发费在考核净利润中的比重。

本书分析对象仅限于建筑业 18 家央企②，包括中国建筑、中国中铁、中国铁建、中国交建、中国电建、中国能建、中国中冶、葛洲坝、

① 数据来源于《2020 年全国科技经费投入统计公报》，http://www.gov.cn/xinwen/2021-09/23/content_5638787.htm。

② 与《中国建筑业上市公司财税研究报告》（2020 年版）相比，减少 1 家央企航天工程（因其主营业务已非建筑业）。

中国化学、中材国际、中国核建、中工国际、中钢国际、东华科技、华电重工、中国海诚、海油工程和中色股份。

根据央企负责人经营业绩利润考核口径计算，2019—2020 年，上述建筑业上市央企实现净利润分别为 1 742.43 亿元和 1 874.55 亿元（同比增加 7.58%），研发投入分别为 991.77 亿元和 1 353.87 亿元（同比增加 36.51%），根据考核净利润的计算公式：考核净利润 = 净利润 + 研发投入 × 75%，央企考核净利润分别为 2 486.26 亿元和 2 889.95 亿元（同比增加 16.24%）。其中，2020 年净利润占考核净利润的比重为 64.86%，剔除所得税影响的研发投入占考核净利润的比重为 35.14%，研发投入增长对考核净利润增长贡献较大（如图 2 – 9 所示）。

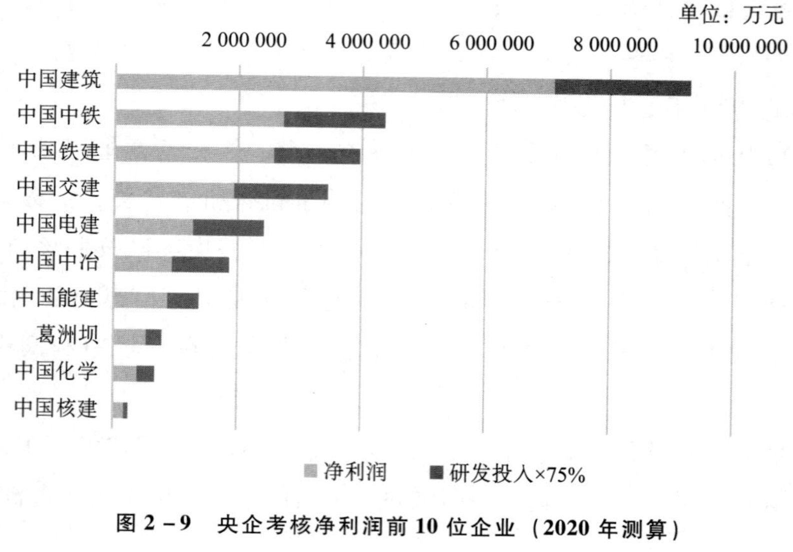

图 2 – 9　央企考核净利润前 10 位企业（2020 年测算）

央企考核净利润分户情况，请见附录 3《建筑业上市公司（央企）研发投入和考核净利润排行榜（2020 年度）》。

2.2.3　净资产收益率分析

上市公司按照证监会的要求，在年度报告中，以归属于公司普通股股东的净利润和归属于公司普通股股东的加权平均净资产，计算和披露加权平均净资产收益率。具体口径详见本书中 1.3.1 “净资产收益率分析” 的内容。

近 4 年，建筑业上市公司的净资产收益率呈逐年下降趋势，2020 年两项指标分别下降至 9.63% 和 8.07%（如图 2－10 所示），表明盈利效率有待提升。

2017—2020 年，建筑业上市公司的净资产收益率分别为 11.55%、10.74%（同比减少 0.81 个百分点）、10.38%（同比减少 0.36 个百分点）和 9.63%（同比减少 0.75 个百分点）。

按照扣除非经常性损益后归属于公司普通股股东的净利润口径，2017—2020 年，建筑业上市公司的净资产收益率分别为 10.15%、9.74%（同比减少 0.41 个百分点）、8.81%（同比减少 0.93 个百分点）和 8.07%（同比减少 0.74 个百分点）。

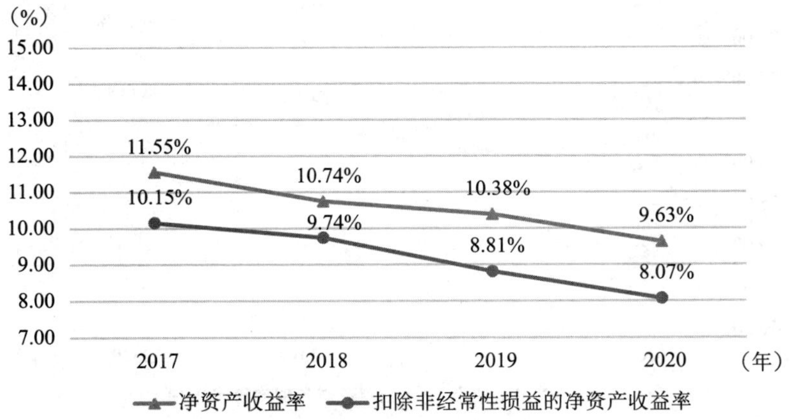

图 2－10　净资产收益率及其变动情况

2.2.4 资产负债率分析

近 4 年，建筑业上市公司的资产负债率持续下降，从 2017 年的 76.27%下降至 2020 年的 74.00%，下降了个 2.27 百分点，表明去杠杆政策持续发力，建筑业深化供给侧结构性改革取得明显成效。

2017—2020 年，建筑业上市公司的资产负债率分别为 76.27%、75.75%（同比减少 0.52 个百分点）、75.04%（同比减少 0.71 个百分点）和 74.00%（同比减少 1.04 个百分点）。

按照算术平均值口径，2017—2020 年，建筑业上市公司的资产负债率分别为 59.62%、61.88%（同比减少 2.26 个百分点）、64.46%（同比增加 2.58 个百分点）和 64.99%（同比增加 0.53 个百分点，如图 2－11 所示）。上述分析说明，权重较大企业的资产负债率在持续下降，权重较小企业的资产负债率在近年有所回升，但权重较大企业的资产负债率水平更高。中等规模企业的融资水平持稳，金融业支持中等规模建筑企业发展实体经济的力度有所放缓。

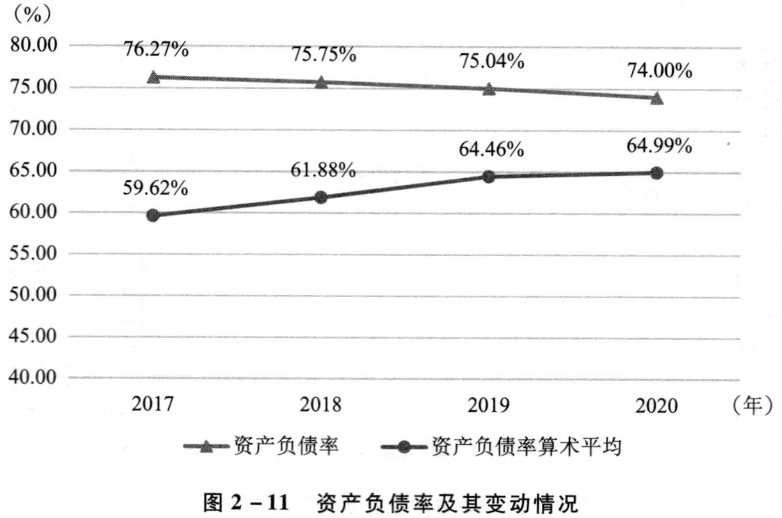

图 2－11　资产负债率及其变动情况

2.3　上市公司纳税额与结构分析

2.3.1　上市公司纳税总额分析

近4年，受企业所得税、增值税等主要税种变动影响，建筑业总体纳税规模呈逐步上升的走势，年均增速6.33%（如表2-3所示）。纳税总额与营业收入均呈现同向变动，2018年纳税总额增长比例与营业收入增长比例基本一致；2019—2020年受增值税税率下调、大规模减税降费措施、企业享受税收优惠增加等因素影响，纳税总额增长比例明显低于营业收入增长比例。

表2-3　　建筑业上市公司纳税额统计表（不含中国能建）　金额单位：亿元

项目＼年份	2017	2018		2019		2020	
	值	值	同比（%）	值	同比（%）	值	同比（%）
企业所得税	511.67	576.45	12.66	606.96	5.29	653.28	7.63
生产税	1 409.85	1 555.75	10.35	1 647.46	5.90	1 656.63	0.56
增值税	1 041.25	1 140.02	9.49	1 220.19	7.03	1 254.84	2.84
纳税总额	1 921.52	2 132.20	10.96	2 254.43	5.73	2 309.91	2.46

近4年，随着增值税改革稳步推进和营业收入的增长，缴纳生产税持续稳步上升，年均增速5.52%。其中2020年缴纳生产税上升至1 656.63亿元（如表2-3所示）。2018年生产税与营业收入呈现同向变动，增长幅度相近；2019年及2020年受大规模减税降费影响，生产税增幅明显低于营业收入同比增幅。2017—2020年，新税制稳定运行，缴纳增值税与生产税呈相同趋势，年均增速6.42%。其中，2020年缴纳增值税上升至1 254.84亿元（如表2-3所示），在增值税深化

改革和减税降费措施下，缴纳增值税额增速自 2019 年逐步放缓。

近 4 年，受营业收入和利润总额稳中向好影响，建筑业上市公司缴纳企业所得税呈持续增长态势，年均增速为 8.49%，略低于利润总额年均增速 9.56%（如表 2－3 所示）。2018 年企业所得税与利润总额呈现同向变动，增长幅度相近；2019 年及 2020 年受大规模减税降费及税收优惠享受等影响，企业所得税增幅明显低于利润总额同比增幅。

2017—2020 年，建筑业上市公司缴纳的营业收入、净利润、纳税总额、生产税、增值税和企业所得税对比情况（如图 2－12 所示）。

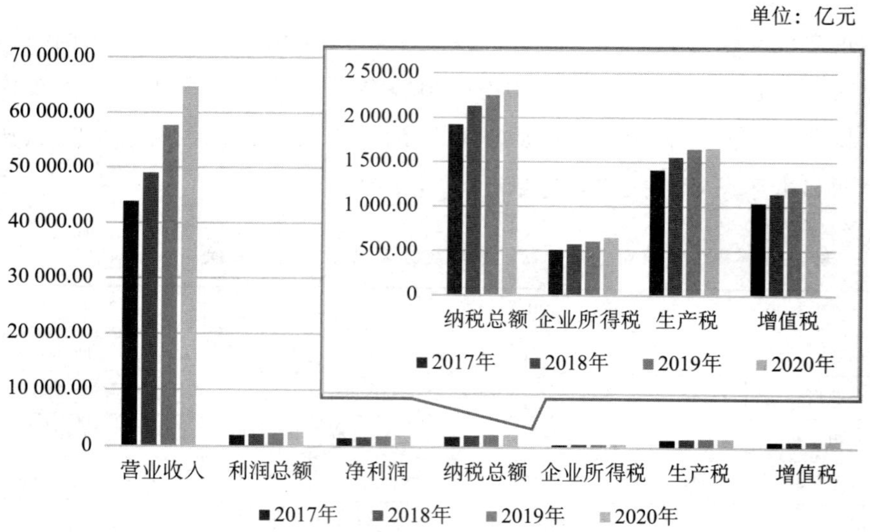

图 2－12　2017—2020 年建筑业上市公司营业收入和纳税额对比情况

2.3.2　上市公司税金及附加结构分析

营改增后，建筑业上市公司税金及附加构成项目从以营业税为主，变为以土地增值税、城建税和教育费附加为主，根据近 4 年样本分析，土地增值税占比在 40% 左右，三者合计占比超过 60%。

从 2016 年 5 月 1 日起，我国全面推开营改增试点，“营业税金及附加”科目改为“税金及附加”，核算内容也发生了变化，不再核算当期营业税，增加了土地增值税、印花税、房产税、土地使用税、车船使用税等。

2017—2020 年，建筑业上市公司“税金及附加”分别为 368.60 亿元、415.73 亿元（同比增加 12.79%）、427.28 亿元（同比增加 2.78%）和 401.80 亿元（同比减少 5.96%）。其中，土地增值税占比基本维持在 40%，城建税和教育费附加合计占比基本维持在 20% 以上（如图 2－13 所示）。

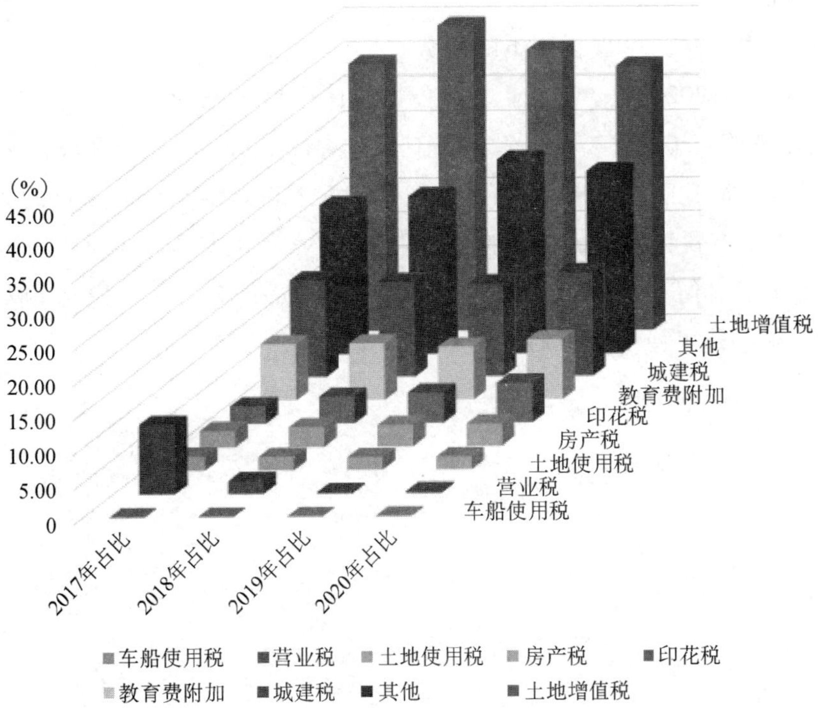

图 2－13　2017—2020 年税金及附加结构图

注：部分规模较大的企业未单独列示房产税、土地使用税、印花税、车船使用税、教育费附加等，还有多家企业未单独列示土地增值税。因此，上述税金及附加结构图仅供参考。

2.4 上市公司税负分析

2.4.1 税负分析

近4年，受增值税深化改革、持续减税降费、2020年疫情优惠政策等因素影响，建筑业上市公司总体税负、生产税税负和增值税税负变动基本一致，呈现逐步下降趋势。

2017—2020年，建筑业上市公司总体税负分别为4.38%、4.34%（同比下降0.04个百分点）、3.91%（同比下降0.43个百分点）和3.57%（同比下降0.34个百分点）。2017年是新税制全面施行的第一年，受生产税税负上升的影响，总体税负呈较高水平；2018—2020年国家深化增值税改革，采取一系列减税降费措施，总体税负相对于2017年保持了稳中有降的走势（如图2-14所示）。

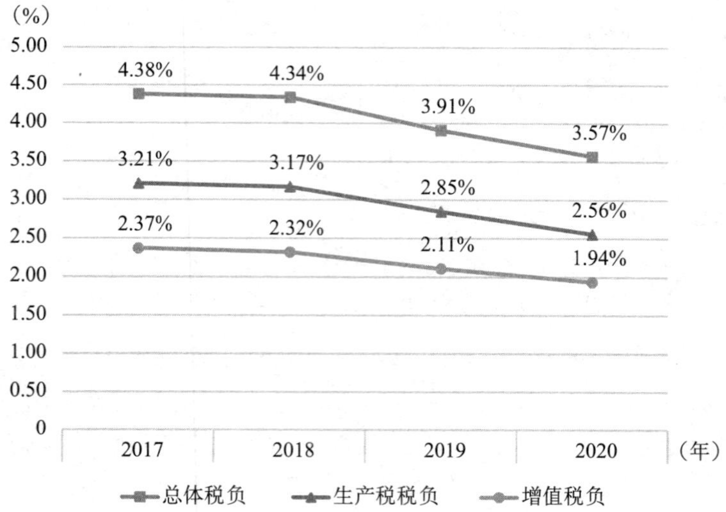

图2-14 建筑业上市公司税负走势图

近 4 年，建筑业上市公司生产税税负、增值税税负均呈逐年下降趋势，2020 年分别下降至 2.56% 和 1.94%，平均税负分别为 2.95% 和 2.19%。

2017—2020 年，建筑业上市公司生产税税负分别为 3.21%、3.17%（同比下降 0.04 个百分点）、2.85%（同比下降 0.32 个百分点）和 2.56%（同比下降 0.29 个百分点）。其中建筑业上市公司增值税税负同生产税税负变动趋同，逐年下降，2017—2020 年分别为 2.37%、2.32%（同比减少 0.05%）、2.11%（同比减少 0.21%）和 1.94%（同比减少 0.17%）。2018—2020 年受惠于增值税改革，如税率下调、期末留抵退税等增值税政策，以及 2020 年应对疫情的诸多税收优惠政策影响，建筑业上市公司生产税税负较 2017 年显著下降，减税降费效果明显。

近 4 年，建筑业上市公司企业所得税税负水平呈先升后降趋势，平均税负为 25.32%（如图 2-15 所示），略高于法定税率。

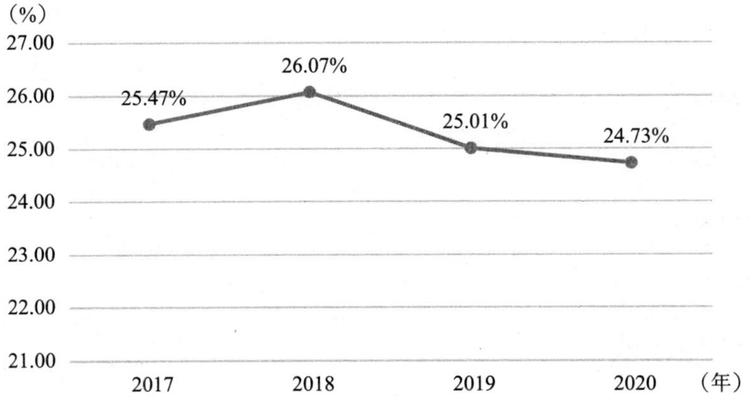

图 2-15　建筑业上市公司企业所得税税负走势图

2017—2020 年，建筑业上市公司企业所得税税负分别为 25.47%、26.07%、25.01% 和 24.73%。除 2020 年外，各年企业所得税纳税调整总体处于净调增状态，实际享受企业所得税优惠较少。2020 年税负略低于法定税率，仍有进一步下降的空间。

以 2020 年为例，建筑业上市公司享受的高新技术企业或西部大开发低税率优惠企业所得税额为 126.23 亿元，占当年利润总额的比例仅为 4.56%；2020 年实际享受加计扣除的研发费用占总的研发费支出的比例在 22.53%（按 25% 测算）至 43.48（按 15% 测算）之间，加计扣除额折算为优惠税额约为 65.13 亿元，加计扣除优惠享受程度明显不足。建筑业上市公司优惠享受详细情况，可参考第五部分“税收优惠分析”的相关内容。

2.4.2 税费净利比分析

近 4 年，建筑业上市公司税费净利比受净利润及总体税负双重变动影响，在 2018 年小幅上升后呈下降走势，2019 年及 2020 年受总体税负影响较大，呈现显著下降趋势（如图 2－16 所示），4 年平均值为 119.63%。建筑业对国家税收收入做出了积极贡献。

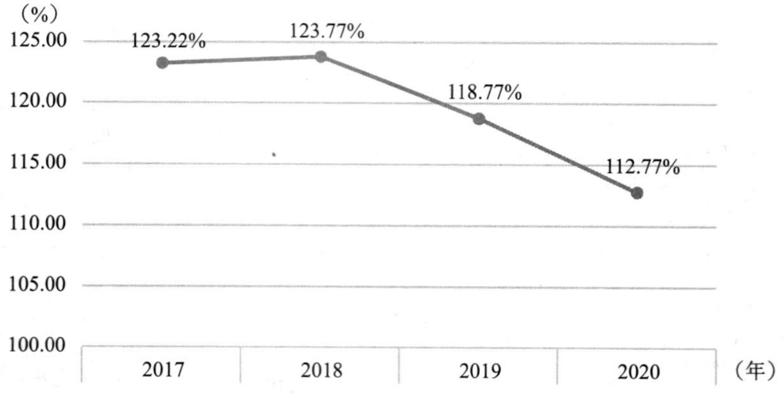

图 2－16 建筑业上市公司税费净利比走势图

2017—2020 年，建筑业上市公司的税费净利比分别为 123.22%、123.77%（同比增加 0.55 个百分点）、118.77%（同比下降 5 个百分点）和 112.77%（同比下降 6 个百分点），呈明显下降走势。每创造

100 元税后净利润，向国家贡献的各类税收在 100 元以上。

2.4.3 相关研究

中国财政科学研究院（2019）开展“降成本”专题调研，根据 12 175 户企业的数据样本，测算了分行业“企业纳税总额占营业收入比重”，全部行业 2016—2018 年的数值分别为 3.41%、2.62% 和 2.30%，“企业纳税总额占企业综合成本费用的比重”分别为 2.86%、2.34% 和 2.25%，“增值税与营业收入的比值”分别为 2.08%、1.99% 和 1.56%，三个主要税负指标均明显呈现出逐年下降趋势。2016—2018 年实体经济企业的综合成本费用整体呈现上升趋势，其中建筑业的综合成本费用最高。实地调研发现，从行业看对减税政策的满意度，建筑业虽然满意度较高（97.5%），但低于制造业（97.8%）和服务业（100%）。

中国财政科学研究院（2020）开展“企业成本”专题调研，根据 17 640 户企业的数据样本，测算了分行业“企业纳税总额占营业收入比重”，全部行业 2017—2019 年三年均值为 4.78% 且逐年下降，“增值税与营业收入的比值”稳步下降，年均降幅 0.17 个百分点，三年均值为 2.84%。“企业所得税占利润总额的比重”也呈下降趋势，三年均值为 11.15%。调研样本中八成以上企业百元利润纳税低于 20 元，表明多数企业所得税实际有效税率低于 25%。

上述研究结论，与本书研究结果基本一致。

2.5 主要财税指标速览

为便于读者查阅分析，本书将主要指标情况通过表 2－4、表 2－5

列示如下：

表2－4　　建筑业上市公司主要财务指标统计表　　金额单位：亿元

项目＼年份	2017	2018		2019		2020	
	值	值	同比	值	同比	值	同比
资产	71 237.99	82 554.88	15.89%	94 389.94	14.34%	105 883.86	12.18%
负债	54 330.28	62 536.18	15.10%	70 834.48	13.27%	78 350.03	10.61%
净资产	16 907.71	20 018.7	18.40%	23 555.46	17.67%	27 533.83	16.89%
营业收入	46 243.41	51 315.75	10.97%	60 189.9	17.29%	67 446.08	12.06%
营业成本	40 821.44	45 087.78	10.45%	53 316.55	18.25%	59 853.99	12.26%
利润总额	2 128.55	2 327.85	9.36%	2 560.22	9.98%	2 769.53	8.18%
净利润	1 650.12	1 808.22	9.58%	1 994.21	10.29%	2 135.27	7.07%
净利润*	1 438.69	1 500.71	4.31%	1 595.24	6.30%	1 662.32	4.21%
毛利率	11.72%	12.14%	—	11.42%	—	11.26%	—
净利率	3.57%	3.52%	—	3.31%	—	3.17%	—
资产负债率	76.27%	75.75%	—	75.04%	—	74.00%	—
净资产收益率	11.55%	10.74%	—	10.38%	—	9.63%	—
净资产收益率*	10.15%	9.74%	—	8.81%	—	8.07%	—

注1：净利润*，指归属于母公司普通股股东的净利润；

注2：净资产收益率*，指扣除非经常性损益后的净资产收益率。

表2－5　　建筑业上市公司主要纳税指标统计表　　金额单位：亿元

项目＼年份	2017	2018		2019		2020	
	值	值	同比	值	同比	值	同比
纳税总额	1 921.52	2 132.20	10.96%	2 254.43	5.73%	2 309.91	2.46%
企业所得税	511.67	576.45	12.66%	606.96	5.29%	653.28	7.63%
生产税	1 409.85	1 555.75	10.35%	1 647.46	5.90%	1 656.63	0.56%
增值税	1 041.25	1 140.02	9.49%	1 220.19	7.03%	1 254.84	2.84%
总体税负	4.38%	4.34%	—	3.91%	—	3.57%	—
企业所得税税负	25.47%	26.07%	—	25.01%	—	24.73%	—
生产税负	3.21%	3.17%	—	2.85%	—	2.56%	—
增值税负	2.37%	2.32%	—	2.11%	—	1.94%	—
税费利润比	123.22%	123.77%	—	118.77%	—	112.77%	—

第三部分

财务情况明细行业分析

3.1 分明细行业分析

3.1.1 基础设施建设

3.1.1.1 经营基本情况分析

近4年，基础设施建设上市公司的营业收入实现年均增速11.01%；随着国家逐步松绑政府、企业资金限制，巩固基础设施投资体量，2019年实现大幅增长，2020年稳步增长略有回落，增速略降至12.62%；资产总额和净资产持续增长，增速快于营业收入增速，年均增速分别为14.62%和20.57%，2020年分别达到14.28%和21.01%，营业收入增长对资产保值增值的贡献较为显著（如图 3－1 所示）。

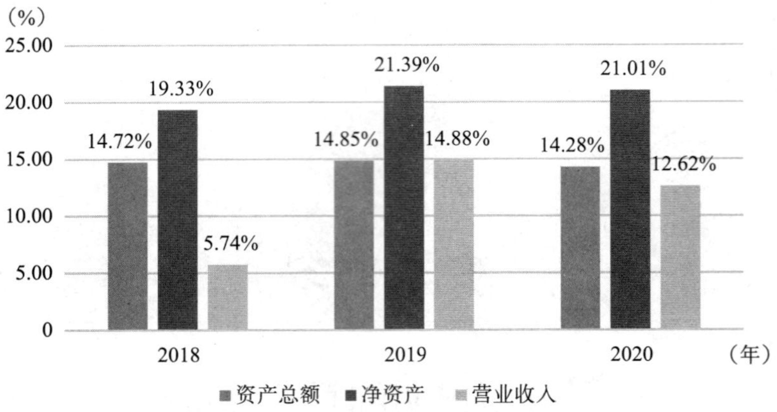

图 3－1　资产总额、净资产、营业收入增速变动情况（基础设施建设）

2017—2020 年，基础设施建设上市公司的营业收入总体呈现增长趋势（如表 3－1 所示），其中 2019 年受国家投资导向、资金解绑等影响，出现大幅上升，2020 年受全球新冠肺炎疫情风波和复杂严峻的内外部发展环境影响，较 2019 年同比增幅略有下降，从 14.88% 降至 12.62%。其中龙头企业中国中铁 2020 年营业收入增幅保持 14% 以上，大于整体增幅。

表 3－1　建筑业上市公司营业收入、资产总额、净资产统计表（基础设施建设）

金额单位：亿元

年份 / 项目	2017	2018		2019		2020	
	值	值	同比（%）	值	同比（%）	值	同比（%）
资产	41 242.25	47 311.84	14.72	54 339.16	14.85	62 098.49	14.28
净资产	9 122.89	10 886.61	19.33	13 215.41	21.39	15 991.63	21.01
营业收入	27 167.09	28 726.43	5.74	33 001.77	14.88	37 168.16	12.62

2017—2020 年，基础设施建设上市公司的资产总额、净资产两者趋势相同，都呈现持续增长趋势（如表 3－1 所示），年均增长幅度分

别为 14.62% 和 20.57% 。2020 年受新冠肺炎疫情蔓延及复杂严峻内外环境影响，较 2019 年同比增幅略有下降。其中中国交建 2020 年受基础设施等投资类项目应收款增加、对联营及合营企业投资增加等因素影响，资产总额达 13 041.69 亿元，其同比增长幅度为 16.40%，高于平均增幅。

近 4 年，基础设施建设上市公司的净利润保持连续增长，年均增幅为 9.78%，但增幅呈现较大波动，2019 年增幅达 15.87%，2020 年仅为 6.02%；其中归属于母公司股东的净利润增幅同样波动较大，年均增幅为 5.51%，2019 年增幅为 11.53%，2020 年仅为 2.95%（如图 3 - 2 所示）。

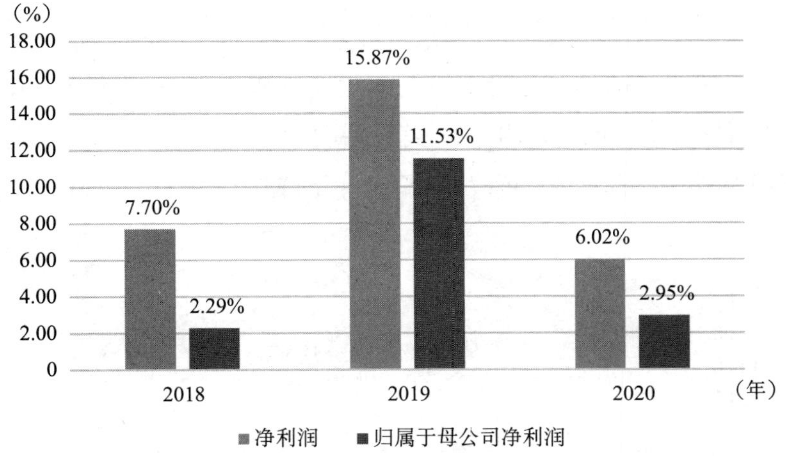

图 3 - 2　净利润、归属于母公司股东的净利润增速变动情况（基础设施建设）

2017—2020 年，基础设施建设上市公司的利润总额、净利润、归属于母公司股东净利润都呈现上涨趋势，年均增速分别为 9.44%、9.78% 和 5.51%，但受新冠肺炎疫情暴发和市场环境严峻的影响，2020 年增幅较 2019 年呈现大幅下降趋势（如表 3 - 2 所示），同时三者增幅情况呈现相关性、一致性。其中，中国交建、中国中铁、中国铁建、中国电建、中国能建五家上市公司利润总额占基础设施建设上市公司利润总额的 82%，净利润占基础设施建设上市公司净利润的 83%，中国中铁排名第一。

表 3－2　　建筑业上市公司净利润、毛利率、净利率统计表
（基础设施建设）

金额单位：亿元

项目＼年份	2017	2018		2019		2020	
	值	值	同比	值	同比	值	同比
利润总额	1 103. 70	1 183. 43	7. 22%	1 357. 41	14. 70%	1 446. 82	6. 59%
净利润	852. 87	918. 53	7. 70%	1 064. 33	15. 87%	1 128. 36	6. 02%
净利润*	794. 94	813. 16	2. 29	906. 93	11. 53%	933. 69	2. 95%
毛利率	11. 31%	11. 74%	—	11. 3%	—	11. 41%	—
净利率	3. 14%	3. 20%	—	3. 23%	—	3. 04%	—

注：净利润*，指归属于母公司普通股股东的净利润。

近 4 年，基础设施建设上市公司毛利率水平从 2017 年的 11. 31% 波动上升至 2020 年的 11. 41%，净利率水平一直保持在 3% 以上，其中 2020 年略为下降至 3. 04%，较 2019 年下降 0. 19 个百分点（如图 3－3 所示）。

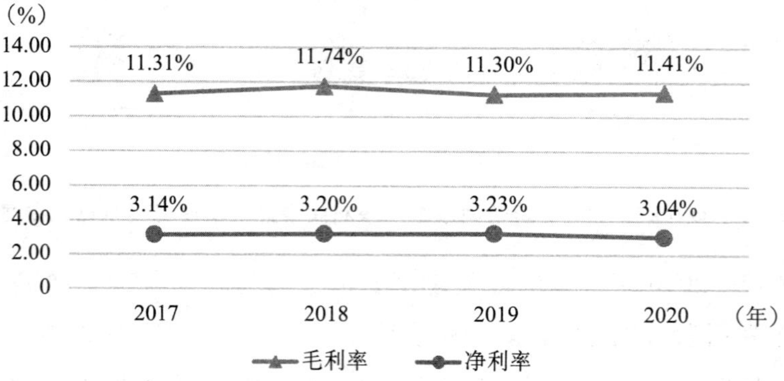

图 3－3　毛利率和净利率增减变动情况（基础设施建设）

2017—2020 年，基础设施建设上市公司毛利率和净利率趋势变化较为平缓，毛利率在 11% 左右浮动，净利率保持在 3% 以上（如表 3－2

所示）。其中，中国交建、中国电建、中国能建毛利率保持在 13% 以上，净利率保持在 3% 以上。

3.1.1.2　净资产收益率分析

近 4 年，基础设施建设上市公司净资产收益率呈现逐年下降态势，基本保持在 10% 左右，扣除非经常损益后的净资产收益率保持在 9% 左右。其中 2020 年受新冠肺炎疫情暴发及国内外市场环境变化等因素影响，上市公司盈利效率受限，两项指标均比 2019 年有所下降，分别降至 9.71% 和 8.26%（如图 3－4 所示）。

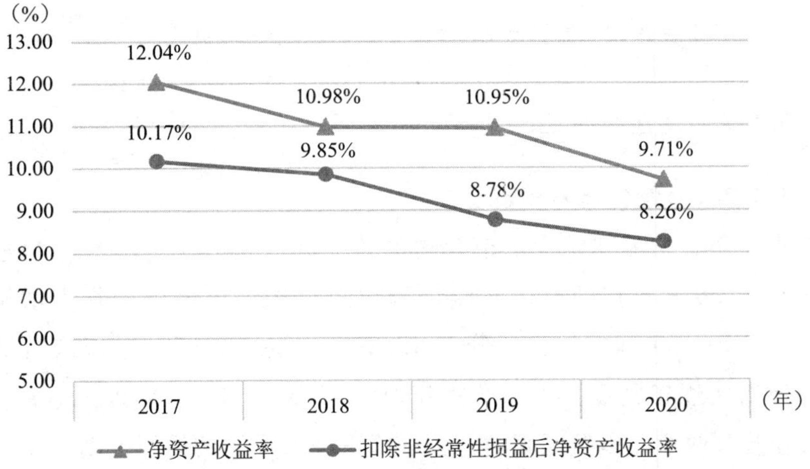

图 3－4　净资产收益率及其变动情况（基础设施建设）

3.1.1.3　资产负债率分析

近 4 年，去杠杆持续发力，行业深化供给侧结构性改革取得明显成效，资产负债结构逐步优化，基础设施建设上市公司的资产负债率持续下降，从 2017 年的 77.88% 下降至 2020 年的 74.25%，下降了 3.63 个百分点（如图 3－5 所示）。其中中国交建、中国中铁、中国铁建、中国电建、中国能建资产负债率均有所下降，截至 2020 年，资产负债率均降至 75% 以下。

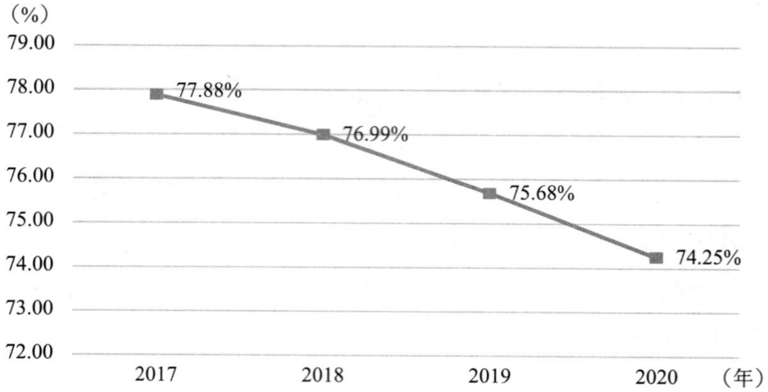

图 3－5　资产负债率及其变动情况（基础设施建设）

3.1.2　房屋建筑业

3.1.2.1　经营基本情况分析

近 4 年，房屋建筑业上市公司的营业收入逐年增长，年均增速为 15.09%；2019 年在国家供给侧结构性改革扎实推进下，收入增幅有所提高，2020 年增幅回落，降至 12.89%。资产总额和净资产持续增长，但增速逐年放缓，年均增速分别为 12.68% 和 18.41%；随着房地产行业政策收紧，以及国家“三去一降一补”政策的持续推动，2019 年房屋建筑业上市公司净资产增速大幅下降，2020 年持续回落降至 14.74%。除 2019 年外，净资产增速快于营业收入增速，营业收入增长对资产特别是净资产增长的贡献较为显著（如图 3－6 所示）。

2017—2020 年，房屋建筑业上市公司的营业收入总体呈现稳步增长趋势（如表 3－3 所示），2020 年受新冠肺炎疫情暴发和复杂严峻的内外部发展环境影响，较 2019 年同比增幅略有下降。2020 年中国建筑营业收入达 16 150.23 亿元，占房屋建筑业上市公司营业收入的 82.51%，总体影响较大。

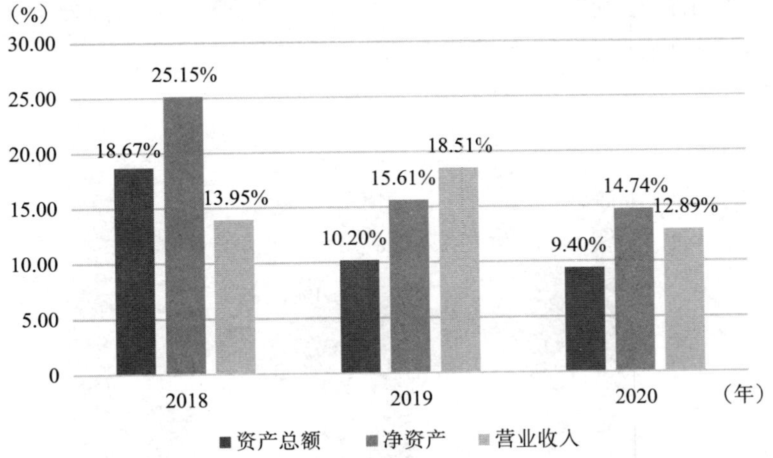

图 3-6 资产总额、净资产、营业收入增速变动情况（房屋建筑业）

表 3-3 建筑业上市公司经营情况统计表（房屋建筑业） 金额单位：亿元

项目＼年份	2017	2018		2019		2020	
	值	值	同比(%)	值	同比(%)	值	同比(%)
资产	18 841.32	22 359.09	18.67	24 639.41	10.20	26 955.95	9.40
净资产	3 944.61	4 936.82	25.15	5 707.60	15.61	6 549.11	14.74
营业收入	12 838.62	14 630.07	13.95	17 337.63	18.51	19 572.79	12.89

2017—2020 年，房屋建筑业上市公司的资产总额、净资产两者趋势相同，均呈现持续增长趋势（如表 3-3 所示），资产总额和净资产年均增幅分别为 12.68% 和 18.41%。2019 年受房地产行业政策收紧、国家供给侧结构性改革等影响出现大幅下降后，2020 年又受全球新冠肺炎疫情风波和复杂严峻的内外部发展环境影响，资产总额及净资产较 2019 年同比增速持续下降。其中，2020 年中国建筑资产总额达 21 921.74 亿元，以 81% 的占比在 2020 年房屋建筑业上市公司的资产中排名第一。

近 4 年，房屋建筑业上市公司的净利润保持连续增长，但增幅持续下降，年均增幅为 14.52%，2020 年增幅降至 9.01%；其中归属于母公司股东的净利润年均增幅为 10.76%，2020 年呈现同样的下降趋势，降至 4.73%（如图 3－7 所示）。

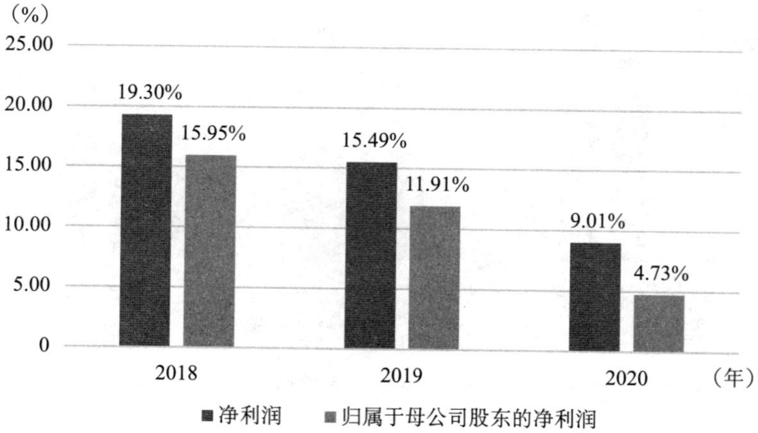

图 3－7　净利润、归属于母公司股东的净利润增速变动情况
（房屋建筑业）

2017—2020 年，房屋建筑业上市公司利润总额呈现上升趋势，但受新冠肺炎疫情暴发和市场环境影响，增幅自 2019 年呈下降趋势（如表 3－4 所示），年均增幅为 15.43%。其中中国建筑以 942.91 亿元利润总额占房屋建筑业上市公司利润总额整体的 92%，总体影响较大，受其 2020 年同比增长（15.74%）大于平均增长的影响，一定程度上拉高了该明细行业总体利润，总额增速。净利润、归属于母公司股东的净利润增速呈现同样下降趋势，两者变化趋势与利润总额呈现相关性、一致性。其中中国建筑净利润和归属于母公司股东的净利润增速均高于该明细行业平均增速。

近 4 年，房屋建筑业上市公司的毛利率水平呈先升后降趋势，且维持在 10% 以上；净利率水平基本维持在 4% 左右，2020 年净利率为 3.93%，较 2019 年下降了 0.14 个百分点（如图 3－8 所示）。

表 3-4　　建筑业上市公司经营情况统计表（房屋建筑业）　金额单位：亿元

项目＼年份	2017	2018		2019		2020	
	值	值	同比	值	同比	值	同比
利润总额	664.51	791.27	19.08%	912.09	15.27%	1 022.01	12.05%
净利润	511.90	610.69	19.30%	705.29	15.49%	768.84	9.01%
净利润*	372.06	431.41	15.95%	482.78	11.91%	505.60	4.73%
毛利率	10.26%	11.54%	—	10.83%	—	10.50%	—
净利率	3.99%	4.17%	—	4.07%	—	3.93%	—

注：净利润*，指归属于母公司普通股股东的净利润。

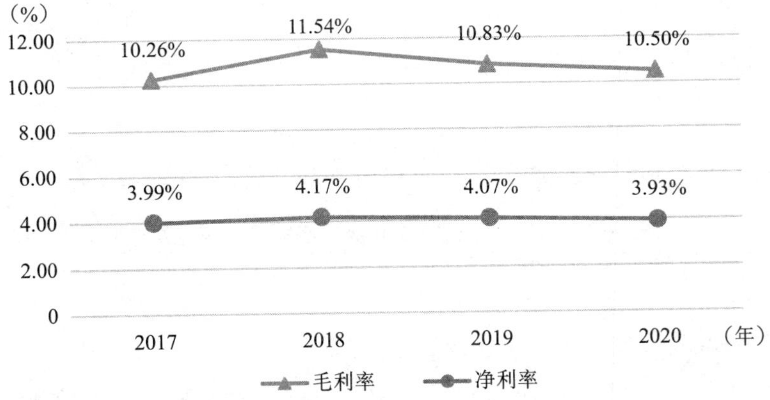

图 3-8　毛利率和净利率增减变动情况（房屋建筑业）

2017—2020 年，房屋建筑上市公司的毛利率呈现先升后降趋势，净利率趋势变化较为平缓。其中中国建筑毛利率在 10% 以上，净利率在 4% 以上，均高于该明细行业平均水平。

3.1.2.2　净资产收益率分析

近 4 年，房屋建筑业上市公司的净资产收益率水平一直维持在 14% 以上，扣除非经常损益后的净资产收益率在 14% 左右波动，特别是 2020 年受新冠肺炎疫情暴发及国内外市场环境变化等因素影响，两项指标均在 2020 年出现明显下降，分别降至 14.42% 和 13.39%（如

图3－9所示），其中扣除非经常损益后的净资产收益率较2019年下降了1.21个百分点。

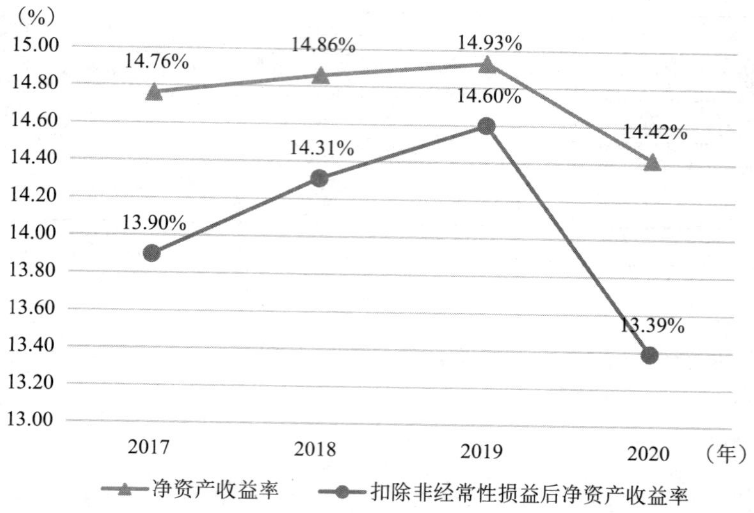

图3－9　净资产收益率及其变动情况（房屋建筑业）

3.1.2.3　资产负债率分析

近4年，房屋建筑业上市公司资产负债率呈现持续下降的走势，从2017年的79.06%下降至2020年的75.70%，下降了3.36个百分点（如图3－10所示），去杠杆取得一定成效，资产负债结构逐步优化。其中，中国建筑2020年资产负债率降至73.67%。

3.1.3　石化冶金矿山工程

3.1.3.1　经营基本情况分析

近4年，随着全国石化行业在淘汰落后产能、加快转型升级等方面进步明显，整体发展态势良好。2019年由于陕西建工合并重组，其营业收入大幅提升，拉高了整个明细行业营业收入的增幅水平；进入2020年，受疫情冲击和宏观经济下行压力增大等因素影响，2020年增

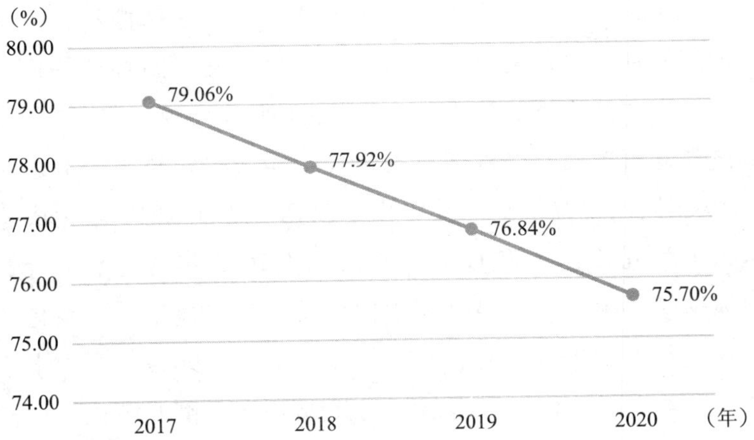

图 3-10 资产负债率及其变动情况（房屋建筑业）

速降至 16.61%，年均增速为 27.26%。资产总额和净资产同样受 2019 年陕西建工个股增速激增影响，行业增速大幅升高，2020 年回落至 14.40% 和 13.95%，年均增速分别为 16.74% 和 12.80%（如图 3-11 所示）。

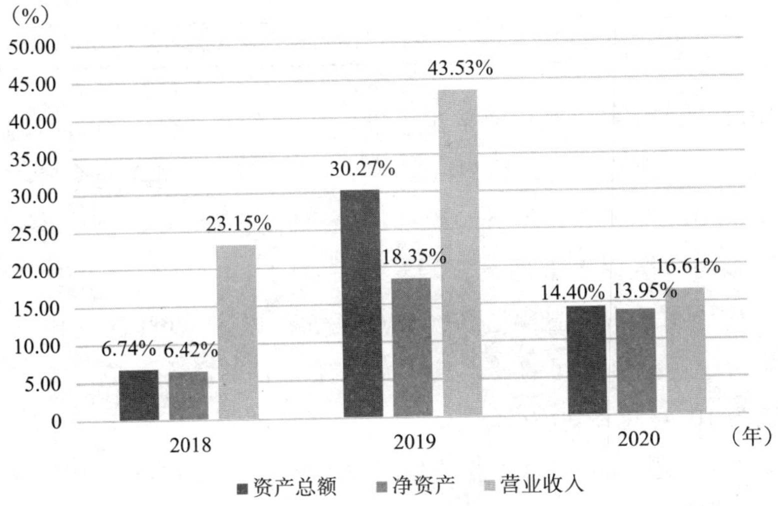

图 3-11 资产总额、净资产、营业收入增速变动情况（石化冶金矿山工程）

2017—2020 年，受全国石化行业产业结构产品结构和组织结构调整以及创新驱动、绿色发展等因素影响，整体发展态势良好，行业营业收入总体呈现稳步增长趋势（如表 3－5 所示），2020 年受新冠肺炎疫情风波和复杂严峻的内外部发展环境影响及陕西建工个股影响，增幅较 2019 年同比大幅下降。其中由于陕西建工于 2019 年完成重大资产重组，个股数据呈 10 倍以上增长，致使 2019 年石化冶金行业营业收入整体增幅大幅提升。2020 年中国中冶、陕西建工、中国化学三者营业收入之和占石化冶金业上市公司营业收入的 96%；中国中冶和陕西建工营业收入保持良好，增幅分别保持在 18% 和 22% 以上，高于明细行业平均水平。

表 3－5　建筑业上市公司经营情况统计表（石化冶金矿山工程）

金额单位：亿元

项目＼年份	2017	2018		2019		2020	
	值	值	同比（%）	值	同比（%）	值	同比（%）
资产	5 520. 82	5 892. 99	6. 74	7 677. 04	30. 27	8 782. 53	14. 40
净资产	1 612. 55	1 716. 13	6. 42	2 031. 09	18. 35	2 314. 44	13. 95
营业收入	3 231. 13	3 979. 01	23. 15	5 711. 21	43. 53	6 660. 03	16. 61

2017—2020 年，石化冶金业上市公司的资产总额、净资产两者趋势相同，均呈现持续增长趋势（如表 3－5 所示）。同样受个股陕西建工影响，2019 年增幅激增，2020 年受新冠肺炎疫情蔓延及复杂严峻内外环境影响，增幅正常回落，增速分别为 14. 40% 和 13. 95%。其中 2020 年中国中冶资产总额达 5 063. 93 亿元，以 57. 66% 的占比在 2020 年石化冶金业上市公司的资产榜中排名第一，其资产总额、净资产增速分别为 10. 44% 和 20. 06%。

近 4 年，受国家推动产业结构调整、产业升级和行业内个股经营转型等因素影响，石化冶金业上市公司净利润、归属于母公司股东的净利润呈上升走势，净利润增幅明显上升，2020 年增幅达 33. 94%，其中归属于母公司股东的净利润增幅为 32.64%（如图 3－12 所示）。

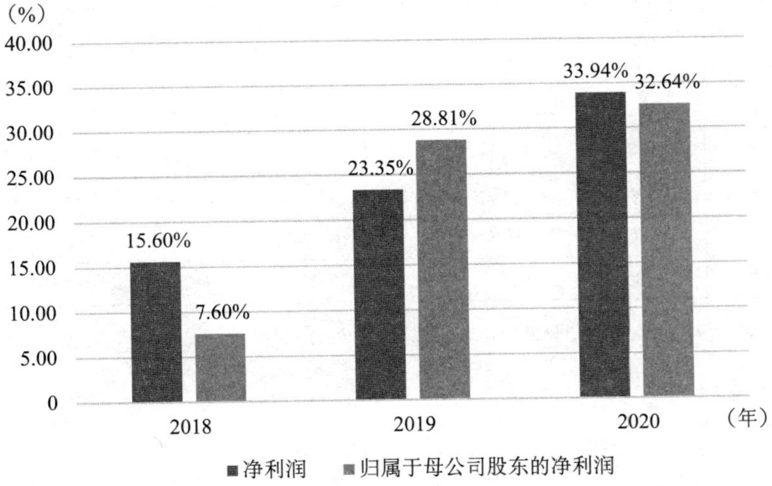

图 3－12　净利润、归属于母公司股东的净利润增速变动情况
（石化冶金矿山工程）

2017—2020 年，石化冶金业上市公司的利润总额、净利润、归属于母公司股东净利润均呈现上涨趋势（如表 3－6 所示），同时三者增幅呈现相关性，年均增速分别为 20.70%、24.07% 和 22.50%。其中中国中冶以 119 亿元的利润总额、93 亿元的净利润占石化冶金业上市公司利润总额及净利润的一半以上，其主要得益于 2020 年新签合同额的增加及在疫情影响下严格控制成本，净利润增幅达 23.83%。此外陕西建工于 2019 年合并重组后，经营规模大幅增长，2020 年实现归属于上市公司股东净利润 28.29 亿元，同比增加 83.95%。

近 4 年，石化冶金业上市公司毛利率水平呈持续下降走势，由 2017 年的 13.86% 降至 2020 年的 10.74%；净利率水平变化较为平缓，保持在 2.5% 左右浮动（如图 3－13 所示）。其中中国中冶毛利率在 11% 以上（比 2019 年下降 0.28 个百分比；陕西建工毛利率在 7% 左右（比 2019 年增加 0.89 个百分点）。

表3-6　建筑业上市公司经营情况统计表（石化冶金矿山工程）

金额单位：亿元

项目＼年份	2017	2018		2019		2020	
	值	值	同比	值	同比	值	同比
利润总额	123.54	135.10	9.36%	166.10	22.95%	217.25	30.79%
净利润	91.88	106.21	15.60%	131.01	23.35%	175.47	33.94%
净利润*	85.48	91.98	7.60%	118.48	28.81%	157.15	32.64%
毛利率	13.86%	12.36%	—	10.76%	—	10.74%	—
净利率	2.84%	2.67%	—	2.29%	—	2.63%	—

注：净利润*，指归属于母公司普通股股东的净利润。

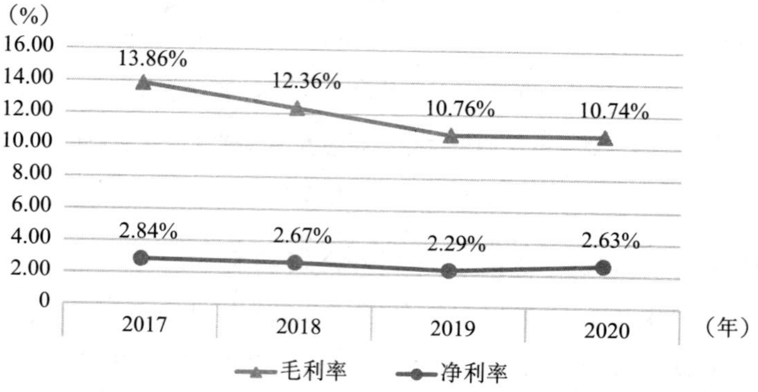

图3-13　毛利率和净利率增减变动情况（石化冶金矿山工程）

3.1.3.2　净资产收益率分析

近4年，石化冶金业上市公司净资产收益率、扣除非经常损益后的净资产收益率均呈上升走势，两项指标分别由2017年的最低点6.51%和5.67%上升至2020年的10.00%和7.03%（如图3-14所示）。净资产收益率主要受中国中冶、陕西建工影响，2019年及2020年增速较快。

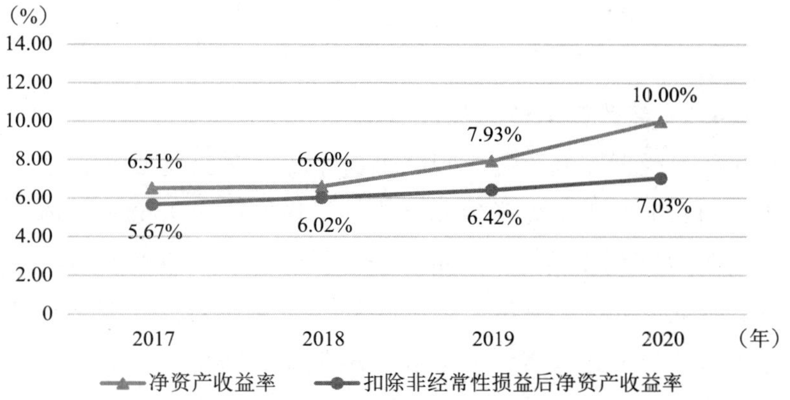

图 3－14　净资产收益率及其变动情况（石化冶金矿山工程）

3.1.3.3　资产负债率分析

近 4 年，石化冶金业上市公司资产负债率呈上升趋势，从 2017 年的 70.79% 上升至 2020 年的 73.65%，上升了 2.86 个百分点（如图 3－15 所示）。其中中国中冶 2017—2020 年资产负债率逐年下降，2020 年降至 72.28%；但受部分龙头企业投资项目融资需求增加、负债增加等影响，该明细行业 2019 年资产负债率呈上升趋势。

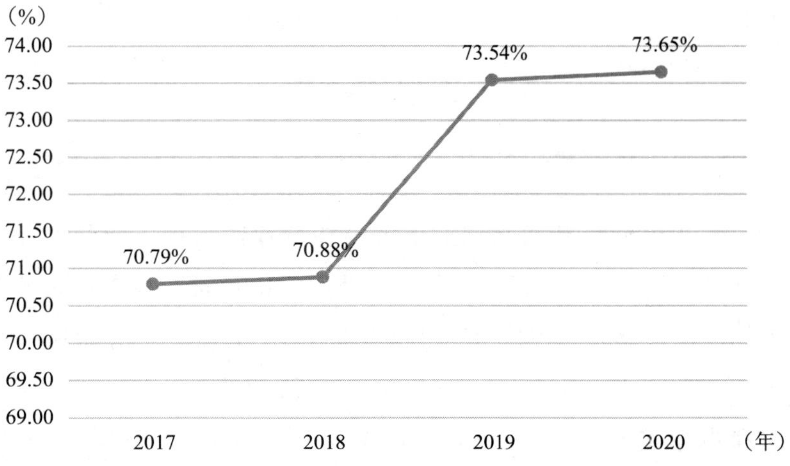

图 3－15　资产负债率及其变动情况（石化冶金矿山工程）

3.1.4 建筑装饰业

3.1.4.1 经营基本情况分析

近 4 年，受国家基建补短板、惠民生等政策措施影响，建筑装饰业上市公司营业收入呈先升后降趋势，年均增速为 4.68%；前三年稳步增长，2020 年受疫情蔓延、世界经济增长低迷、市场环境严峻等因素影响，营业收入大幅下滑，2020 年同比下降 6.71%。资产总额和净资产保持增长但增速放缓，年均增速分别为 9.66% 和 5.83%，营业收入增长未明显带动净资产增长（如图 3－16 所示）。

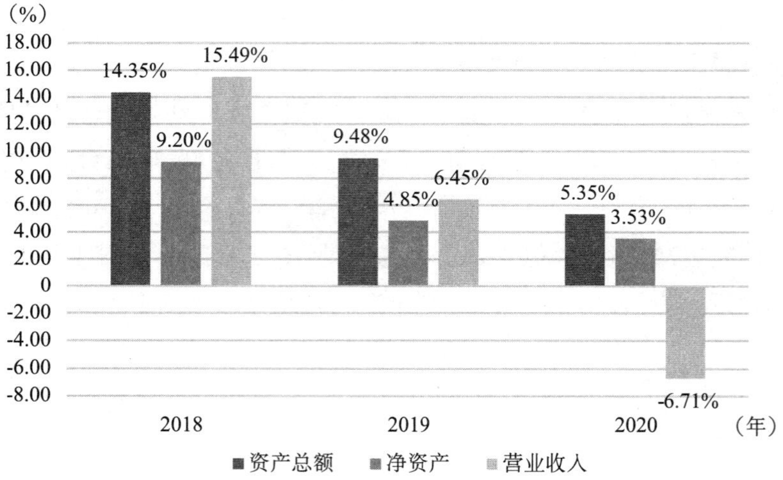

图 3－16 资产总额、净资产、营业收入增速变动情况（建筑装饰业）

2017—2020 年，建筑装饰业上市公司营业收入前三年持续稳步增长（如表 3－7 所示），2020 年受新冠肺炎疫情蔓延、世界经济增长低迷、市场环境严峻等影响，较 2019 年同比增幅大幅下滑。其中 2020 年金螳螂营业收入达 312.43 亿元，江河集团营业收入达 180.50 亿元，两者之和占建筑装饰上市公司营业收入的 39.44%，总体影响较大；24 家建筑装饰上市公司中有 18 家同比增幅呈现下降趋势，因此该明细行业整体营业收入增幅呈现下降趋势。

表 3－7　　建筑业上市公司经营情况统计表（建筑装饰业）　金额单位：亿元

项目＼年份	2017	2018		2019		2020	
	值	值	同比(%)	值	同比(%)	值	同比(%)
资产	1 662. 34	1 900. 88	14. 35	2 080. 99	9. 48	2 192. 39	5. 35
净资产	634. 66	693. 06	9. 20	726. 67	4. 85	752. 30	3. 53
营业收入	1 089. 76	1 258. 55	15. 49	1 339. 76	6. 45	1 249. 88	－6. 71

2017—2020 年，建筑装饰上市公司资产总额、净资产两者趋势相同，均呈现持续增长趋势，但增幅持续下降（如表 3－7 所示），年均增幅分别为 9. 66% 和 5. 83%。其中 2020 年金螳螂资产总额达 450. 03 亿元，以超过 20% 的占比在 2020 年建筑装饰上市公司的资产中排名第一，其同比增幅 14. 01% 高于平均增幅，主要由于该企业紧抓疫情时期业务需求，重点围绕 EPC、装配式和二次装修市场深耕，持续优化业务结构，使其在行业中市场占有率和领先优势进一步扩大。

近 4 年，建筑装饰业上市公司净利润呈下降走势，2019—2020 年受宏观经济对市场需求下降，新冠肺炎疫情蔓延等因素影响，建筑装饰产业遇到发展瓶颈，净利润增速出现较大幅度下降，2020 年下降幅度达到 31. 84%，其中归属于母公司股东的净利润同比下降 33. 54%（如图 3－17 所示）。

2017—2020 年，建筑装饰上市公司利润总额、净利润、归属于母公司股东的净利润均呈现下降趋势（如表 3－8 所示），三者增幅情况呈现相关性，年均降幅分别为 15. 71%、16. 65% 和 18. 49%。其中金螳螂利润总额占建筑装饰上市公司利润总额的 67%，净利润占建筑装饰上市公司净利润的 74%，其利润总额和净利润同比增长分别为 0. 56% 和 3. 53%。由于新冠肺炎疫情蔓延和市场环境严峻等因素影响，导致行业内多家企业出现较大亏损，进而导致总体趋势呈负增长。

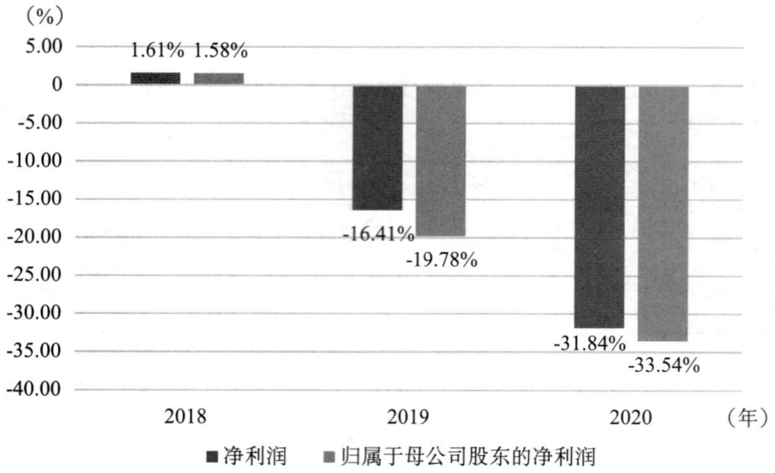

图 3－17　净利润、归属于母公司股东的净利润增速变动情况（建筑装饰业）

表 3－8　建筑业上市公司经营情况统计表（建筑装饰业）　金额单位：亿元

项目＼年份	2017	2018		2019		2020	
	值	值	同比	值	同比	值	同比
利润总额	67.46	68.96	2.22%	57.53	－16.57%	40.40	－29.78%
净利润	54.77	55.65	1.61%	46.52	－16.41%	31.71	－31.84%
净利润*	53.05	53.89	1.58%	43.23	－19.78%	28.73	－33.54%
毛利率	15.98%	17.72%	—	17.29%	—	16.28%	—
净利率	5.03%	4.42%	—	3.47%	—	2.54%	—

注：净利润*，指归属于母公司普通股股东的净利润。

近 4 年，建筑装饰业上市公司毛利率水平在 16% 上下小幅波动；但净利率水平呈持续下降走势，受宏观经济和新冠肺炎疫情因素影响，2020 年净利率同比下降 0.93 个百分点至 2.54%（如图 3－18 所示）。

2017—2020 年，建筑装饰业上市公司毛利率趋势变化较为平缓，净利率呈下降趋势（如图 3－18 所示），毛利率在 16% 左右浮动，净利率保持在 3% 左右。其中 2020 年金螳螂毛利率在 16% 以上，净利率

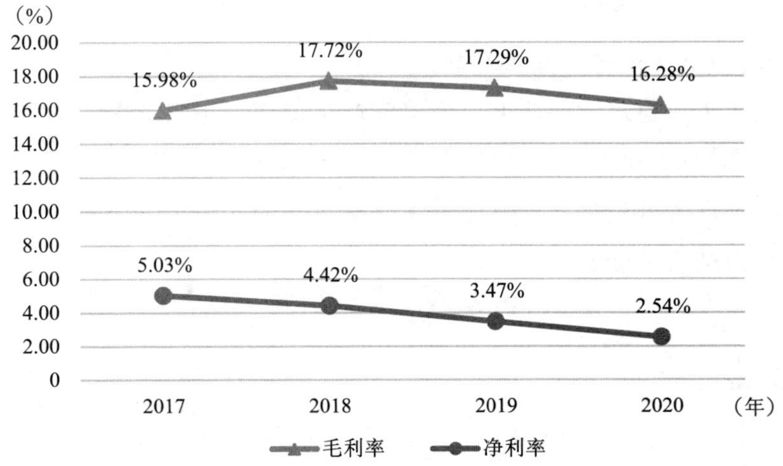

图 3-18　毛利率和净利率增减变动情况（建筑装饰业）

在7%以上；江河集团毛利率在18%左右，净利率在6%左右；均高于该明细行业平均水平。

3.1.4.2　净资产收益率分析

近4年，建筑装饰业上市公司净资产收益逐年下降，受宏观经济影响，2020年显著下滑至4.07%，扣除非经常损益后的净资产收益率也呈持续下降走势，2020年跌至2.37%（如图3-19所示）。

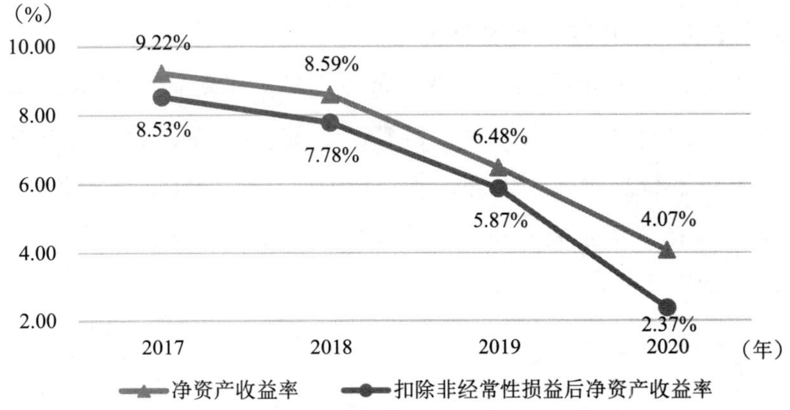

图 3-19　净资产收益率及其变动情况（建筑装饰业）

3.1.4.3 资产负债率分析

近 4 年，建筑装饰业上市公司资产负债率呈上升走势，2020 年资产负债率为 65.69%，比 2017 年提高了 3.87 个百分点，尽管行业资产负债率呈现上升趋势，但总体仍保持在 66% 以下（如图 3－20 所示），资产负债结构良好。

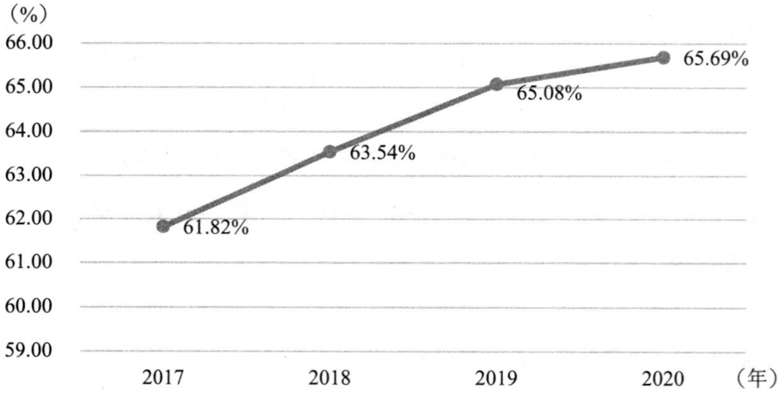

图 3－20 资产负债率及其变动情况（建筑装饰业）

3.1.5 国际工程

3.1.5.1 经营基本情况分析

近 4 年，2019 年受国际局势、海外市场需求等因素影响，国际工程上市公司营业收入呈大幅上升趋势，而 2020 年受新冠肺炎疫情暴发和国际经济下行影响大幅下降，年均增速仅为 0.75%，其中 2020 年降幅为 8.02%；资产总额和净资产持续增长，年均增速分别为 6.51% 和 9.93%（如图 3－21 所示）。

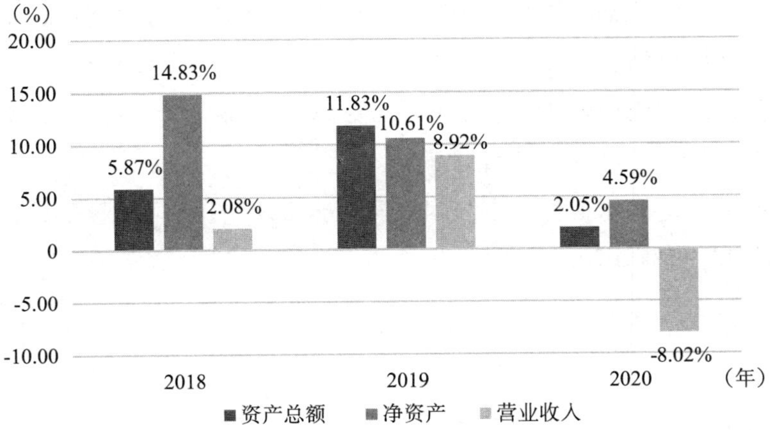

图 3－21　资产总额、净资产、营业收入增速变动情况（国际工程）

2017—2020 年，国际工程上市公司营业收入总体呈现先升后降趋势，前三年稳步上升，2020 年受新冠肺炎疫情暴发和国际经济下行影响出现负增长，较 2019 年同比下降 8.02%（如表 3－9 所示）。2020 年营业收入前三名依次是中材国际、中钢国际和北方国际，营业收入占比总体国际工程上市公司的 34.64%、22.84% 和 19.79%。其中中钢国际营业收入保持良好，其增幅仍旧保持在 10% 以上，其增幅大于整体增幅。

表 3－9　　建筑业上市公司经营情况统计表（国际工程）　　金额单位：亿元

项目 \ 年份	2017	2018		2019		2020	
	值	值	同比（%）	值	同比（%）	值	同比（%）
资产	958.26	1 014.51	5.87	1 134.52	11.83	1 157.82	2.05
净资产	323.04	370.94	14.83	410.30	10.61	429.12	4.59
营业收入	634.79	648.02	2.08	705.83	8.92	649.22	－8.02

2017—2020 年，国际工程上市公司资产总额、净资产两者趋势相同，均呈现持续增长趋势，增幅略有下降（如表 3－9 所示），年均增幅分别为 6.51% 和 9.93%。其中 2020 年中材国际资产总额达 342.12

亿元，以 29.55% 的占比在 2020 年国际工程上市公司的资产榜中排名第一，其同比增长幅度（3.97%）高于明细行业平均增幅，这主要由于该公司以国内循环为主体、国内国际双循环相互促进，持续推进转型升级，从而促进公司的良好发展。

近 4 年，国际工程上市公司净利润自 2019 年出现明显下跌，年均降幅为 11.47%，2020 年同比降幅为 7.26%；其中归属于母公司股东的净利润年均降幅 12.18%，2020 年同比降幅为 14.26%（如图 3－22 所示）。

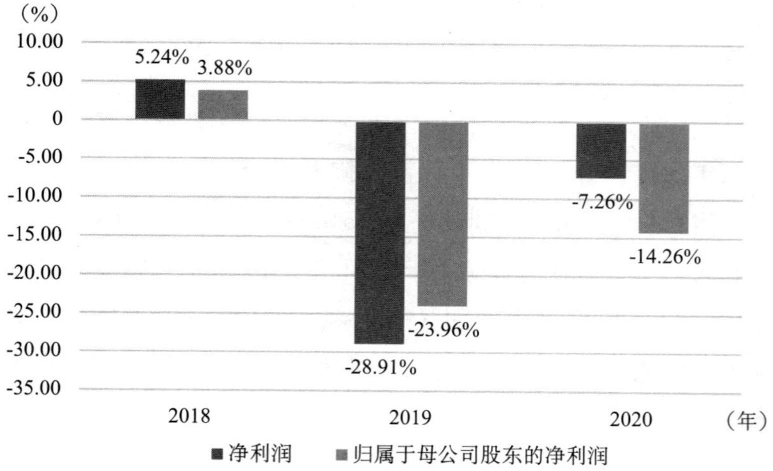

图 3－22 净利润、归属于母公司股东的净利润增速变动情况（国际工程）

2017—2020 年，国际工程上市公司利润总额、净利润、归属于母公司股东净利润前两年连续增长，但在 2019 年及 2020 年均出现明显下跌（如表 3－10 所示），年均降幅分别为 16.81%、11.47% 和 12.18%。主要由于受到新冠肺炎疫情暴发、国际经济形势下行、各国航线和口岸运行受阻等因素影响，部分企业海外工程承包等业务大幅下滑，出现了大额亏损。

表 3－10　　建筑业上市公司经营情况统计表（国际工程）　　金额单位：亿元

年份 / 项目	2017	2018		2019		2020	
	值	值	同比	值	同比	值	同比
利润总额	45.24	48.89	8.07%	36.09	－26.18%	26.05	－27.82%
净利润	36.81	38.74	5.24%	27.54	－28.91%	25.54	－7.26%
净利润*	35.79	37.18	3.88%	28.27	－23.96%	24.24	－14.26%
毛利率	17.27%	15.95%	—	15.78%	—	14.28%	—
净利率	5.80%	5.98%	—	3.90%	—	3.93%	—

注：净利润*，指归属于母公司普通股股东的净利润。

2017—2020年，国际工程上市公司毛利率呈逐年下降走势，2020年降至14.28%；净利率呈现波动下降趋势，2019年下降至3.90%，但2020年又小幅回升至3.93%（如图3－23所示）。

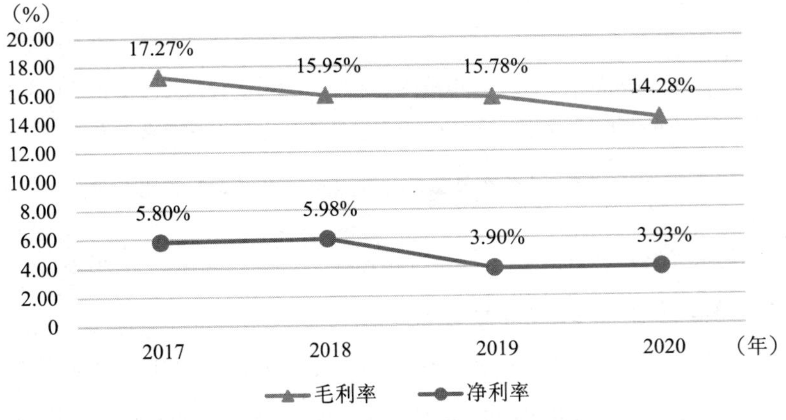

图3－23　毛利率和净利率增减变动情况（国际工程）

2017—2020年，国际工程上市公司毛利率呈现逐年下降趋势、净利率呈现波动下降趋势，毛利率在15%左右浮动，净利率保持在3.9%以上。其中2020年中材国际毛利率在16%以上，净利率在4%以上；中钢国际毛利率在11%左右，净利率在4%左右；净利率均超过行业平均水平。

3.1.5.2 净资产收益率分析

近 4 年，国际工程上市公司净资产收益率呈总体下降走势，受国际形势影响，两项指标均在 2019 年出现大幅下滑，净资产收益率从 2017 年 12.83% 下降至 2020 年 4.83%，扣除非经常损益后的净资产收益率从 2017 年 11.18% 降至 2020 年 2.93%（如图 3－24 所示）。

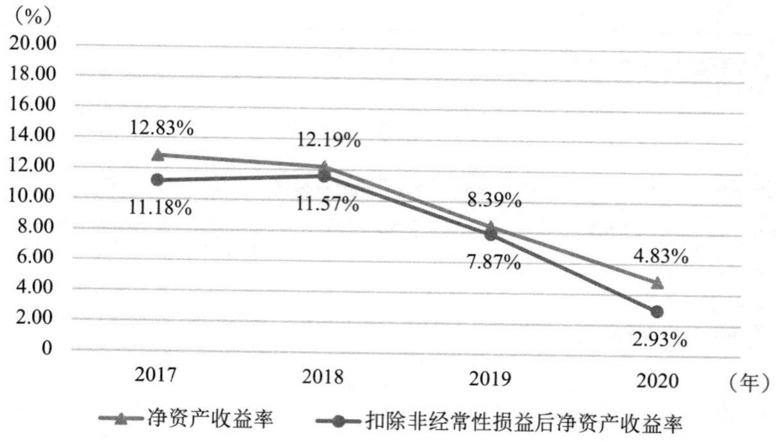

图 3－24 净资产收益率及其变动情况（国际工程）

3.1.5.3 资产负债率分析

近 4 年，国际工程上市公司资产负债率呈波动下降趋势，从 2017 年的 66.29% 降至 2020 年的 62.94%（如图 3－25 所示），下降 3.35 个百分点，去杠杆持续发力，行业深化供给侧结构性改革取得一定成效。大部分国际工程上市公司资产负债率均保持在 68% 以下。

3.1.6 园林生态工程

3.1.6.1 经营基本情况分析

近 4 年，随着行业受融资收紧、PPP 项目规范清理以及新冠肺炎

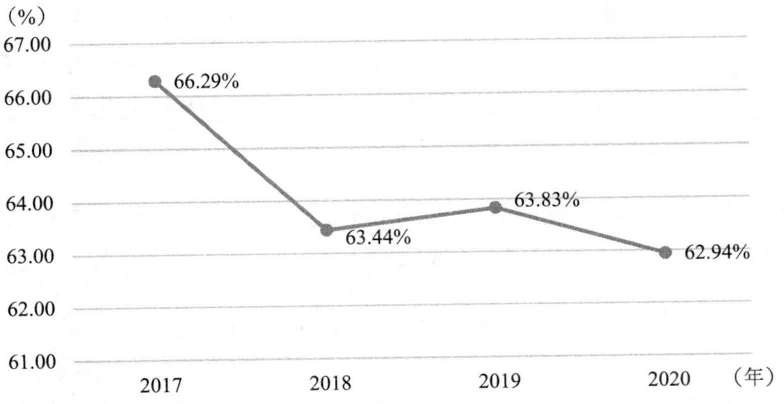

图 3 - 25　资产负债率及其变动情况（国际工程）

疫情等因素影响，园林生态工程上市公司营业收入自 2019 年呈下降走势，2020 年受新冠肺炎疫情和复杂严峻的内外部发展环境影响再次大幅下降，营业收入同比下降 13. 44%，年均降幅为 11. 49%。2020 年受新冠肺炎疫情蔓延、市场环境严峻等因素影响，资产总额和净资产负增长，2020 年分别同比下降 1. 53% 和 4. 25%（如图 3 - 26 所示）。

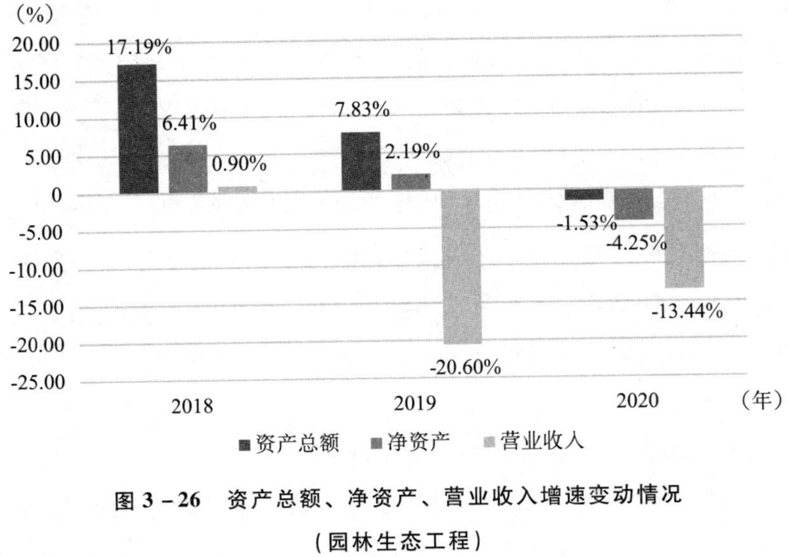

图 3 - 26　资产总额、净资产、营业收入增速变动情况（园林生态工程）

2017—2020 年，园林生态上市公司营业收入总体呈先升后降趋势，2019 年受融资收紧、PPP 项目规范清理等影响，营业收入呈现大幅下降；2020 年受新冠肺炎疫情风波和复杂严峻的内外部发展环境影响，营业收入再次大幅下降（如表 3 - 11 所示）。其中 2020 年行业前三名为东方园林、岭南园林、棕榈股份，分别占园林生态上市公司营业收入 17.43%、13.28% 和 9.63%。

表 3 - 11　建筑业上市公司经营情况统计表（园林生态工程）

金额单位：亿元

项目＼年份	2017	2018		2019		2020	
	值	值	同比（%）	值	同比（%）	值	同比（%）
资产	1 891.75	2 216.88	17.19	2 390.39	7.83	2 353.75	-1.53
净资产	743.87	791.53	6.41	808.90	2.19	774.56	-4.25
营业收入	722.04	728.54	0.90	578.48	-20.60	500.71	-13.44

2017—2020 年，园林生态上市公司资产总额、净资产两者趋势相同，均呈现前三年持续增长，2020 年受新冠肺炎疫情蔓延及复杂严峻内外环境影响呈下降趋势（如表 3 - 11 所示），年均增幅分别为 7.56% 和 1.36%。其中 2020 年东方园林资产总额达 453.79 亿元，以 19% 的占比在 2020 年园林生态上市公司资产榜中排名第一，其同比增长幅度（3.58%）高于平均增幅。

近 4 年，园林生态工程上市公司受宏观经济形势、房地产调控、行业发展状况等因素影响，行业内多家龙头企业发生亏损。2019 年净利润呈大幅下降趋势，同比下降 188.22%；2020 年因受疫情影响，同比下降 61.14%，其中归属于母公司股东的净利润同比下降 21.70%（如图 3 - 27 所示）。

2017—2020 年，园林生态工程上市公司利润总额、净利润、归属于母公司股东净利润连续下降之后，在 2020 年呈现上升趋势（如表 3 - 12 所示），三者增幅情况呈现相关性，年均降幅分别为 184.24%、

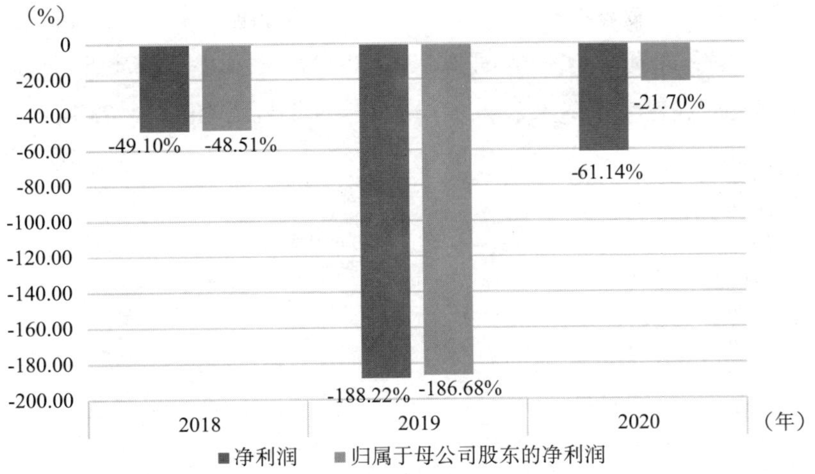

图 3－27　净利润、归属于母公司股东的净利润增速变动情况
（园林生态工程）

189.78%和181.59%。由于2019年行业内龙头企业均受项目融资影响，合理调整施工进度、控制并放缓投资节奏等措施使公司营收大幅下滑，盈利能力受限。2020年受新冠肺炎疫情、经济形势及融资收紧等因素影响，明细行业内12家企业净利润亏损，但因相较于2019年部分企业经营状况略有好转，下降幅度小于2019年。

表 3－12　建筑业上市公司经营情况统计表（园林生态工程）

金额单位：亿元

年份 项目	2017	2018		2019		2020	
	值	值	同比	值	同比	值	同比
利润总额	77.44	42.93	－44.56%	－26.67	－162.12%	－46.29	－73.57%
净利润	63.05	32.09	－49.10%	－28.31	－188.22%	－45.62	－61.14%
净利润*	61.54	31.69	－48.51%	－27.47	－186.68%	－33.43	－21.70%
毛利率	25.93%	25.16%	—	21.55%	—	19.11%	—
净利率	8.73%	4.40%	—	－4.89%	—	－9.11%	—

注：净利润*，指归属于母公司普通股股东的净利润。

近 4 年，受宏观经济形势及金融环境变化影响，园林生态工程上市公司毛利率和净利率均呈现下降走势，2020 年毛利率下降 2.44 个百分点至 19.11%，净利率下降 4.22 个百分点至 -9.11%（如图 3-28 所示）。

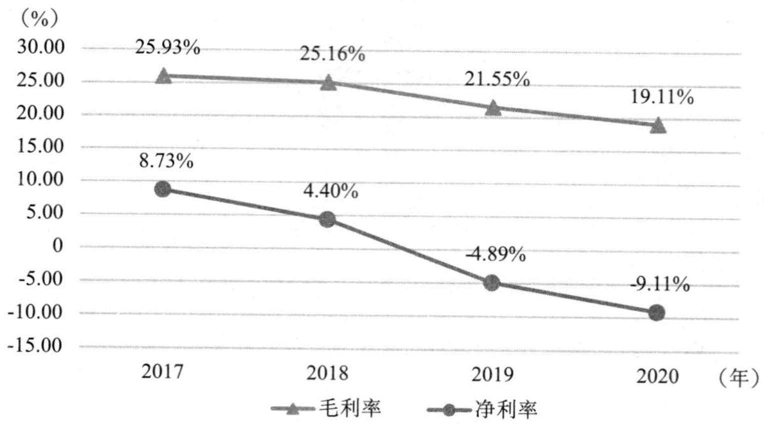

图 3-28　毛利率和净利率增减变动情况（园林生态工程）

2017—2020 年，园林生态工程上市公司毛利率和净利率均呈现下降走势，毛利率降至 20% 以下，净利率自 2019 年起出现负数。

3.1.6.2　净资产收益率分析

近 4 年，园林生态工程上市公司净资产收益率、扣除非经常损益后的净资产收益率均呈下降走势，2018 年及 2019 年受宏观经济形势及金融环境变化影响，2020 年受新冠肺炎疫情冲击，连续三年出现大幅下滑，分别由 2017 年 9.34% 和 9.08% 降至 2020 年的 -5.99% 和 -7.52%（如图 3-29 所示）。

3.1.6.3　资产负债率分析

近 4 年，受融资收紧、外部借款增加影响，园林生态工程上市公司资产负债率呈持续上升的趋势，从 2017 年 60.68% 上升至 2020 年 67.09%（如图 3-30 所示），但仍维持在 70% 以下。

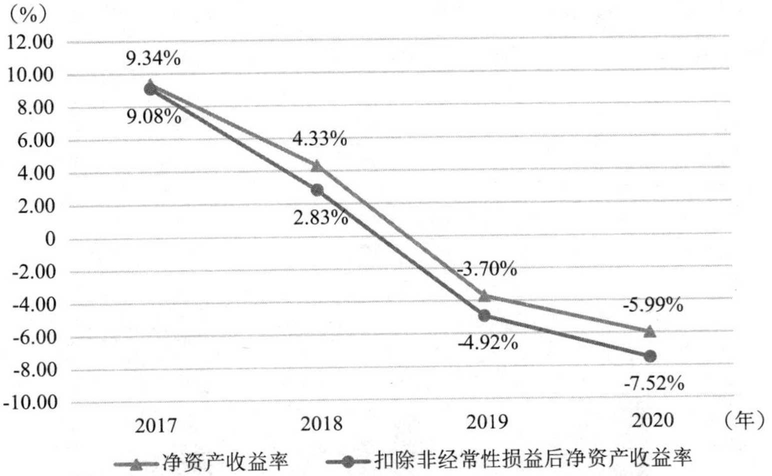

图 3－29　净资产收益率及其变动情况（园林生态工程）

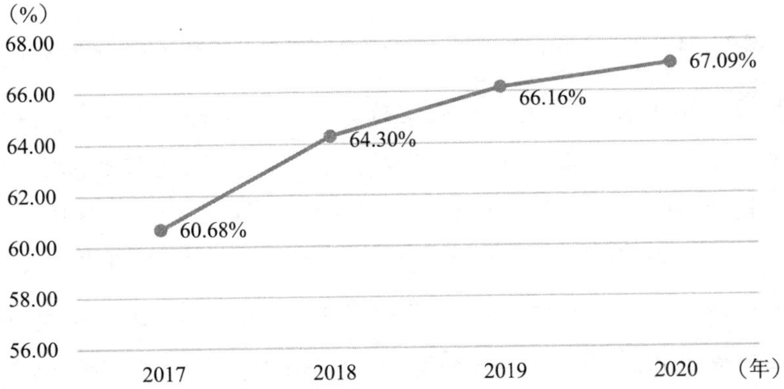

图 3－30　资产负债率及其变动情况（园林生态工程）

3.1.7　钢结构行业

3.1.7.1　经营基本情况分析

近 4 年，随着 2018 年国家大力发展钢结构等装配式建筑政策支持，钢结构建筑作为替代传统建筑形式的新型产业和绿色建筑的典型代表，钢结构上市公司营业收入呈持续上升走势，年均增幅达

19.50%；2020 年增速放缓至 14.28%。资产总额和净资产持续增长，年均增速分别为 11.89% 和 10.85%（如图 3－31 所示）。

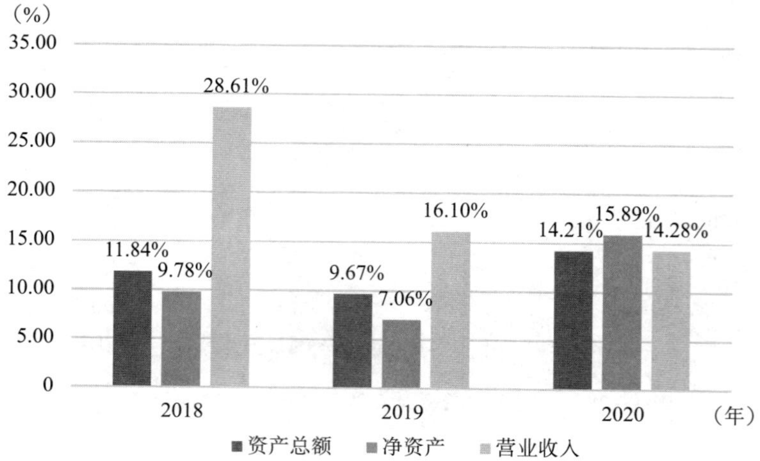

图 3－31　资产总额、净资产、营业收入增速变动情况（钢结构行业）

2017—2020 年，受国家政策支持影响，钢结构上市公司营业收入总体呈现稳步增长趋势，2020 年受新冠肺炎疫情风波和外部发展环境影响，较 2019 年同比增幅略有下降（如表 3－13 所示）。其中 2020 年精工钢构、鸿路钢构营业收入之和占钢结构上市公司营业收入的 50%，总体影响较大；鸿路钢构受新建生产基地产能逐步释放及生产效率提高等影响，营业收入保持良好，增幅仍旧保持在 25% 以上，大于行业整体增幅。

表 3－13　建筑业上市公司经营情况统计表（钢结构）　金额单位：亿元

项目＼年份	2017	2018		2019		2020	
	值	值	同比（%）	值	同比（%）	值	同比（%）
资产	551.43	616.74	11.84	676.37	9.67	772.51	14.21
净资产	246.33	270.42	9.78	289.50	7.06	335.51	15.89
营业收入	292.49	376.18	28.61	436.75	16.10	499.13	14.28

2017—2020年，钢结构上市公司资产总额、净资产两者趋势相同，均呈现持续增长趋势（如表3－13所示），年均增幅分别为11.89%和10.85%。其中，2020年鸿路钢构由于新设子公司厂房完工转固及新增生产设备，资产总额达162.07亿元，以20.98%的占比在2020年钢结构上市公司的资产榜中排名第一，其同比增长幅度（27.09%）高于行业平均增幅。

在2020年严峻复杂的国际形势下，钢结构上市公司以供给侧改革为主线，不断创新管理，整体取得了较好的业绩。2020年7月住建部发布《关于大力发展钢结构建筑的意见（征求意见稿）》，提出大力推广钢结构公共建筑、钢结构住宅和农房建设以及大型展览馆、科技馆、体育馆、商场、立体停车库和机场、铁路、公路、港口等大跨度建筑，大力发展装配式绿色建筑，为钢结构建筑奠定了良好的政策基础，带动了钢结构住宅需求，为钢结构上市公司的发展提供了新动能。

近4年，钢结构上市公司净利润呈连续增长趋势，增速先降后升，2020年同比增长39.26%，其中归属于母公司股东的净利润同比增长38.56%（如图3－32所示）。

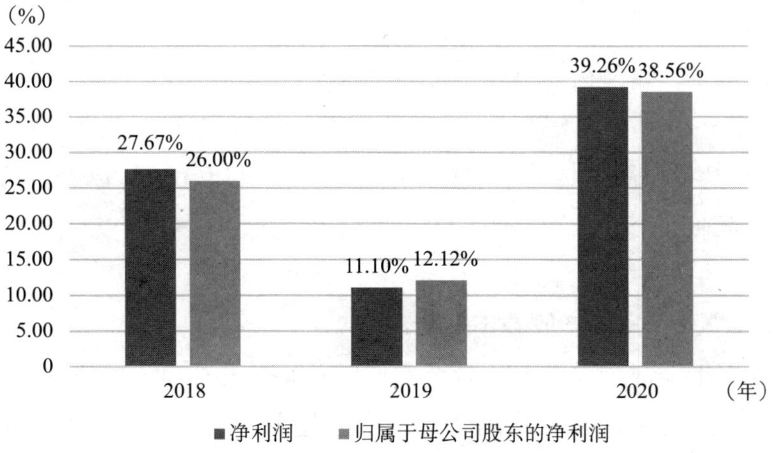

图3－32　净利润、归属于母公司股东的净利润增速变动情况（钢结构行业）

2017—2020 年，钢结构上市公司利润总额、净利润、归属于母公司股东的净利润都呈现上涨趋势（如表 3 – 14 所示），三者增幅情况呈现相关性，年均增速分别为 22.67%、25.47% 和 25.09%。其中鸿路钢构、精工钢构、杭萧钢构 3 家上市公司的利润总额和净利润均占钢结构上市公司的 73%，鸿路钢构排名第一。行业中大部分企业净利润同比 2019 年增幅都在 40% 以上，精工钢构增长达 60% 以上，其主要原因在于该公司 EPC 及装配式业务发展迅猛，新承接订单 56.36 亿元同比增长 103%，以及因疫情冲击，促使海外业务逆势增长，实现业务承接额近 6.79 亿元，同比增长 205%。

表 3 – 14　　建筑业上市公司经营情况统计表（钢结构）　　金额单位：亿元

年份/项目	2017	2018		2019		2020	
	值	值	同比	值	同比	值	同比
利润总额	18.97	23.28	22.72%	24.34	4.55%	35.02	43.88%
净利润	14.96	19.10	27.67%	21.22	11.10%	29.55	39.26%
净利润*	15.00	18.90	26.00%	21.19	12.12%	29.36	38.56%
毛利率	17.52%	16.38%	—	15.49%	—	14.89%	—
净利率	5.11%	5.08%	—	4.86%	—	5.92%	—

注：净利润*，指归属于母公司普通股股东的净利润。

近 4 年，钢结构上市公司毛利率水平在 15% 左右波动，且呈持续下降趋势；净利率水平则呈先降后升趋势，在 5% 左右波动（如图 3 – 33 所示）。其中鸿路钢构毛利率在 13% 以上，净利率在 5% 以上；精工钢构毛利率在 15% 以上，净利率在 5% 以上。

3.1.7.2　净资产收益率分析

近 4 年，钢结构上市公司净资产收益率、扣除非经常损益后的净资产收益率均呈波动上升趋势，两项指标分别由 2018 年的 8.11% 和 6.77% 下降至 2019 年的 7.71% 和 6.00% 再上升至 2020 年的 9.79% 和 7.36%（如图 3 – 34 所示）。

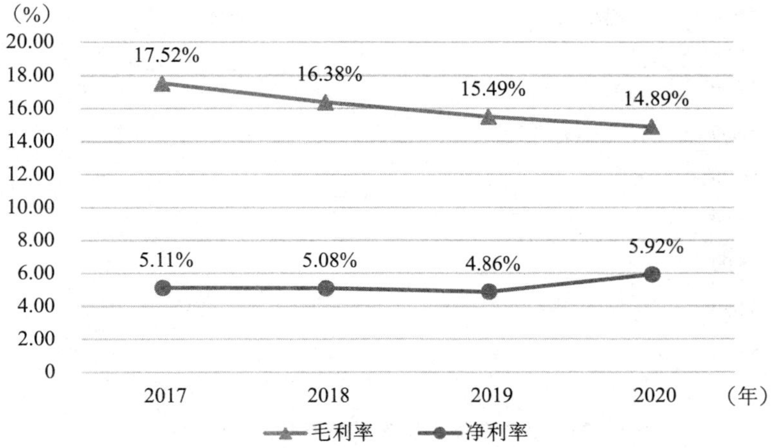

图 3-33　毛利率和净利率增减变动情况（钢结构行业）

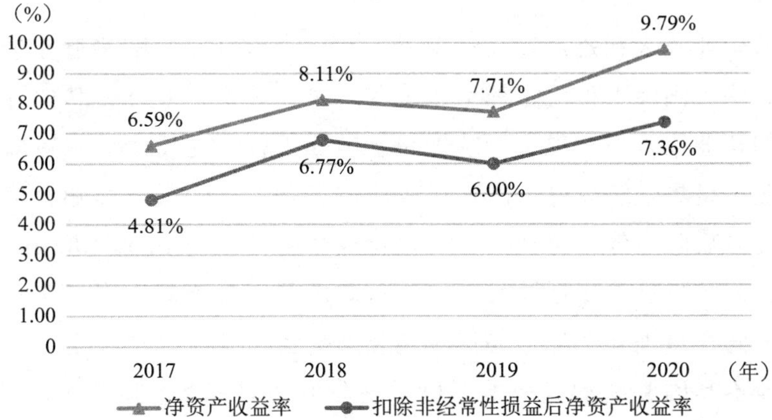

图 3-34　净资产收益率及其变动情况（钢结构行业）

3.1.7.3　资产负债率分析

近 4 年，钢结构上市公司资产负债率呈先升后降的走势，从 2017 年的 55.33% 上升至 2020 年的 56.57%（如图 3-35 所示），但仍低于 60%。其中 2020 年精工钢构资产负债率为 56.72%（下降 4.9 个百分点），其余上市公司资产负债率也均在 68% 以下，行业整体资产负债率良好。

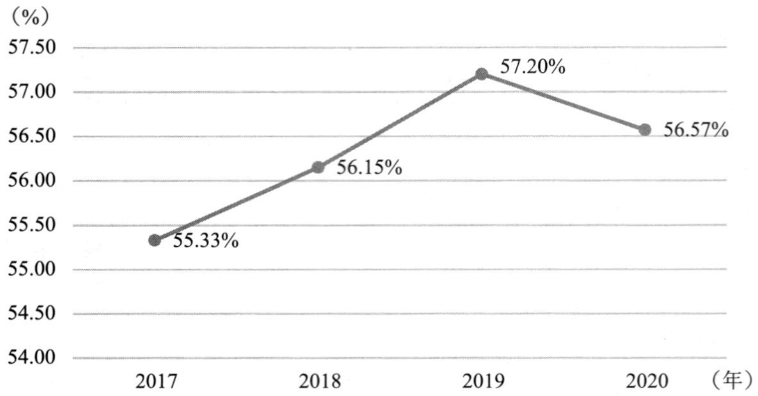

图 3-35　资产负债率及其变动情况（钢结构行业）

3.1.8　小结

从营业收入和资产增长情况看，2017—2020 年，随着行业景气度回升，除了国际工程、园林生态工程、建筑装饰行业外，其他各明细行业的营业收入都实现了持续增长。国际工程行业受全球新冠肺炎疫情蔓延、世界经济衰退、国际形势严峻等多重压力因素影响，营业收入呈先升后降走势；园林生态工程行业受全球经济下行、市场融资趋紧、新冠肺炎疫情蔓延导致工程项目开工复工受限制等因素影响，营业收入同样呈先升后降走势；建筑装饰受新冠肺炎疫情冲击、下游房地产业不利因素增加等影响，也呈现先升后降趋势。除园林生态外，所有明细行业的资产总额、净资产均实现了持续增长，营业收入的增长对资产的保值增值发挥了重要作用（如图 3-36、图 3-37 所示）。

从净利润变化情况看，2017—2020 年，基础设施建设、房屋建筑行业因为行业景气度回升，实现了净利润的持续增长；石化冶金矿山工程、钢结构行业因加大宏观政策应对力度，立足国内国际双循环，整体呈现良好持续增长态势；建筑装饰、国际工程、园林生态工程等行业受新冠肺炎疫情冲击、世界经济形势下行及融资收紧等因素的影响，呈波动下降或持续下降走势（如图 3-38 所示）。

金额单位：亿元

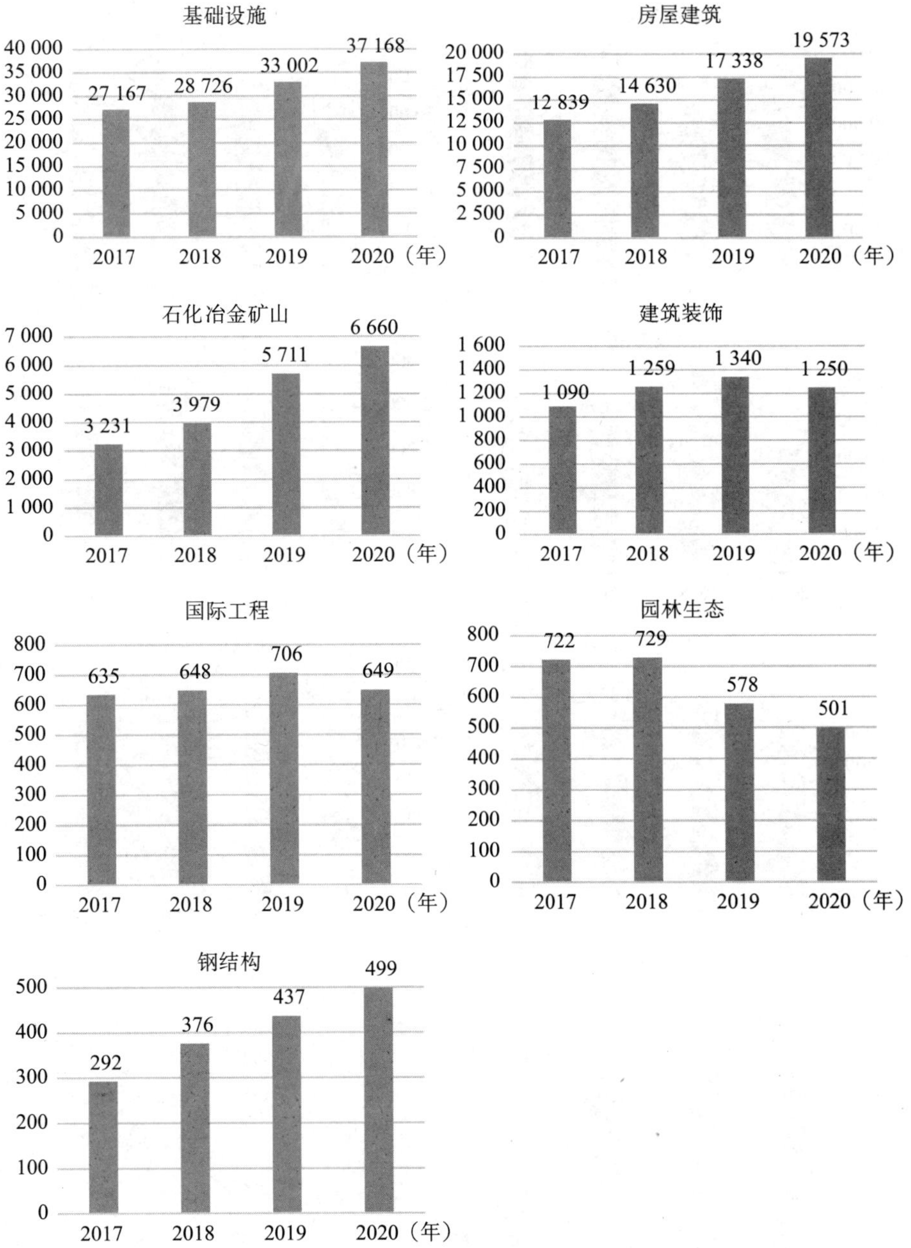

图 3－36　各明细行业营业收入变动情况

金额单位：亿元

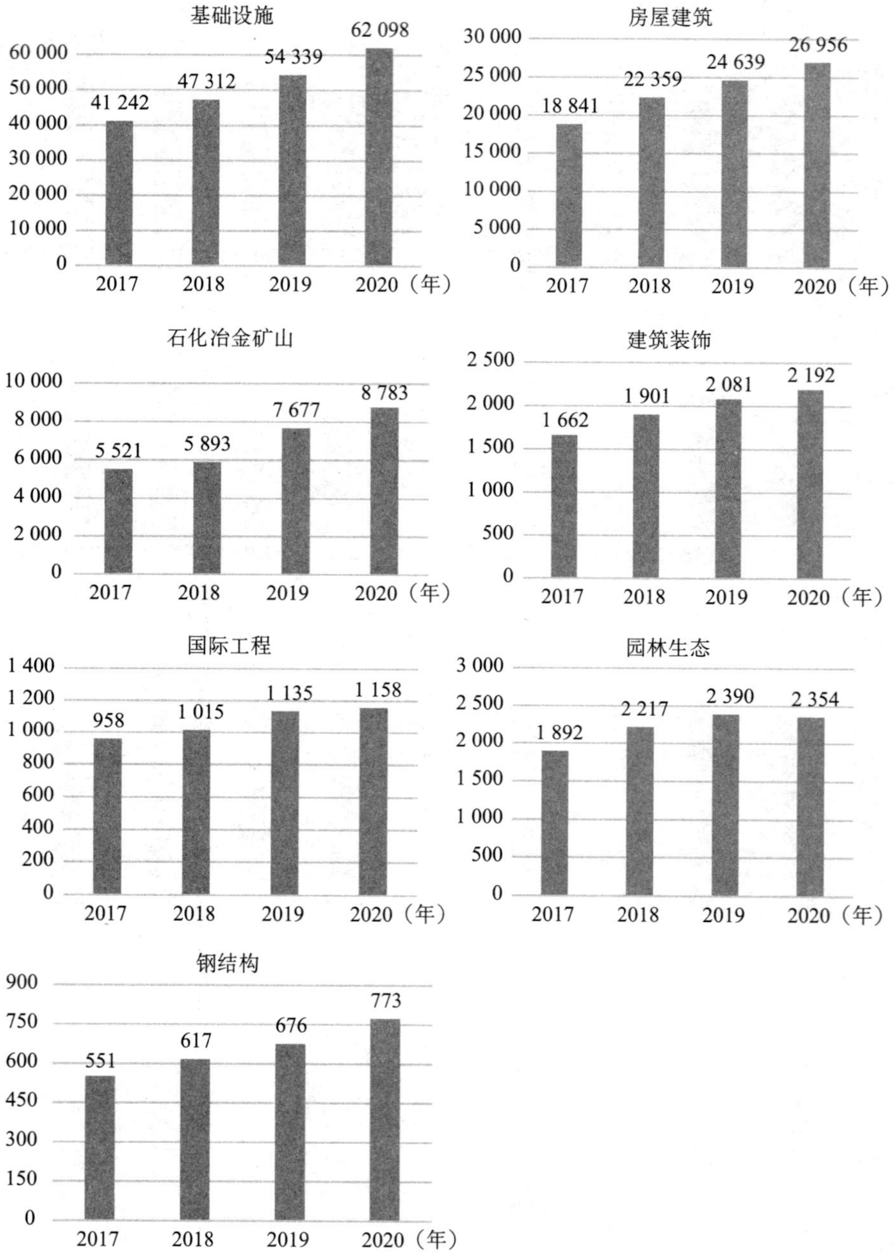

图 3－37　各明细行业资产变动情况

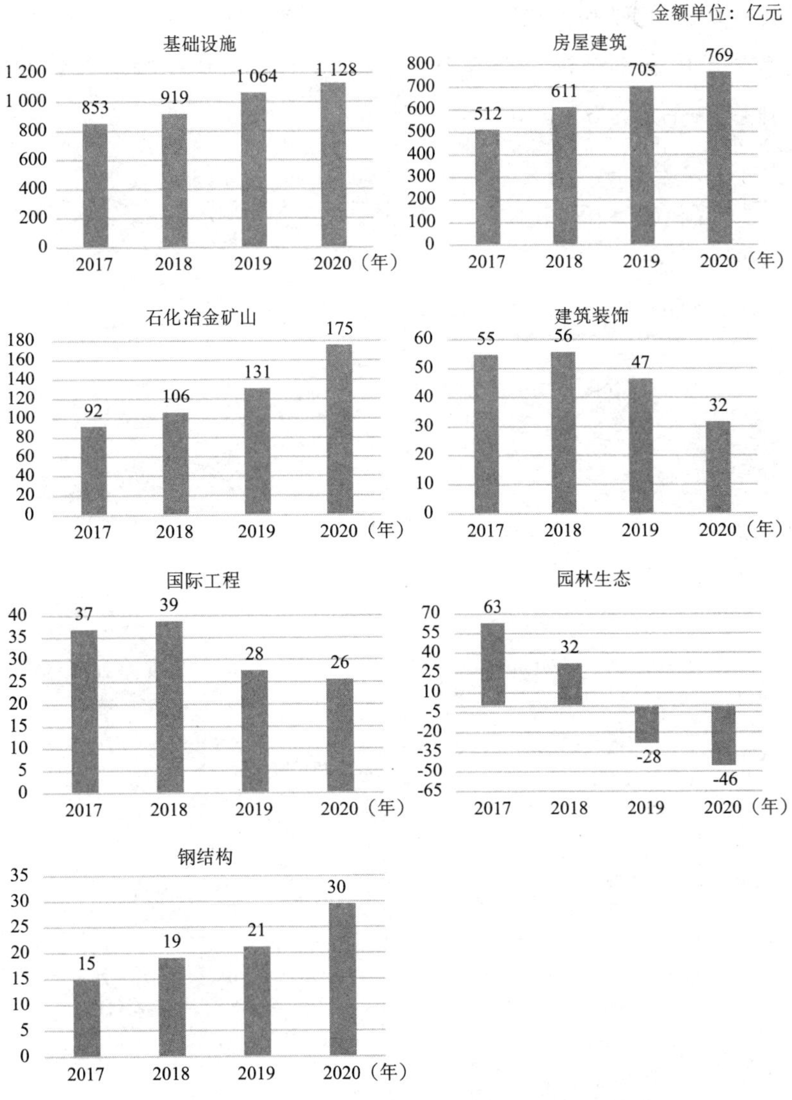

图 3－38　各明细行业净利润变动情况

从毛利率和净利率变化情况看，2017—2020 年，基础设施行业毛利率和净利率变化都较为平稳，分别保持在 11% 和 3% 以上；房屋建筑和建筑装饰行业毛利率都呈现先升后降趋势，房屋建筑行业净利率变化较为平稳，约在 4% 上下浮动，建筑装饰行业净利率呈现连续下降趋势；国际工程和园林生态行业毛利率和净利率都呈现下降趋势；石化冶金矿山和钢结构行业毛利率都呈现下降趋势，净利率都呈现先降后升趋势（如图 3 - 39 所示）。

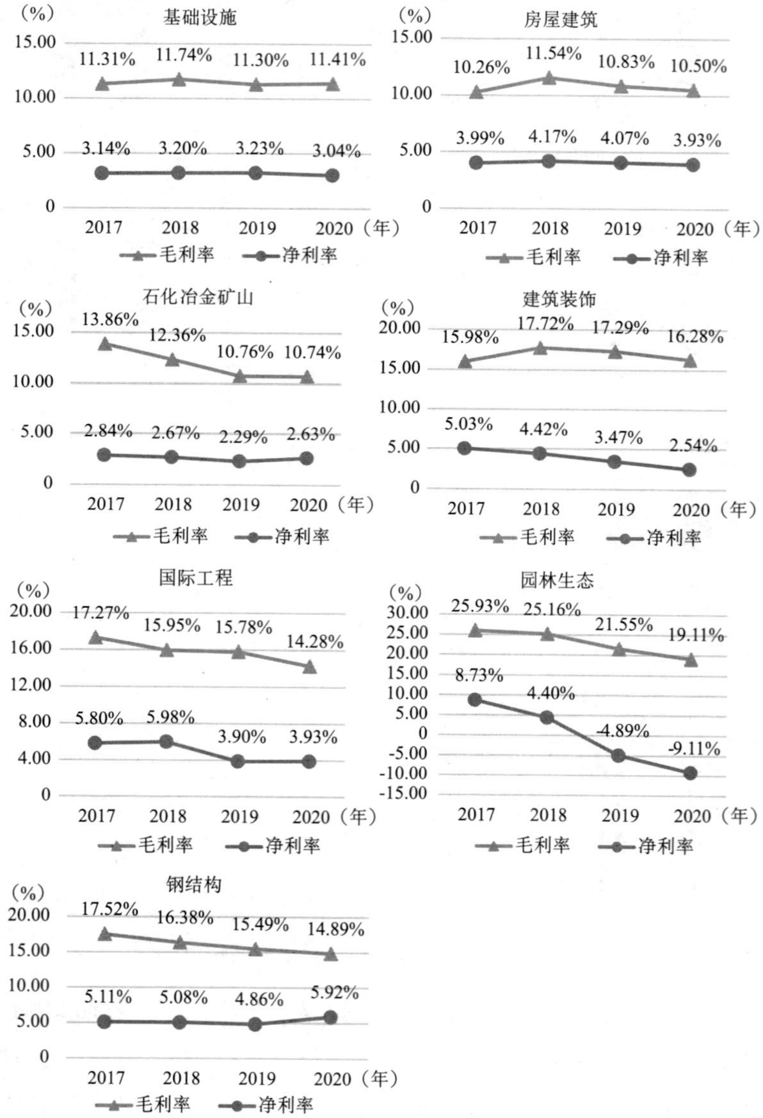

图 3 - 39　各明细行业毛利率和净利率变动情况

从净资产收益率变化情况看，2017—2020 年，除了石化冶金和钢结构行业以外，各明细行业净资产收益率均呈现波动下降态势。基础设施建设、建筑装饰、国际工程等行业受融资成本提高、计提减值准备、高负债经营等因素影响较大，净资产收益率、扣除非经常损益后的净资产收益率均呈波动下滑或持平态势；园林生态行业因受新冠肺炎疫情蔓延、市场环境严峻等因素，造成净资产收益率显著下滑；房屋建筑业净资产收益率较平稳，维持在 14% 左右水平波动；石化冶金、钢结构受政策支持影响，呈现小幅上升趋势。(如图 3－40、图 3－41 所示)。

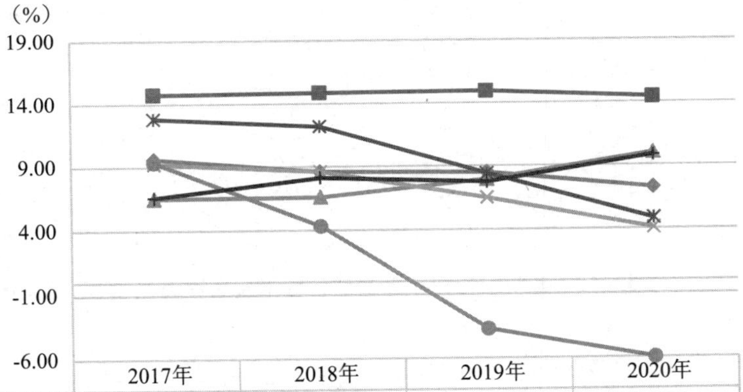

	2017年	2018年	2019年	2020年
基础设施	9.62%	8.59%	8.48%	7.23%
房屋建筑	14.76%	14.86%	14.93%	14.42%
石化冶金矿山	6.51%	6.60%	7.93%	10.00%
建筑装饰	9.22%	8.59%	6.48%	4.07%
国际工程	12.83%	12.19%	8.39%	4.83%
园林生态	9.34%	4.33%	-3.70%	-5.99%
钢结构	6.59%	8.11%	7.71%	9.79%

图 3－40　各明细行业净资产收益率变动情况

从资产负债率变化情况看，2017—2020 年，去杠杆持续发力，深化供给侧结构性改革取得成效，基础设施建设、房屋建筑、国际工程等行业资产负债率持续下降或波动下降，2020 年分别下降至 74.25%、75.70% 和 62.94%；石化冶金、建筑装饰行业近年开始负债水平显著回升，资产负债率逐年上升，2020 年分别上升至 73.65% 和 65.69%；

钢结构行业在前 3 年逐年上升，2020 年小幅回落至 56.57%；园林生态工程行业的资产负债率上升显著，2020 年达到 67.09%（如图 3－42 所示）。

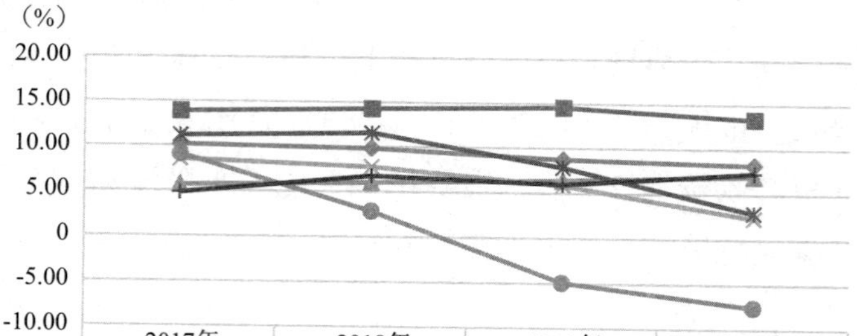

	2017年	2018年	2019年	2020年
基础设施	10.17%	9.85%	8.78%	8.26%
房屋建筑	13.90%	14.31%	14.60%	13.39%
石化冶金矿山	5.67%	6.02%	6.42%	7.03%
建筑装饰	8.53%	7.78%	5.87%	2.37%
国际工程	11.18%	11.57%	7.87%	2.93%
园林生态	9.08%	2.83%	-4.92%	-7.52%
钢结构	4.81%	6.77%	6.00%	7.36%

图 3－41　各明细行业扣除非经常性损益后净资产收益率变动情况

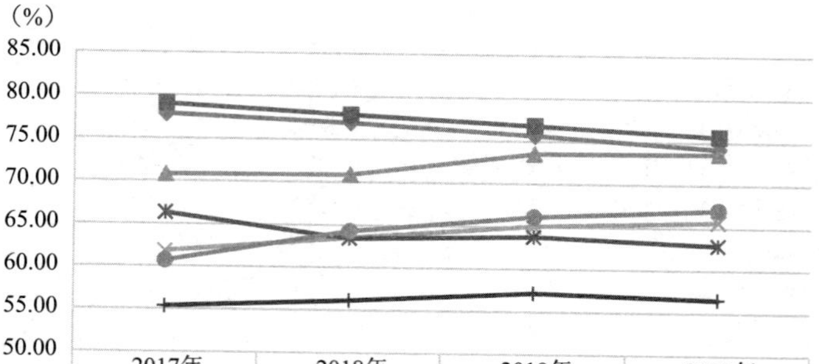

	2017年	2018年	2019年	2020年
基础设施	77.88%	76.99%	75.68%	74.25%
房屋建筑	79.06%	77.92%	76.84%	75.70%
石化冶金矿山	70.79%	70.88%	73.54%	73.65%
建筑装饰	61.82%	63.54%	65.08%	65.69%
国际工程	66.29%	63.44%	63.83%	62.94%
园林生态	60.68%	64.30%	66.16%	67.09%
钢结构	55.33%	56.15%	57.20%	56.57%

图 3－42　各明细行业资产负债率变动情况

3.2 分规模分析

3.2.1 营业收入在 1 000 亿元以上

3.2.1.1 经营基本情况分析

近 4 年，营业收入在 1 000 亿元以上上市公司的营业收入、利润总额、净利润均呈持续增长走势。2020 年受全球新冠肺炎疫情风波和复杂严峻的内外部发展环境影响，三者较 2019 年同比增幅均有较大幅度下降（如表 3－15 所示）。

表 3－15 建筑业上市公司经营情况统计表（营业收入在 1 000 亿元以上） 金额单位：亿元

年份 项目	2017	2018		2019		2020	
	值	值	同比(%)	值	同比(%)	值	同比(%)
营业收入	39 678.03	43 297.94	9.12	51 107.62	18.04	57 770.80	13.04
利润总额	1 731.93	1 942.87	12.18	2 246.34	15.62	2 456.76	9.37
净利润	1 332.88	1 507.82	13.12	1 763.53	16.96	1 893.84	7.39

2017—2020 年，营业收入在 1 000 亿以上上市公司毛利率和净利率趋势变化较为平缓，毛利率保持在 11% 以上，净利率水平一直保持在 3% 以上（如图 3－43 所示）。其中龙头企业中国建筑、中国中铁毛利率分别为 10.83% 和 9.95%；净利率分别为 4.39% 和 2.81%。

3.2.1.2 资产负债率分析

近 4 年，去杠杆持续发力，营业收入在 1 000 亿元以上上市公司的资产负债率呈逐年下降走势，2020 年较上年下降 1.41 个百分点，资产负债结构逐步优化（如图 3－44 所示）。其中中国建筑、中国中铁、中国铁建均呈下降趋势，截至 2020 年资产负债率均降至 75% 以下。

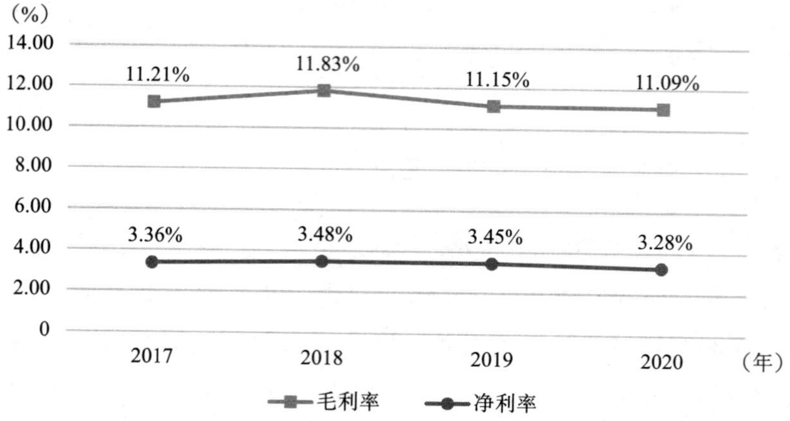

图 3－43　毛利率和净利率增减变动情况（营业收入在 1 000 亿元以上）

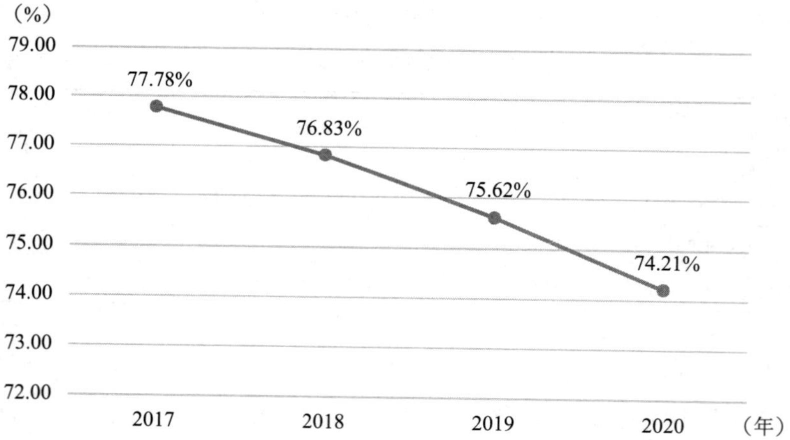

图 3－44　资产负债率及其变动情况（营业收入在 1 000 亿元以上）

3.2.1.3　净资产收益率分析

近 4 年，营业收入在 1 000 亿元以上上市公司净资产收益率呈现波动下降态势，基本保持在 11% 左右；扣除非经常损益后的净资产收益率呈现逐年下降趋势。2020 年受全球新冠肺炎疫情暴发及国内外市场环境变化等因素影响，两项指标均比 2019 年有所下降，分别降至 11.06% 和 9.47%（如图 3－45 所示）。

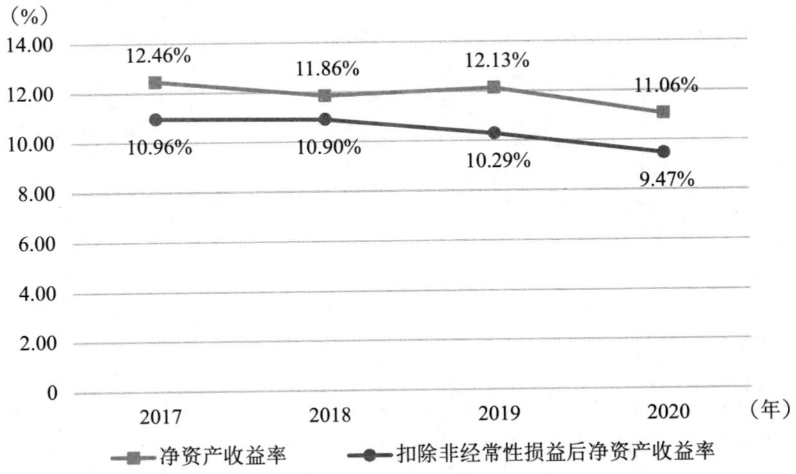

图 3－45　净资产收益率及其变动情况（营业收入在 1 000 亿元以上）

3.2.2　营业收入为 100 亿—1 000 亿元

3.2.2.1　经营基本情况分析

近 4 年，营业收入为 100 亿—1 000 亿元的上市公司的营业收入呈持续增长走势；利润总额、净利润呈现相同的趋势（如表 3－16 所示）。但受个股重组影响，2018 年营业收入出现增幅突增，2019 年及 2020 年陆续回降。

表 3－16　建筑业上市公司经营情况统计表（营业收入为 100 亿—1 000 亿元）

金额单位：亿元

项目＼年份	2017	2018		2019		2020	
	值	值	同比(%)	值	同比(%)	值	同比(%)
营业收入	4 226.04	5 468.35	29.40	6 545.36	19.70	7 290.87	11.39
利润总额	206.04	232.25	12.72	261.06	12.40	302.78	15.98
净利润	161.67	180.90	11.89	200.83	11.02	241.98	20.49

2017—2020 年，营业收入为 100 亿—1 000 亿元上市公司毛利率和净利率小幅下降，总体趋势变化较为平缓，毛利率保持在 11% 上下，净利率水平一直保持在 3% 以上（如图 3－46 所示）。其中多喜爱和中国核建毛利率分别为 5.52% 和 9.55%；净利率分别为 1.45% 和 2.41%。

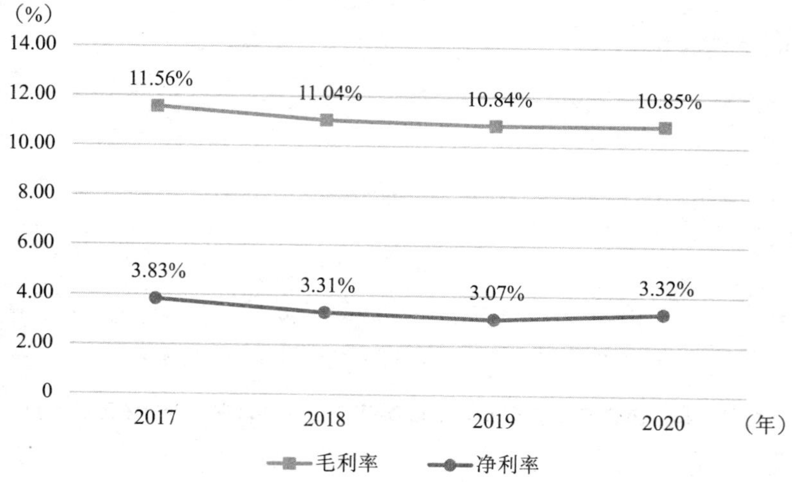

图 3－46　毛利率和净利率增减变动情况（营业收入为 100 亿—1 000 亿元）

3.2.2.2　资产负债率分析

近 4 年，营业收入为 100 亿—1 000 亿元上市公司资产负债率呈波动上升走势，2020 年较上年下降了 0.07 个百分点，但仍保持在 77% 以上，对负债的依赖程度较高（如图 3－47 所示）。

3.2.2.3　净资产收益率分析

近 4 年，营业收入为 100 亿—1 000 亿元上市公司净资产收益率、扣除非经常损益后的净资产收益率变化都较为平稳，2020 年均有所回升，分别保持在 9%、8% 以上（如图 3－48 所示）。其中四川路桥因个别投资事项会计处理影响，导致扣除非经常性损益后的净资产收益率同比 2019 年增长 72.04%，拉高行业整体水平。

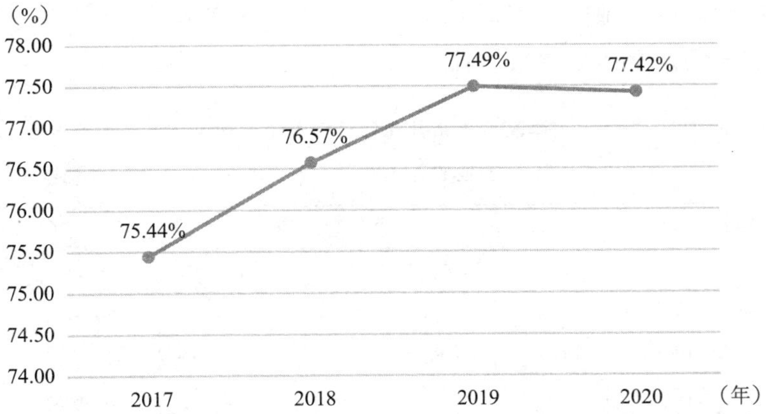

图 3－47　资产负债率及其变动情况（营业收入为 100 亿—1 000 亿元）

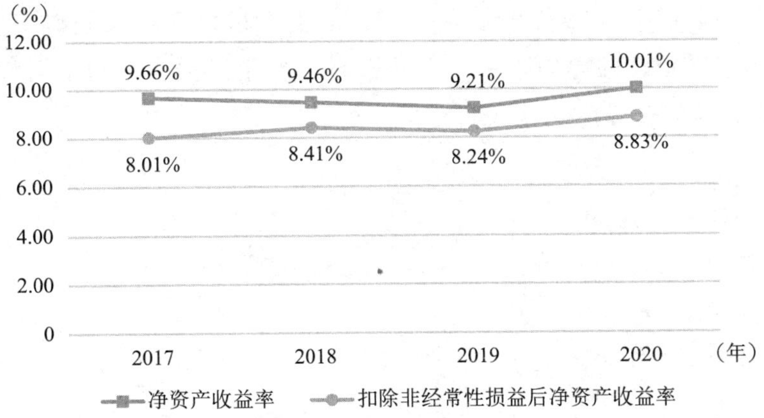

图 3－48　净资产收益率及其变动情况（营业收入为 100 亿—1 000 亿元）

3.2.3　营业收入在 100 亿元以下

3.2.3.1　经营基本情况分析

近 4 年，营业收入在 100 亿元以下上市公司营业收入总体呈现下降趋势；营业收入在 100 亿元以下上市公司多家企业发生连年大额亏损，利润总额、净利润呈现大幅下降趋势（如表 3－17 所示）。2020 年 79 家营业收入在 100 亿元以下上市公司中有 49 家营业收入增幅呈现负增长，因此整体呈大幅下降趋势；25 家发生大额亏损，因此利润总额、净利润整体呈现负增长。

表 3－17　　建筑业上市公司经营情况统计表
（营业收入 100 亿元以下）　　金额单位：亿元

项目＼年份	2017	2018		2019		2020	
	值	值	同比（%）	值	同比（%）	值	同比（%）
营业收入	2 339.34	2 549.46	8.98	2 536.92	－0.49	2 384.41	－6.01
利润总额	190.59	152.74	－19.86	52.82	－65.42	9.99	－81.09
净利润	155.57	119.50	－23.19	29.85	－75.02	－0.56	－101.88

2017—2020 年，营业收入在 100 亿元以下上市公司毛利率、净利率均呈下降趋势，毛利率保持在 17% 以上；2020 年受新冠肺炎疫情、行业市场环境严峻等因素影响，多数企业发生亏损，净利率大幅下降（如图 3－49 所示）。

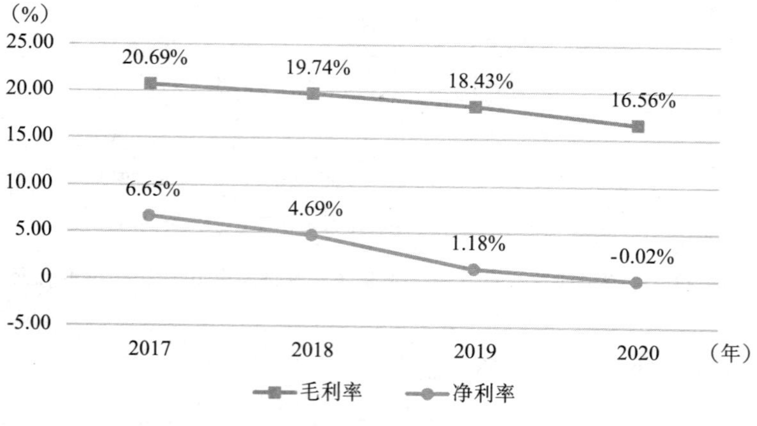

图 3－49　毛利率和净利率增减变动情况（营业收入在 100 亿元以下）

3.2.3.2　资产负债率分析

近 4 年，营业收入在 100 亿元以下上市公司的资产负债率呈上升趋势，2020 年较 2017 年上升了 4.46 个百分点，但总体来看，行业资产负债率仍保持在65%以下，结构较为良好（如图3－50所示）。

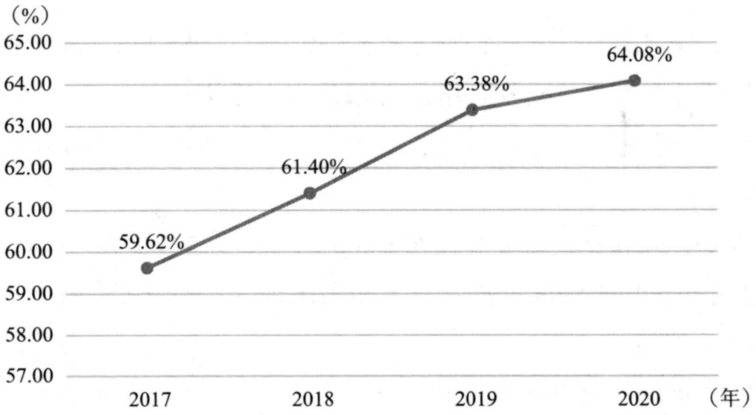

图3－50　资产负债率及其变动情况（营业收入在100亿元以下）

3.2.3.3　净资产收益率分析

近4年，营业收入在100亿元以下上市公司受行业规模效应影响较大，净资产收益率和扣除非经常性损益后净资产收益率均呈大幅下降走势，且2020年受行业环境严峻、新冠肺炎疫情暴发影响，两项指标均呈负数（如图3－51所示）。

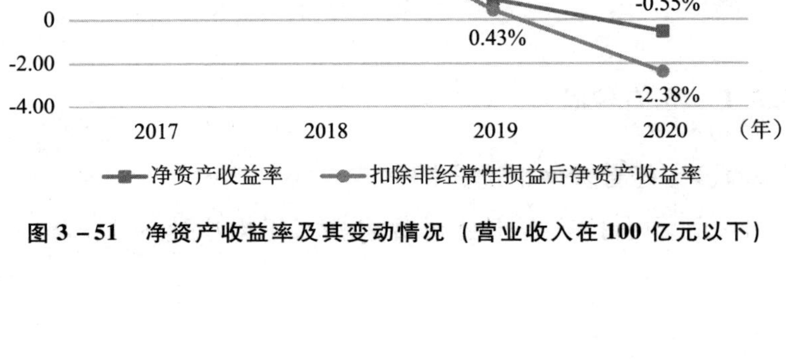

图3－51　净资产收益率及其变动情况（营业收入在100亿元以下）

3.2.4 小结

从财务情况看，营业收入分档规模较大企业的财务状况比较稳定，抗风险能力更强，营业收入增速更加稳定，净资产收益水平更高；分档规模较小企业的营业收入增长，困难抗风险能力弱，净资产收益水平大幅降低。

2017—2020年，营业收入在1 000亿元以上、100亿—1 000亿元、100亿元以下上市公司的营业收入年均增速为分别13.34%、19.94%和0.64%。

2020年，营业收入在1 000亿元以上上市公司资产负债率下降1.41个百分点，至74.21%，营业收入为100亿—1 000亿元的上市公司资产负债率下降0.07个百分点，至77.42%，100亿元以下上市公司的资产负债率上升0.70个百分点，至64.08%。可以看出，规模小的上市公司资产负债率较低。

2020年，营业收入在1 000亿元以上上市公司的净资产收益率减少1.07个百分点，降至11.06%；营业收入为100亿—1 000亿元上市公司净资产收益率上升0.80个百分点，至10.01%；营业收入在100亿元以下上市公司净资产收益率下降1.48个百分点，降至-0.55%。

3.3 分控股类型分析

3.3.1 国有控股

3.3.1.1 经营基本情况分析

近4年，国有控股上市公司营业收入年均增速为13.78%，其中

2019年实现大幅上升，2020年稳步增长但增速略有下降，降至12.86%（如表3－18所示）；净利润、归属于母公司普通股股东净利润稳步上升，年均增速分别达到11.17%和7.02%，利润增长慢于营业收入增长。其中国有控股上市公司的营业收入前三分别为中国建筑、中国中铁和中国铁建，其营业收入保持良好，三者合计在国有控股上市公司营业收入占比超过56%。

表3－18　建筑业上市公司主要财务指标统计表（国有控股） 金额单位：亿元

项目＼年份	2017	2018		2019		2020	
	值	值	同比（%）	值	同比（%）	值	同比（%）
营业收入	44 073.01	48 775.99	10.67	57 516.08	17.92	64 912.76	12.86
利润总额	1 965.94	2 187.88	11.29	2 473.63	13.06	2 699.00	9.11
净利润	1 519.27	1 699.08	11.84	1 932.81	13.76	2 087.56	8.01
净利润*	1 311.30	1 393.40	6.26	1 539.93	10.52	1 607.47	4.39

注：净利润*，指归属于母公司普通股股东的净利润。

2017—2020年，国有控股上市公司毛利率和净利率略有下降，整体趋势变化较为平缓，毛利率保持在11%左右，净利率保持在3%以上（如图3－52所示）。其中中国建筑毛利率保持在10%以上，净利率保持在4%以上；中国中铁和中国铁建毛利率都保持在9%以上，净利率都保持在2.5%以上。

3.3.1.2　资产负债率分析

近4年，国有控股上市公司去杠杆效果显著，资产负债结构逐步优化，资产负债率呈持续下降走势，2020年较上年降低1.18个百分点至74.54%（如图3－53所示）。其中中国建筑、中国中铁、中国铁建截至2020年资产负债率均降至75%以下。

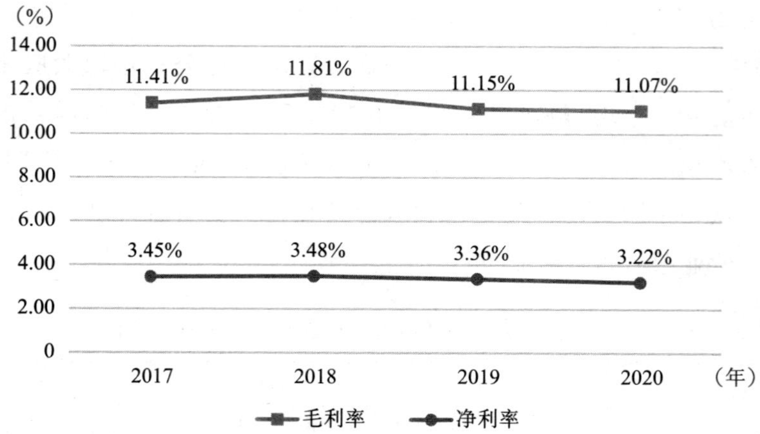

图 3－52　毛利率和净利率增减变动情况（国有控股）

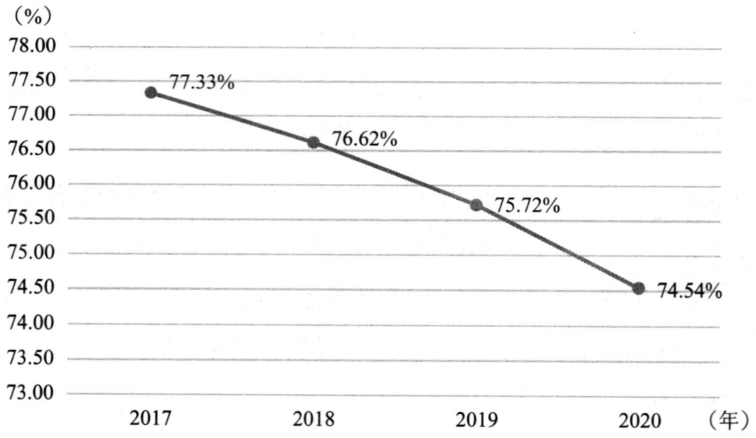

图 3－53　净资产收益率及其变动情况（国有控股）

3.3.1.3　净资产收益率分析

近 4 年，国有控股上市公司净资产收益率呈现逐年下降态势，基本保持在 11% 左右，扣除非经常损益后的净资产收益率保持在 10% 左右。2020 年受全球新冠肺炎疫情暴发及国内外市场环境变化等因素影响，两项指标均比 2019 年有所下降，分别降至 10.48% 和 8.94%（如图 3－54 所示）。

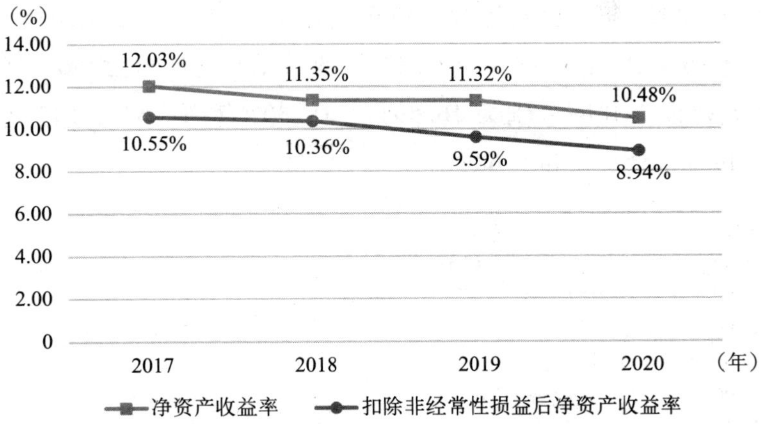

图 3－54　净资产收益率及其变动情况（国有控股）

3.3.2　民营控股

3.3.2.1　经营基本情况分析

2017—2020 年，受融资收紧、宏观经济形势下行、行业市场环境严峻、疫情蔓延等因素影响，营业收入、净利润、归属于母公司普通股股东净利润均呈现大幅下降趋势，具体数据如表 3－19 所示。其中近两年由于民营控股上市公司中约三分之一的企业出现利润亏损，因此盈利水平呈现大幅下降趋势。

表 3－19　　建筑业上市公司经营情况统计表（民营控股）　金额单位：亿元

年份 / 项目	2017	2018		2019		2020	
	值	值	同比(%)	值	同比(%)	值	同比(%)
营业收入	2 170.40	2 539.77	17.02	2 673.82	5.28	2 533.32	-5.25
净利润	130.86	109.14	-16.60	61.40	-43.74	47.71	-22.30
净利润*	127.40	107.31	-15.77	55.31	-48.46	54.84	-0.85

注：净利润*，指归属于母公司普通股股东的净利润。

2017—2020 年，民营控股上市公司毛利率和净利率呈下降趋势，分别降至 16.15% 和 1.88%（如图 3－55 所示）。其中金螳螂、江河集团、龙元建设毛利率分别为 16.59%、18.30% 和 10.84%，净利率分别为 7.49%、5.25% 和 4.68%。

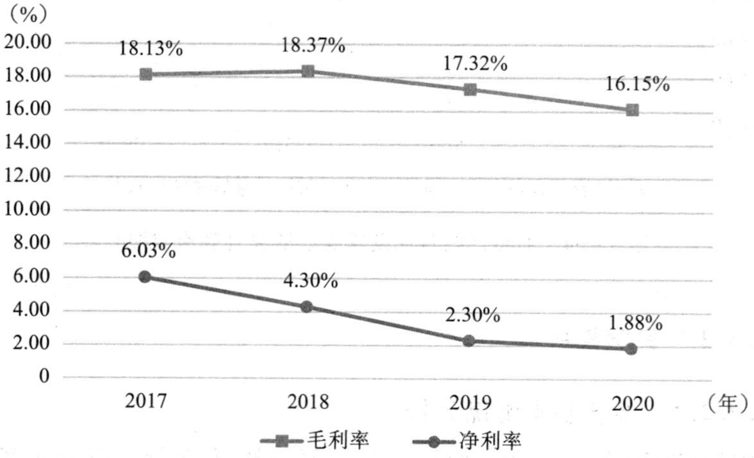

图 3－55　毛利率和净利率增减变动情况（民营控股）

3.3.2.2　资产负债率分析

近 4 年，民营控股上市公司的资产负债率呈逐年上升走势，2020 年较 2019 年上升 0.39 个百分点至 64.75%。总体来看民营控股公司资产负债率都保持在 65 以下，结构较为良好（如图 3－56 所示）。其中金螳螂和江河集团资产负债率都保持在 67% 以下。

3.3.2.3　净资产收益率分析

近 4 年，民营控股上市公司受宏观经济下行影响，盈利效率下降，净资产收益率和扣除非经常性损益后净资产收益率都呈大幅下降走势，两项指标分别降至 2.37% 和 0.57%（如图 3－57 所示）。

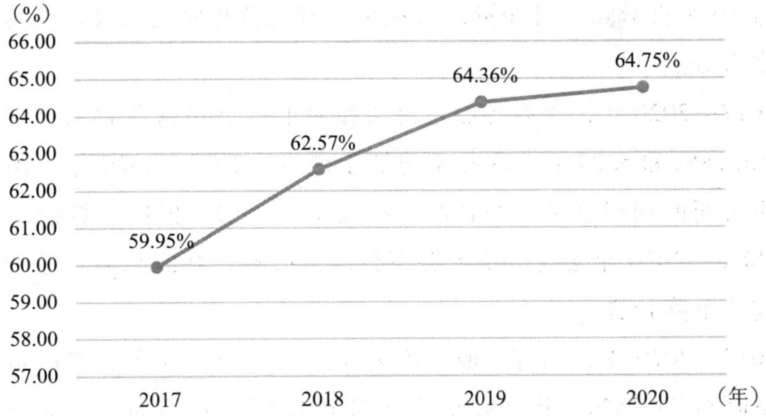

图 3－56　资产负债率及其变动情况（民营控股）

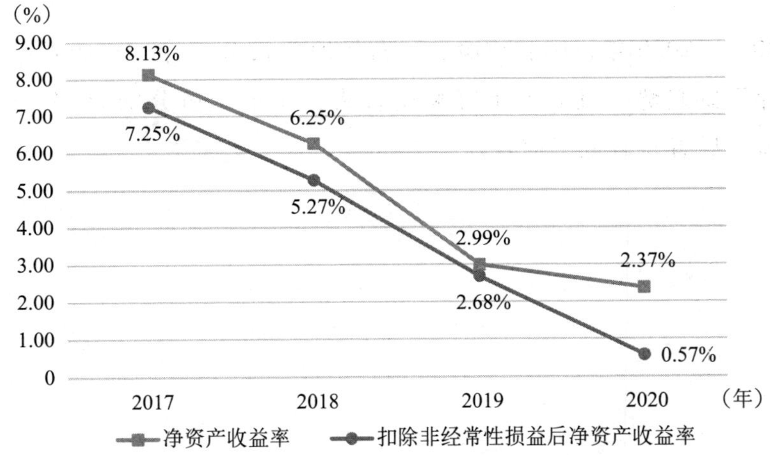

图 3－57　净资产收益率及其变动情况（民营控股）

3.3.3　小结

从财务情况来看，国有控股上市公司的财务状况比较稳定，营业收入增速比民营控股上市公司更高且更加稳定，宏观环境变化对国有控股上市公司利润的影响较小，民营控股上市公司利润受宏观环境影响程度较大。国有控股上市公司的杠杆利用程度比民营控股上市公司高出近 10 个百分点，且净资产收益率也较民营控股上市公司平均高出近 7 个百分点。

2017—2020 年，国有控股、民营控股上市公司营业收入年均增速分别 13.78% 和 5.29%，后者显著低于前者。2017—2020 年，国有控股上市公司的利润总额、净利润呈持续增长走势，但民营控股上市公司受 2018—2020 年宏观经济形势下行因素影响，利润总额、净利润均呈现连续下降趋势。

2017—2020 年，国有控股上市公司去杠杆效果显著，资产负债率持续下降至 74.54%，民营控股上市公司杠杆率有所提高，资产负债率逐年上升至 64.75%，但资产负债率水平仍远低于国有控股上市公司。

2017—2020 年，国有控股、民营控股上市公司净资产收益率都呈现逐年下降趋势，且后者下降幅度较大，年平均值分别为 11.26% 和 4.94%，后者显著低于前者。

第四部分

纳税情况分类分析

4.1 分明细行业分析

4.1.1 基础设施建设

4.1.1.1 纳税总额分析

2017—2020 年，随着生产经营稳步发展，基础设施建设上市公司纳税总额波动上升，其中 2019 年由于我国实施大规模减税降费的影响，纳税总额出现减少；2020 年随着我国经济运行先降后升，国民经济稳定恢复，纳税总额稳中有升（如图 4－1 所示）。

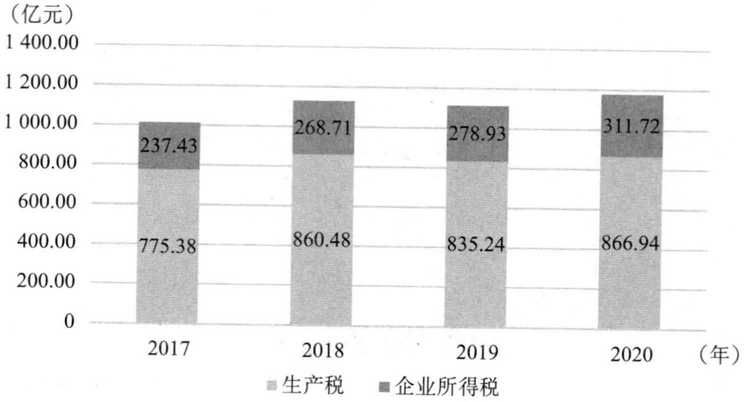

图 4－1 建筑业上市公司纳税情况（基础设施建设）

2017—2020 年，基础设施建设上市公司应纳企业所得税逐年增长，但受税收优惠享受情况的影响，增幅在 2019 年呈现大幅下降，由 2018 年 13.17%降至 2019 年的 3.80%，后 2020 年由于中国中铁和中国交建等企业应纳税收入等因素影响，行业整体应纳企业所得税的增长幅度恢复至 11.76%（如图 4－2 所示）。

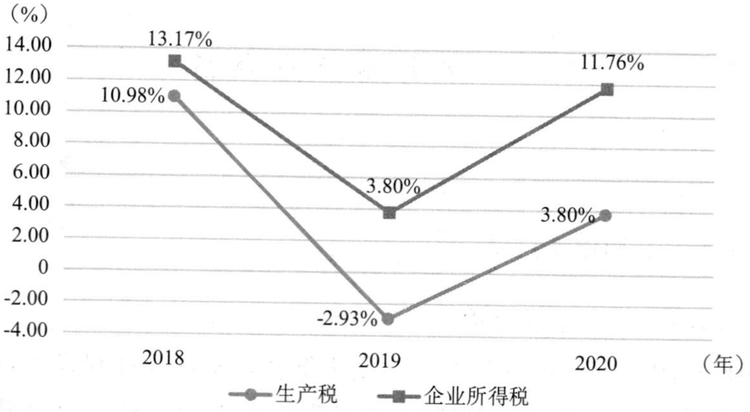

图 4－2 生产税和企业所得税增速变动情况（基础设施建设）

2017—2020 年，基础设施建设上市公司缴纳生产税波动增长，受增值税改革及税收优惠享受情况的影响，在 2019 年出现负增长，由

2018 年同比增长 10.98% 至 2019 年同比减少 2.93%，2020 年增长幅度恢复至 3.80%。其中，增值税呈同样波动增长趋势，波动幅度大于生产税波动幅度（如表 4－1 所示）。

表 4－1　建筑业上市公司主要纳税指标统计表（基础设施建设）

金额单位：亿元

项目＼年份	2017	2018		2019		2020	
	值	值	同比（%）	值	同比（%）	值	同比（%）
纳税总额	1 012.81	1 129.19	11.49	1 114.17	－1.33	1 178.67	5.79
企业所得税	237.43	268.71	13.17	278.93	3.80	311.72	11.76
生产税	775.38	860.48	10.98	835.24	－2.93	866.94	3.80
增值税	605.19	682.52	12.78	652.20	－4.44	685.64	5.13

2017—2020 年，基础设施建设上市公司缴纳税费合计波动增长，受增值税改革及税收优惠享受情况的影响，在 2019 年出现小幅下降，后 2020 年同比增长由负转正，增长幅度恢复至 5.79%。2020 年基础设施上市公司纳税总额前三名分别是中国中铁、中国铁建和中国交建；纳税总额分别达 306.27 亿元、276.37 亿元和 233.12 亿元；分别占比 25.98%、23.45% 和 19.78%。

4.1.1.2　税负分析

2017—2020 年，受增值税改革、减税降费、新冠肺炎疫情蔓延经济下行等因素影响，基础设施建设上市公司总体税负、生产税税负、增值税负变动基本一致，呈现先升后降趋势（如图 4－3 所示）。

2017—2020 年，基础设施建设上市公司总体税负呈现先升后降趋势，受 2019 年起我国实施大规模的减税降费，以及 2020 年新冠肺炎疫情蔓延、市场环境严峻等因素影响，总体税负自 2019 年起逐年下降至 3.42%。基础设施建设上市公司近 4 年总体税负分别为 4.08% 和 4.26%（同比增加 0.18 个百分点）、3.65%（同比减少 0.61 个百分点）和 3.42%（同比减少 0.23 个百分点）。

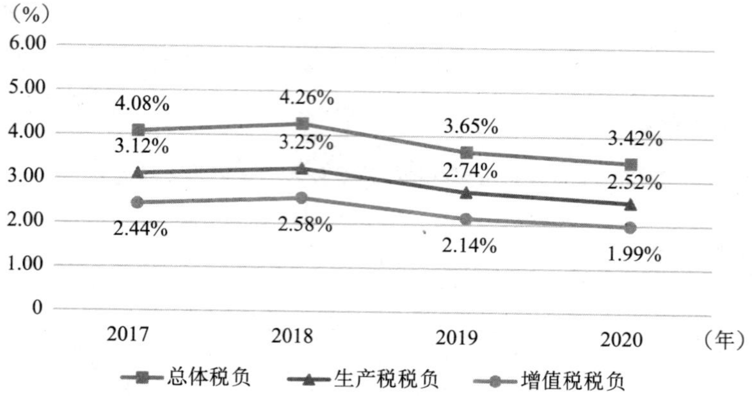

图 4－3 建筑业上市公司税负走势（基础设施建设）

2017—2020 年，基础设施建设上市公司生产税税负、增值税税负均与总体税负走势趋同，呈现先升后降走势，主要受增值税改革、减税降费政策、新冠肺炎疫情蔓延、行业环境严峻等因素影响，生产税税负、增值税税负自 2019 年起分别持续下降至 2.52% 和 1.99%。基础设施建设上市公司近 4 年生产税税负分别为 3.12% 和 3.25%（同比增加 0.13 个百分点）、2.74%（同比减少 0.51 个百分点）和 2.52%（同比减少 0.22 个百分点，如图 4－3 所示）。

基础设施建设行业近 4 年的增值税税负分别为 2.44% 和 2.58%（同比增加 0.14 个百分点）、2.14%（同比减少 0.44 个百分点）和 1.99%（同比减少 0.15 个百分点）。

2017—2020 年，受高新技术企业、西部大开发等税收优惠企业增加及以前年度所得税调整事项等因素影响，基础设施建设上市公司企业所得税负呈现波动下降趋势（如图 4－4 所示）。

2017—2020 年，受高新技术企业、西部大开发等税收优惠企业增加影响，2019 年基础设施建设上市公司企业所得税税负大幅下降，2020 年受新冠肺炎疫情蔓延、市场环境严峻等因素影响，基础设施建设上市公司企业利润总额增长减缓，但受个股以前年度所得税调整影响，2020 年基础设施建设上市公司企业所得税税负有所上升。基础设施建设上市公司近 4 年企业所得税税负分别为 24.13% 和 25.19%（同比增加 1.06 个百分点）、22.78%（同比减少 2.41 个百分点）和 23.63%（同比增加 0.85 个百分点），企业所得税税负呈波动下降走势。

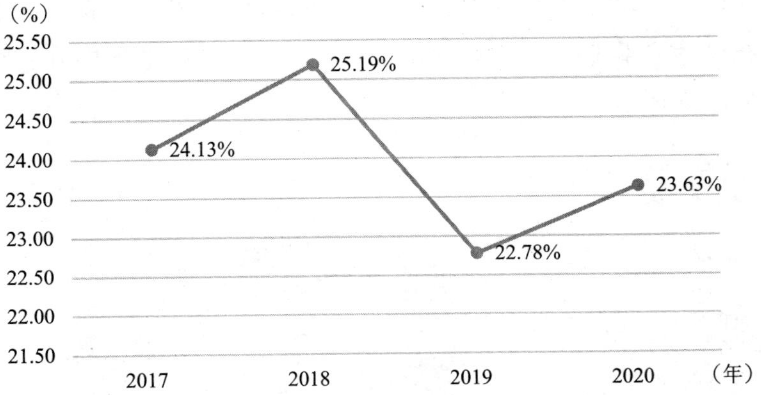

图 4－4　所得税税负走势（基础设施建设）

4.1.1.3　税费净利比分析

2017—2020 年，基础设施建设上市公司税费净利比呈先升后降走势，税费净利比分别为 132.87% 和 135.55%（同比增加 2.68 个百分点）、115.06%（同比减少 20.49 个百分点）和 113.18%（同比减少 1.88 个百分点，如图 4－5 所示）。

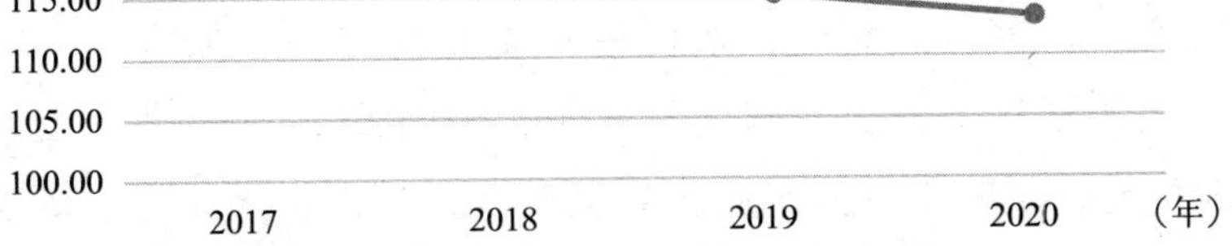

图 4－5　税费净利比走势（基础设施建设）

4.1.2 房屋建筑业

4.1.2.1 纳税总额分析

2017—2020年，受生产经营发展、新冠肺炎疫情暴发、房地产成交量减少等因素影响，房屋建筑上市公司纳税总额呈现先升后降趋势（如图4-6所示）。

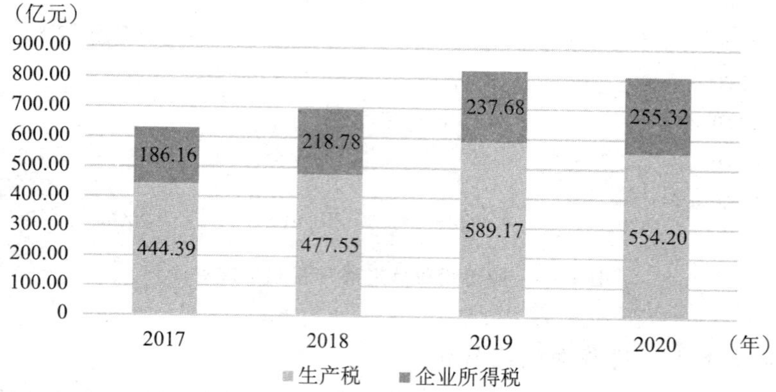

图4-6 建筑业上市公司纳税情况（房屋建筑业）

2017—2020年，房屋建筑上市公司应纳企业所得税逐年增长，但受盈利情况及税收优惠享受情况的影响，增幅呈逐年下降趋势，尤其在2019年，由2018年17.52%降至8.64%（如图4-7所示）。其中，中国建筑当期所得税增长率从2018年的15.06%下降至2019年的8.39%，其主要受研发费加计扣除大幅增加影响。

2017—2020年，房屋建筑上市公司缴纳生产税呈现先升后降趋势，增长率由2018年的7.46%上升至2019年的23.37%，之后2020年同比减少5.94%。其中，增值税呈现相同走势，如表4-2所示。2019年大幅增长主要受中国建筑影响，中国建筑2019年应交税费增加123亿元，主要为房地产业务相关税费，从而拉大当年行业整体增值税和生产税增长率。而2020年超过一半房屋建筑上市公司应交税费出现小幅回落，因此整体缴纳增值税和生产税小幅下降。

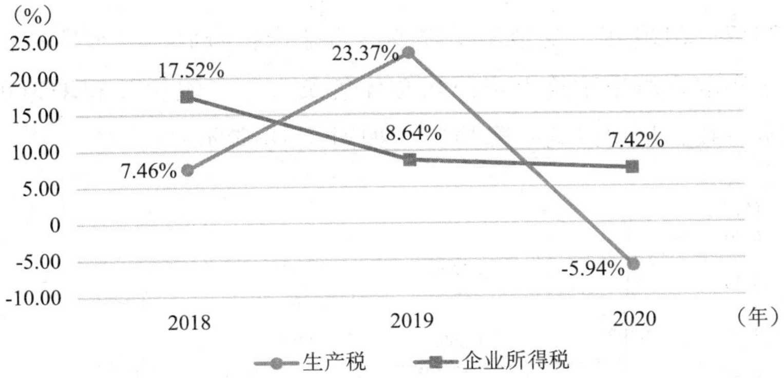

图 4-7 生产税和企业所得税增速变动情况（房屋建筑业）

表 4-2 建筑业上市公司主要纳税指标统计表（房屋建筑业）

金额单位：亿元

项目＼年份	2017	2018		2019		2020	
	值	值	同比(%)	值	同比(%)	值	同比(%)
纳税总额	630.55	696.33	10.43	826.85	18.74	809.52	-2.10
企业所得税	186.16	218.78	17.52	237.68	8.64	255.32	7.42
生产税	444.39	477.55	7.46	589.17	23.37	554.20	-5.94
增值税	286.54	287.05	0.18	388.37	35.30	379.11	-2.38

2017—2020 年，房屋建筑上市公司缴纳税费合计呈现先升后降趋势，2017—2019 年逐年增长但在 2020 年有所减少。2019 年主要受中国建筑营业收入增加、土地增值税及增值税大幅增加影响，由 2018 年同比增长 10.43% 至 2019 年同比增长 18.74%，后 2020 年受盈利情况及税收优惠享受情况等因素影响，同比减少 2.10%。2020 年房屋建筑上市公司纳税总额前两名分别是中国建筑和上海建工，纳税总额分别达 704.97 亿元和 63.57 亿元，分别占比 87.09% 和 7.85%。

4.1.2.2 税负分析

2017—2020 年，受增值税改革、房地产投资收紧、研究投入增大等因素影响，房屋建筑上市公司总体税负、生产税税负和增值税负变动基本一致，呈现波动下降趋势（如图 4－8 所示）。

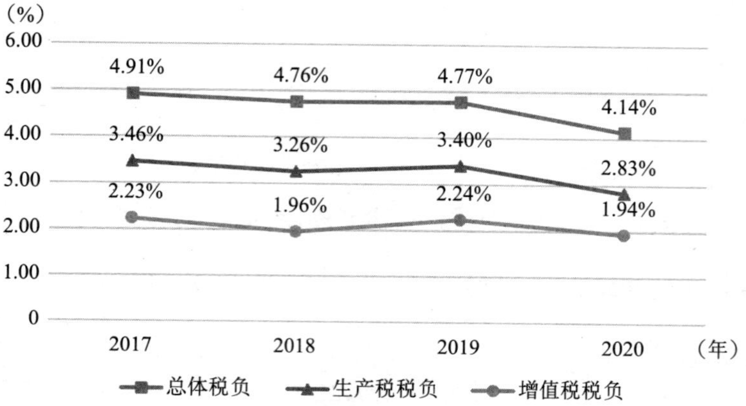

图 4－8　建筑业上市公司税负走势（房屋建筑业）

2017—2020 年，受盈利情况、增值税改革及税收优惠享受等因素影响，房屋建筑业上市公司总体税负呈现波动下降趋势，2020 年下降至 4.14%。房屋建筑业上市公司的近 4 年总体税负分别为 4.91% 和 4.76%（同比减少 0.15 个百分点）、4.77%（同比增加 0.01 个百分点）和 4.14%（同比减少 0.63 个百分点）。

2017—2020 年，房屋建筑业上市公司生产税税负、增值税税负均与总体税负走势趋同，呈现波动下降走势，主要受税制改革、新冠肺炎疫情蔓延收入降低、土地增值税缴纳等因素影响，2020 年大幅降低。房屋建筑业上市公司近 4 年的生产税税负分别为 3.46% 和 3.26%（同比减少 0.2 个百分点）、3.40%（同比增加 0.14 个百分点）和 2.83%（同比减少 0.57 个百分点）。

房屋建筑业上市公司近 4 年增值税税负分别为 2.23% 和 1.96%

（同比减少 0. 27 个百分点）、2. 24%（同比增加 0. 28 个百分点）和 1. 94%（同比减少 0. 30 个百分点）。

2017—2020 年，受房地产经营情况、高新技术企业、西部大开发企业等税收优惠增加、研发投入增大等因素影响，房屋建筑业上市公司企业所得税税负呈逐年下降走势（如图 4 – 9 所示）。

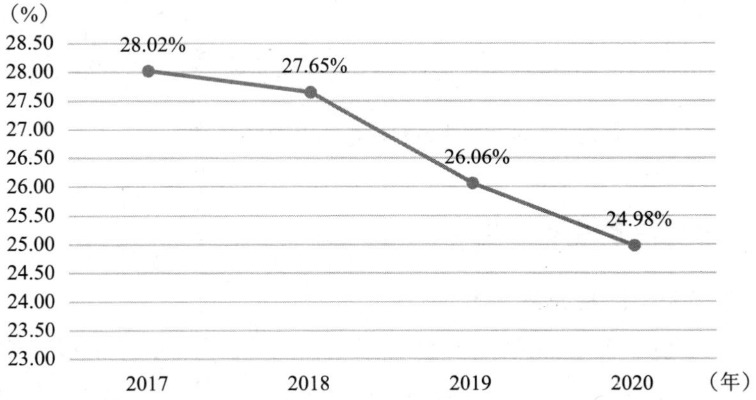

图 4 – 9　所得税税负走势（房屋建筑业）

2017—2020 年，企业所得税税负分别为 28. 02% 和 27. 65%（同比减少 0. 37 个百分点）、26. 06%（同比减少 1. 59 个百分点）和 24. 98%（同比减少 1. 08 个百分点）。

4. 1. 2. 3　税费净利比分析

2017—2020 年，房屋建筑业上市公司税费净利比呈波动下降走势。2019 年上升主要受盈利情况及中国建筑土地增值税增加等因素影响，2020 年下降主要受个股盈利情况上涨及税收优惠享受增加等因素影响。2017—2020 年，房屋建筑业上市公司税费净利比分别为 123. 18%、114. 02%（同比减少 9. 16 个百分点）和 117. 24%（同比减少 3. 22 个百分点）和 105. 29%（同比减少 11. 95 个百分点，如图 4 – 10 所示）。

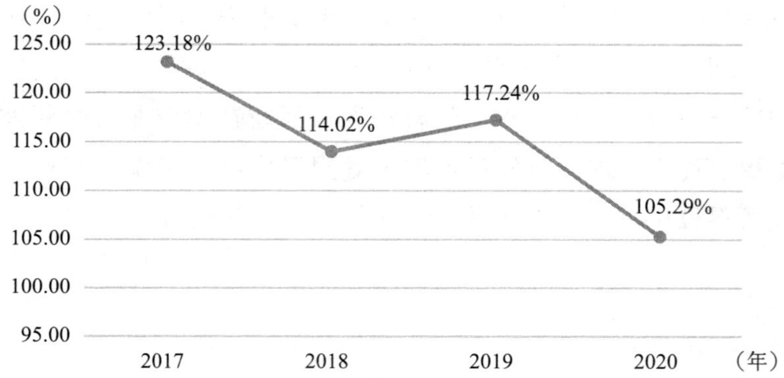

图 4－10　税费净利比走势（房屋建筑业）

4.1.3　石化冶金矿山工程

4.1.3.1　纳税总额分析

2017—2020 年，受产能转型升级、产业结构调整、个股合并重组等经营情况的影响，在享受增值税改革、减税降费等税收红利的同时，石化冶金上市公司纳税总额呈现逐年上升趋势（如图 4－11 所示）。

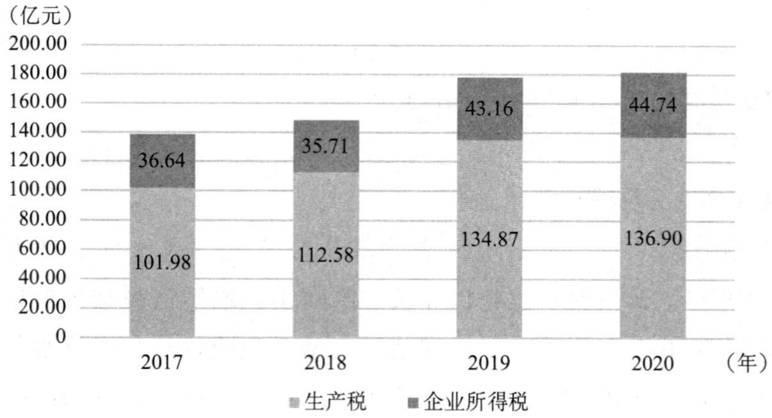

图 4－11　建筑业上市公司纳税情况（石化冶金矿山工程）

2017—2020年，石化冶金上市公司应纳企业所得税先降后升，主要由于2019年个股陕西建工合并重组，其营业收入及利润大幅提升，企业所得税相应大幅提升，影响整体趋势，由2018年的同比减少2.54%升至2019年的同比增长20.86%；进入2020年，受新冠肺炎疫情及行业市场动荡等因素影响，企业所得税增长率大幅下降，降至3.66%（如图4-12所示）。

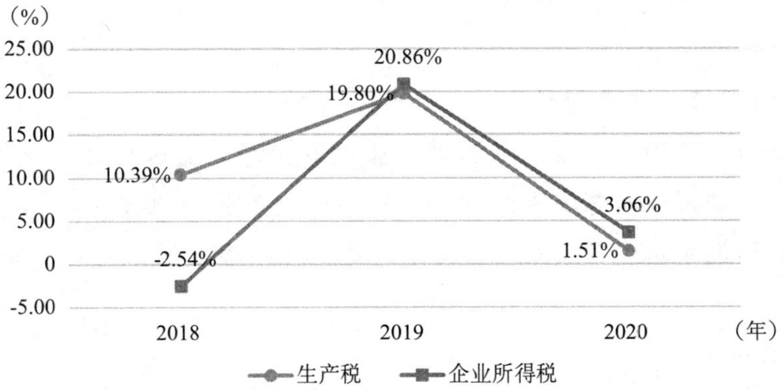

图4-12　生产税和企业所得税增速变动情况（石化冶金矿山工程）

2017—2020年，石化冶金上市公司缴纳生产税逐年增长，增长率由2018年的10.39%上升至2019年的19.80%，之后2020年受新冠肺炎疫情蔓延及行业环境严峻等因素影响降至1.51%。其中，增值税呈现相同走势，如表4-3所示。

表4-3　建筑业上市公司主要纳税指标统计表（石化冶金矿山工程）

金额单位：亿元

项目＼年份	2017	2018		2019		2020	
	值	值	同比(%)	值	同比(%)	值	同比(%)
纳税总额	138.62	148.29	6.98	178.03	20.06	181.64	2.03
企业所得税	36.64	35.71	-2.54	43.16	20.86	44.74	3.66
生产税	101.98	112.58	10.39	134.87	19.80	136.90	1.51
增值税	76.43	82.64	8.13	107.99	30.68	109.13	1.06

2017—2020 年，石化冶金上市公司缴纳税费合计逐年增长，增长幅度由 2018 年的 6.98% 上升至 2019 年的 20.06%，之后 2020 年受新冠肺炎疫情蔓延、行业投资萎缩、竞争加剧等因素影响，增长幅度降至 2.03%。2019 年增长激增主要受个股陕西建工合并重组影响。2020 年石化冶金上市公司纳税总额前三名分别是中国中冶、陕西建工和中国化学，纳税总额分别达 107.60 亿元、32.12 亿元和 30.52 亿元；分别占比 59.24%、17.68% 和 16.80%。

4.1.3.2 税负分析

2017—2020 年，受产业转型行业竞争加剧、盈利能力下降、增值税改革、减税降费等因素影响，石化冶金上市公司总体税负、生产税税负和增值税负变动基本一致，呈逐年下降趋势（如图 4－13 所示）。

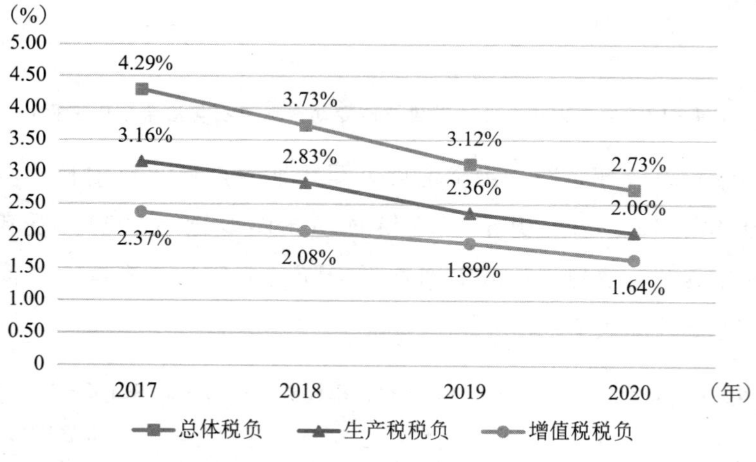

图 4－13　建筑业上市公司税负走势（石化冶金矿山工程）

2017—2020 年，石化冶金上市公司总体税负呈现逐年下降趋势，近 4 年总体税负分别为 4.29% 和 3.73%（同比减少 0.56 个百分点）、3.12%（同比减少 0.61 个百分点）和 2.73%（同比减少 0.39 个百分点）。

2017—2020 年，石化冶金上市公司生产税税负、增值税税负均与总体税负走势趋同，呈现逐年下降趋势，近 4 年生产税税负分别为 3.16%、2.83%（同比减少 0.33 个百分点）、2.36%（同比减少 0.47 个百分点）和 2.06%（同比减少 0.30 个百分点）。

石化冶金上市公司近 4 年增值税税负分别为 2.37%、2.08%（同比减少 0.29 个百分点）、1.89%（同比减少 0.19 个百分点）和 1.64%（同比减少 0.25 个百分点）。

2017—2020 年，受产业转型行业竞争加剧、盈利能力下降、减税降费、税收优惠享受情况等因素影响，石化冶金上市公司企业所得税税负呈逐年下降趋势（如图 4－14 所示）。

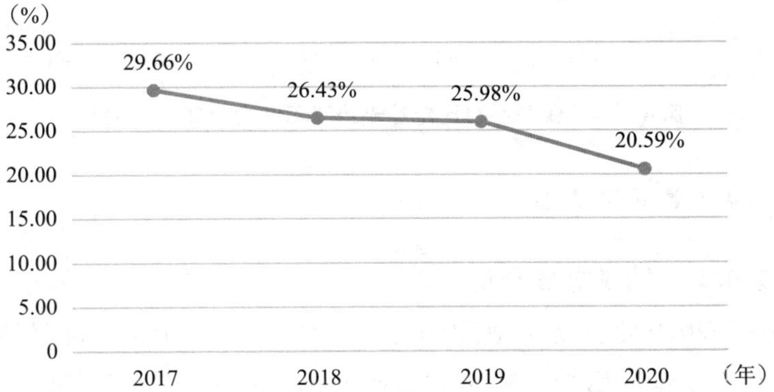

图 4－14　所得税税负走势（石化冶金矿山工程）

2017—2020 年，石化冶金上市公司企业所得税税负呈逐年下降趋势，企业所得税税负分别为 29.66%、26.43%（同比减少 3.23 个百分点）、25.98%（同比减少 0.45 个百分点）和 20.59%（同比减少 5.39 个百分点）。

4.1.3.3　税费净利比分析

2017—2020 年，石化冶金矿山工程上市公司税费净利比呈逐年下降趋势，主要受产能转型升级、产业结构调整、盈利能力下降、个股税收优惠享受情况等因素影响。2017—2020 年，石化冶金矿山工程上市公司税费净利比分别为 150. 87%、139. 61%（同比减少 11. 26 个百分点）、135. 89%（同比减少 3. 72 个百分点）和 103. 52%（同比减少 32. 37 个百分点，如图 4 – 15 所示）。

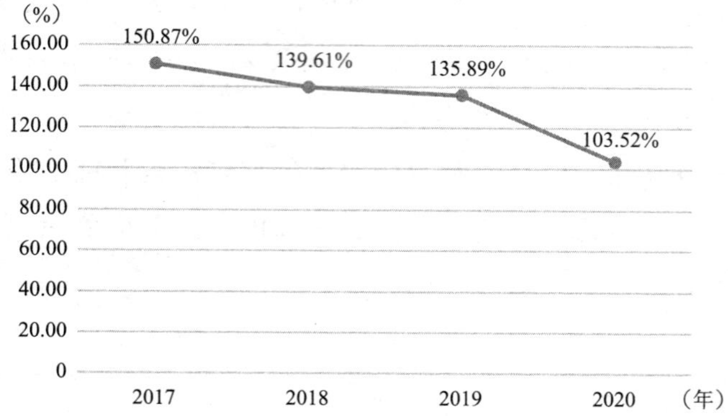

图 4 – 15　税费净利比走势走势（石化冶金矿山工程）

4. 1. 4　建筑装饰业

4. 1. 4. 1　纳税总额分析

2017—2020 年，受房地产调控、行业经济下行及减税降费政策、税收优惠享受情况影响，建筑装饰业上市公司纳税总额呈波动下降趋势，尤其 2019 年降幅显著（如图 4 – 16 所示）。

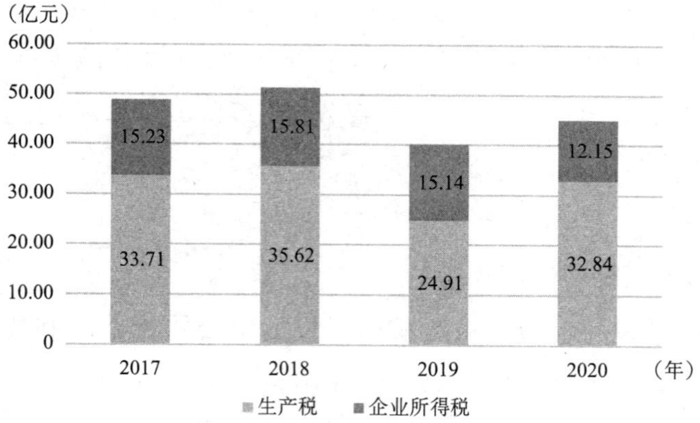

图 4 – 16　建筑业上市公司纳税情况（建筑装饰业）

2017—2020 年，建筑装饰业上市公司应纳企业所得税先升后降，2019 年起受减税降费政策、新冠肺炎疫情冲击及行业状况严峻影响，多家企业利润大幅下降，应纳企业所得税降幅明显，从 2018 年同比增长 3.81% 到 2020 年同比下降 19.75%（如图 4－17 所示）。

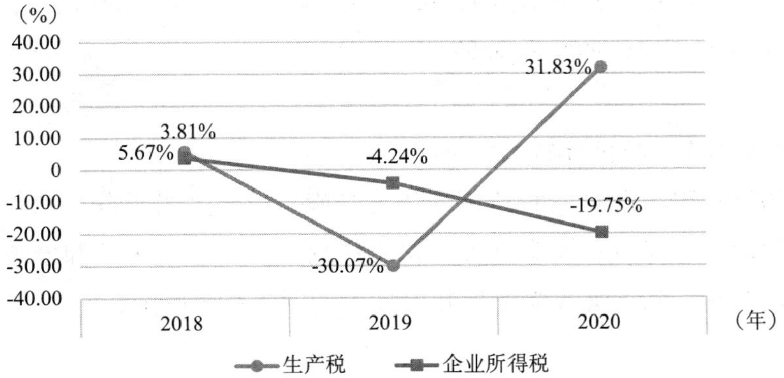

图 4－17　生产税和企业所得税增速变动情况（建筑装饰业）

2017—2020 年，建筑装饰上市公司缴纳生产税呈现波动下降趋势。2019 年因行业状况严峻，多家企业营业收入大幅下降，同时受减税降费政策等影响，生产税和增值税也相应大幅降低。建筑装饰上市公司生产税由 2018 年增长 5.67% 降至 2019 年负增长 30.07%，2020 年受部分公司经营状况改善等因素影响，增长率由负转正。增值税呈现相同走势，如表 4－4 所示。

表 4－4　建筑业上市公司主要纳税指标统计表（建筑装饰业）

金额单位：亿元

年份 项目	2017	2018		2019		2020	
	值	值	同比（%）	值	同比（%）	值	同比（%）
纳税总额	48.94	51.43	5.09	40.05	－22.13	44.99	12.33
企业所得税	15.23	15.81	3.81	15.14	－4.24	12.15	－19.75
生产税	33.71	35.62	5.67	24.91	－30.07	32.84	31.83
增值税	29.09	30.79	5.84	20.17	－34.49	28.27	40.16

2017—2020 年，建筑装饰上市公司缴纳税费合计波动下降，增长幅度由 2018 年增长 5.09% 降至 2019 年同比下降 22.13%，之后 2020 年受下半年行业经营情况好转等因素影响，增长幅度升至 12.33%。2020 年建筑装饰上市公司纳税总额前三名分别是金螳螂、广田集团和江河集团；纳税总额分别达 13.98 亿元、4.95 亿元和 4.30 亿元；分别占比 31.07%、10.99% 和 9.57%。

4.1.4.2 税负分析

2017—2020 年，受行业市场环境严峻、盈利水平下降、减税降费等因素影响，建筑装饰业上市公司总体税负、生产税税负和增值税税负变动基本一致，呈现先降后升走势（如图 4－18 所示）。

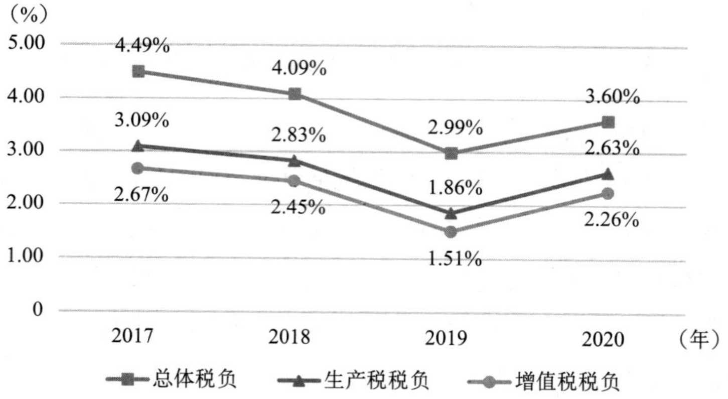

图 4－18 建筑业上市公司税负走势（建筑装饰业）

2017—2020 年，建筑装饰业上市公司总体税负呈现先降后升趋势，主要受 2020 年行业经营状况好转等因素影响有所回升。建筑装饰业上市公司各年总体税负分别为 4.49%、4.09%（同比减少 0.40 个百分点）、2.99%（同比减少 1.10 个百分点）和 3.60%（同比增加 0.61 个百分点）（如图 4－18 所示）。

2017—2020 年，建筑装饰业上市公司生产税税负、增值税税负均与总体税负走势趋同，呈现先降后升趋势。建筑装饰业上市公司生产税税负分别为 3.09%、2.83%（同比减少 0.26 个百分点）、1.86%（同比减少 0.97 个百分点）和 2.63%（同比增加 0.77 个百分点）。建筑装饰业上市公司近 4 年增值税税负分别为 2.67%、2.45%（同比减少 0.22 个百分点）、1.51%（同比减少 0.94 个百分点）和 2.26%（同比增加 0.75 个百分点）。

2017—2020 年，受行业市场环境严峻、新冠肺炎疫情蔓延导致多家企业盈利水平下降，以及个股公司纳税调整事项等因素影响，企业所得税负呈现持续上升趋势（如图 4－19 所示）。

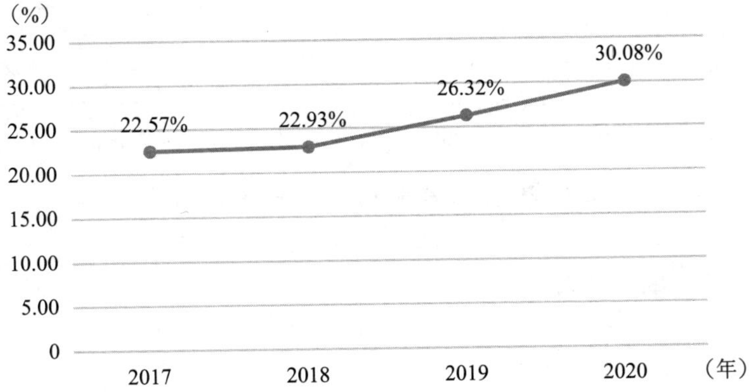

图 4－19　所得税税负走势（建筑装饰业）

2017—2020 年，建筑装饰业企业所得税税负逐年上升，近 4 年企业所得税税负分别为 22.57%、22.93%（同比增加 0.36 个百分点）、26.32%（同比增加 3.39 个百分点）和 30.08%（同比增加 3.76 个百分点）。

4.1.4.3　税费净利比分析

2017—2020 年，建筑装饰业上市公司税费净利比波动下降后大幅上升，主要受 2020 年新冠肺炎疫情蔓延、行业状况严峻造成利润两极分化严重等因素影响，导致分母下降幅度较大，比例大幅上升。2017—2020 年，建筑装饰业上市公司税费净利比分别为 89.36%、92.41%（同比增加 3.05 个百分点）、86.10%（同比减少 6.31 个百分点）和 141.88%（同比增加 55.78 个百分点，如图 4－20 所示）。

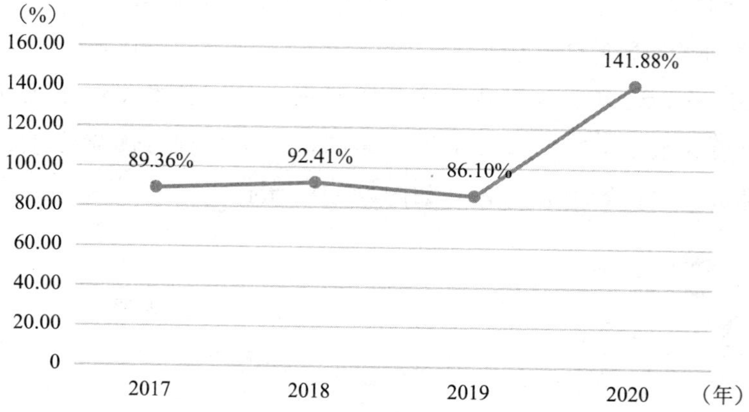

图 4－20　税费净利比走势（建筑装饰业）

4.1.5　国际工程

4.1.5.1　纳税总额分析

2017—2020 年，受海外市场发展、营业收入波动、减税降费等因素影响，国际工程上市公司纳税总额呈现波动下降走势（如图 4－21 所示）。

2017—2020 年，国际工程上市公司应纳企业所得税先升后降，2018 年同比增长 15.69%，至 2019 年同比减少 6.35%；2020 年国际工程行业受新冠肺炎疫情和市场环境严峻影响进一步大幅下降，同比下降 32.40%。2019 年、2020 年中材国际、中色股份受国际局势影响，工程承包业务出现较大程度下滑，导致利润大幅下滑，导致行业应纳企业所得税大幅下降。

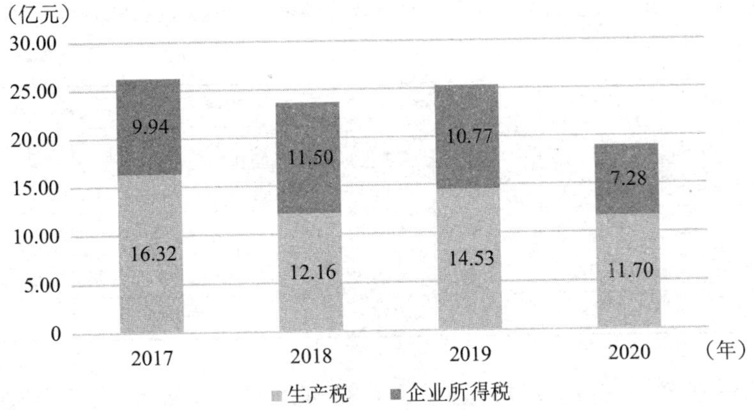

图 4-21　建筑业上市公司纳税情况（国际工程）

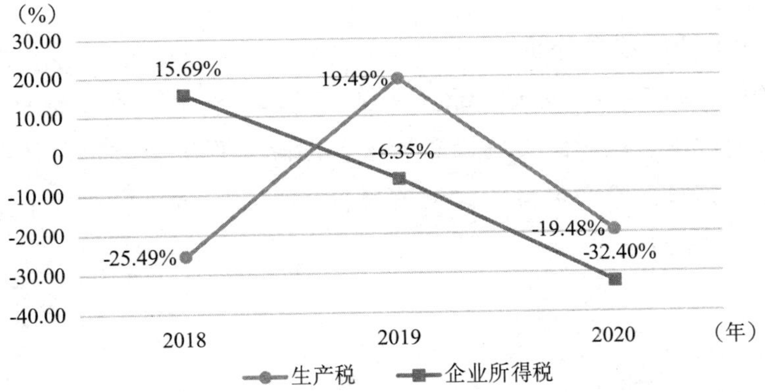

图 4-22　生产税和企业所得税增速变动情况（国际工程）

2017—2020 年，国际工程上市公司缴纳生产税呈现波动下降趋势，生产税 2018 年同比减少 25.49%，至 2019 年同比增加 19.49%，2020 年受新冠肺炎疫情蔓延、市场环境严峻等因素影响，同比减少 19.48%。增值税呈现相同走势，如表 4-5 所示。

2017—2020 年，国际工程上市公司缴纳税费合计呈现波动下降趋势，由 2018 年同比减少 9.90%，至 2019 年增长 7.02%，2020 年受新冠肺炎疫情蔓延、市场环境严峻等因素影响，同比减少 25.01%。2020 年上市公司纳税总额前三名分别是中材国际、中色股份和中钢国

表 4－5　建筑业上市公司主要纳税指标统计表（国际工程行业）

金额单位：亿元

年份 项目	2017	2018		2019		2020	
	值	值	同比（%）	值	同比（%）	值	同比（%）
纳税总额	26.25	23.65	－9.90	25.31	7.02	18.98	－25.01
企业所得税	9.94	11.50	15.69	10.77	－6.35	7.28	－32.40
生产税	16.32	12.16	－25.49	14.53	19.49	11.70	－19.48
增值税	12.98	8.98	－30.82	11.49	27.95	8.59	－25.24

际，纳税总额分别达 7.16 亿元、4.83 亿元和 3.58 亿元；分别占比 37.5%、25.47% 和 18.88%。

4.1.5.2　税负分析

2017—2020 年，受世界经济衰退、国际工程承包业务萎缩，同时国内税制改革、减税降费等因素影响，国际工程上市公司总体税负呈逐年下降趋势，生产税税负与增值税税负变动一致，呈波动下降趋势（如图 4－23 所示）。

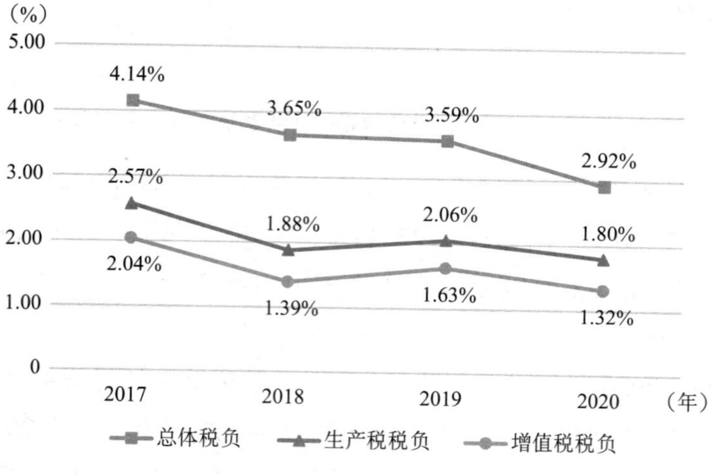

图 4－23　生产税和企业所得税增速变动情况（国际工程）

2017—2020 年，受国际工程承包业务经营情况、国内税制改革、减税降费等因素影响，国际工程上市公司总体税负呈下降趋势，近 4 年总体税负分别为 4.14%、3.65%（同比减少 0.49 个百分点）、3.59%（同比减少 0.06 个百分点）和 2.92%（同比减少 0.67 个百分点）。

2017—2020 年，国际工程上市公司生产税税负、增值税税负呈波动下降走势。近 4 年生产税税负分别为 2.57%、1.88%（同比减少 0.69 个百分点）、2.06%（同比增加 0.18 个百分点）和 1.80%（同比减少 0.26 个百分点）。

国际工程上市公司近 4 年增值税税负分别为 2.04%、1.39%（同比减少 0.65 个百分点）、1.63%（同比增加 0.24 个百分点）和 1.32%（同比减少 0.31 个百分点）。

受新冠肺炎疫情蔓延国际工程承包业务萎缩，行业经营状况不佳及利润亏损等因素影响，企业所得税税负呈现波动上升趋势（如图 4－24 所示）。

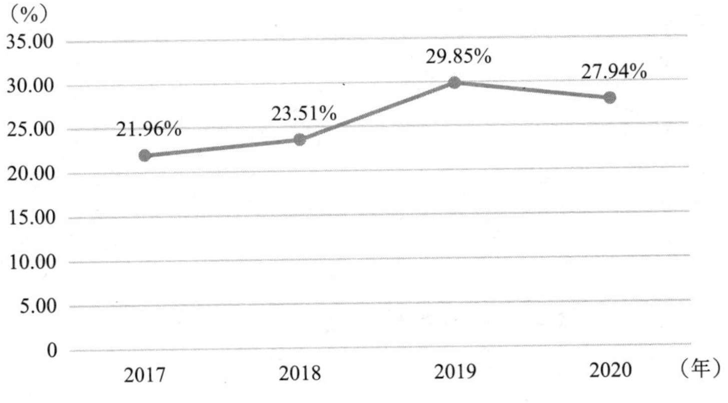

图 4－24　所得税负走势（国际工程）

2017—2020 年，国际工程上市公司企业所得税税负呈波动上升走势，2019 年税负大幅上升主要受个股大额亏损影响，之后 2020 年盈利状况有所好转，税负相应回落。国际工程上市公司近 4 年企业所得税税负分别为 21.96%、23.51%（同比减少 1.55 个百分点）、29.85%（同比增加 6.34 个百分点）和 27.94%（同比减少 1.91 个百分点）。

4.1.5.3 税费净利比分析

2017—2020 年，受国际工程承包业务经营情况、国内税制改革、减税降费及个股连年亏损等因素影响，国际工程上市公司税费净利比呈现在波动中略有上升趋势。2017—2020 年，国际工程上市公司税费净利比分别为 71.32%、61.06%（同比减少 10.26 个百分点）、91.88%（同比增加 30.82 个百分点）和 74.31%（同比减少 17.57 个百分点，如图 4－25 所示）。

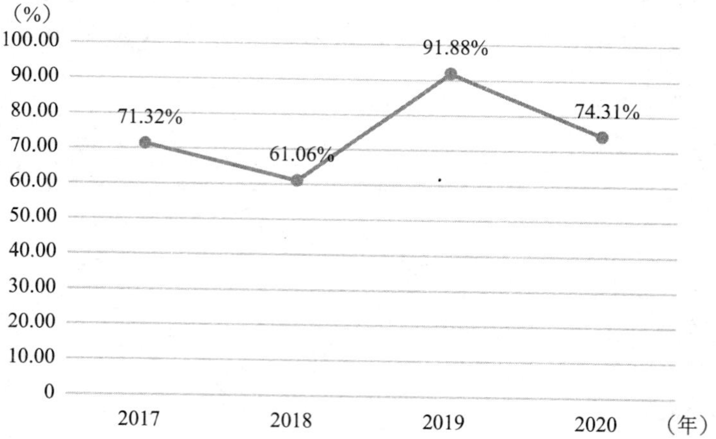

图 4－25 税费净利比走势（国际工程）

4.1.6 园林生态工程

4.1.6.1 纳税总额分析

2017—2020 年，受融资收紧、PPP 项目规范清理、营业收入波动等因素影响，园林生态工程上市公司纳税总额呈持续降低走势（如图

4－26 所示）。

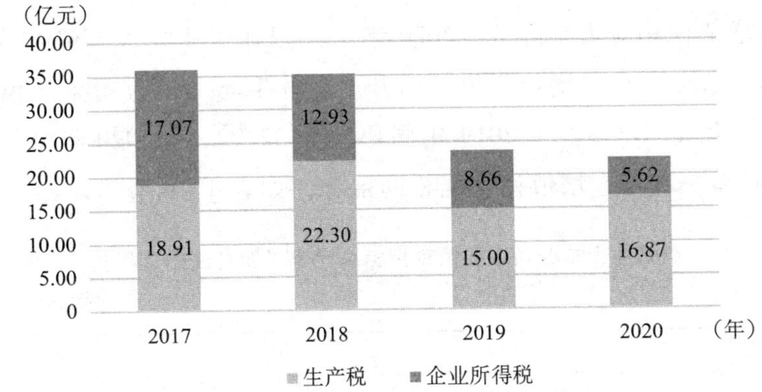

图 4－26 建筑业上市公司纳税情况（园林生态工程）

2017—2020 年，受融资收紧、PPP 项目规范清理、新冠肺炎疫情蔓延经济下行等因素影响，园林生态上市公司应纳企业所得税逐年大幅下降。2018 年同比减少 24.25%，2019 年同比减少 33.02%，2020 年受新冠肺炎疫情和市场环境严峻的影响再呈大幅下降趋势，同比减少 35.10%，连续 3 年降低。

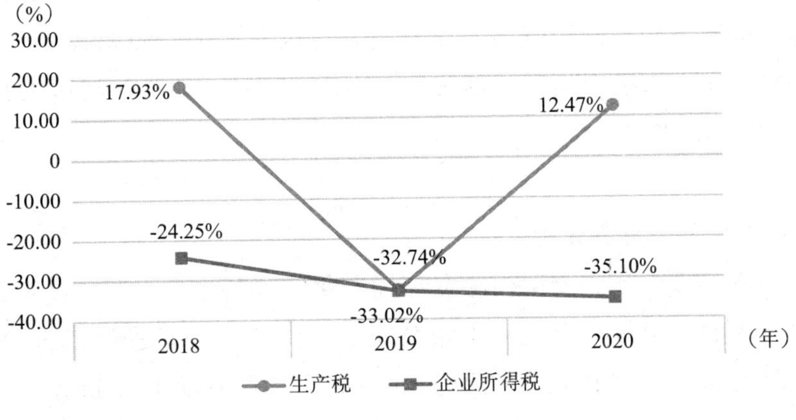

图 4－27 建筑业上市公司纳税情况（园林生态工程）

2017—2020 年，园林生态上市公司缴纳生产税呈现波动下降趋势。2019 年受龙头行业东方园林减税降费、政府退补等因素影响，生产税和增值税相应大幅降低。2020 年东方园林营业收入上涨，纳税总额增加，行业生产税增值税税额回升。园林生态上市公司生产税 2018 年同比增长 17.93%，至 2019 年同比减少 32.74%，2020 年增幅回升至 12.47%。其中，增值税呈现相同走势，如表 4－6 所示。

表 4－6　建筑业上市公司主要纳税指标统计表（园林生态工程）

金额单位：亿元

项目＼年份	2017	2018		2019		2020	
	值	值	同比（%）	值	同比（%）	值	同比（%）
纳税总额	35.98	35.23	－2.08	23.66	－32.84	22.49	－4.95
企业所得税	17.07	12.93	－24.25	8.66	－33.02	5.62	－35.10
生产税	18.91	22.30	17.93	15.00	－32.74	16.87	12.47
增值税	15.50	19.04	22.84	12.49	－34.40	14.01	12.17

2017—2020 年，园林生态上市公司缴纳税费合计逐年减少走势，2018 年同比减少 2.08%，至 2019 年同比减少 32.84%，2020 年受新冠肺炎疫情蔓延、市场环境严峻等因素影响同比减少 4.95%。2019 年受龙头企业东方园林减税降费、政府退补等因素影响，降幅较大。2020 年园林生态上市公司纳税总额第一名为东方园林，纳税总额达 7.19 亿元，占比 31.98%。

4.1.6.2　税负分析

2017—2020 年，受国内融资环境变化、盈利水平下降、减税降费等因素影响，园林生态工程上市公司总体税负变动呈先降后升趋势。生产税税负、增值税税负变动基本一致，呈现波动上升趋势（如图 4－28 所示）。

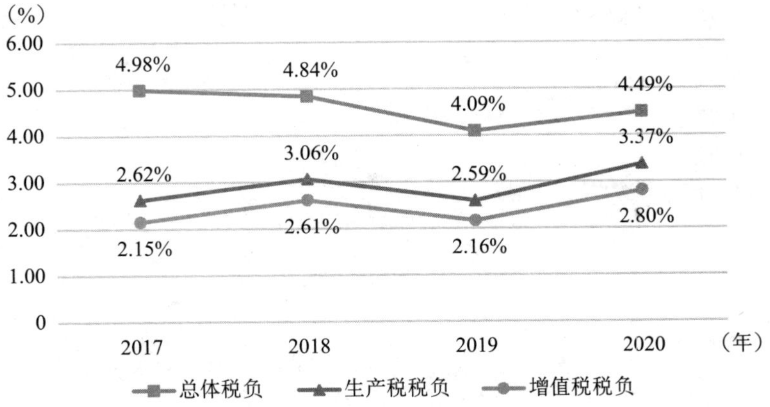

图 4－28　建筑业上市公司税负走势（园林生态工程）

2017—2020 年，园林生态工程上市公司总体税负呈先降后升趋势，总体税负分别为 4.98%、4.84%（同比减少 0.14 个百分点）、4.09%（同比减少 0.75 个百分点）和 4.49%（同比增加 0.40 百分点）。

2017—2020 年，园林生态工程上市公司生产税负、增值税税负走势趋同，呈现波动上升趋势。近 4 年生产税税负分别为 2.62%、3.06%（同比增加 0.44 个百分点）、2.59%（同比减少 0.47 个百分点）和 3.37%（同比增加 0.78 个百分点），2018 年上升后在 2019 年下降，2020 年再度回升。

近 4 年园林生态工程上市公司增值税税负分别为 2.15%、2.61%（同比增加 0.46 个百分点）、2.16%（同比减少 0.45 个百分点）和 2.80%（同比增加 0.64 个百分点）。

受融资收紧、行业经营状况不良，盈利水平下降等因素影响，园林生态工程上市公司企业所得税税负呈波动下降趋势（如图 4－29 所示）。

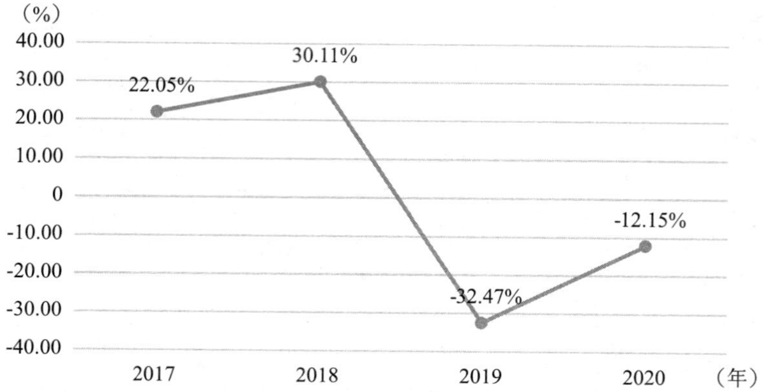

图 4-29　所得税税负走势（园林生态工程）

2017—2020 年，园林生态工程上市公司的利润总额在 2019 年及 2020 年连续出现亏损，企业所得税税负两年出现负值。园林生态工程上市公司近 4 年企业所得税税负分别为 22.05%、30.11%（同比增加 8.06 个百分点）、-32.47%（同比减少 62.58 个百分点）和 -12.15%（同比减少 20.32 个百分点）。

4.1.6.3　税费净利比分析

2017—2020 年，受宏观政策及融资环境严峻、新冠肺炎疫情蔓延盈利水平下降等因素影响，该明细行业连续 2 年汇总利润总额出现负值，使税费净利比也相应为负值。园林生态工程上市公司税费净利比分别为 57.07%、109.77%（同比增加 52.70 个百分点）、-83.57%（同比大幅减少 193.34 个百分点）和 -49.31%（同比增加 34.26 个百分点，如图 4-30 所示）。2019 年税费净利比大幅下跌为负的原因主要是园林生态工程板块受宏观政策以及严峻的融资环境影响，整体经营状况不良，行业汇总利润总额为负值，如棕榈股份、普邦股份、京蓝科技等部分公司出现大额亏损情况，导致园林生态行业 2019 年税费净利比大幅下降且为负，2020 年略有回升。

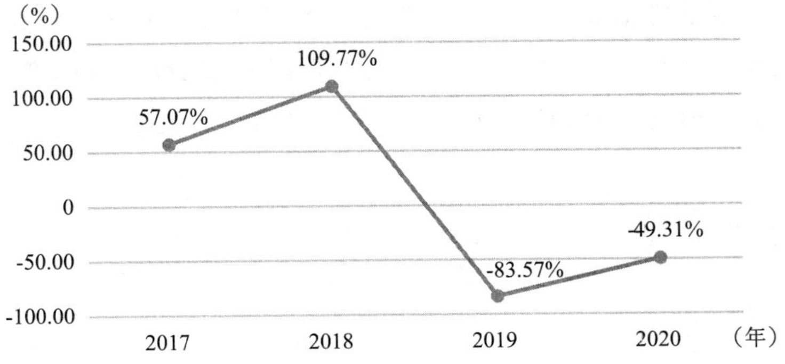

图 4－30　税费净利比走势（园林生态工程）

4.1.7　钢结构行业

4.1.7.1　纳税总额分析

2017—2020 年，由于行业经营稳步发展、产能增效提升、增值税改革、结构性减税降费等因素影响，钢结构上市公司纳税总额呈波动上升趋势（如图 4－31 所示）。

图 4－31　建筑业上市公司纳税情况（钢结构行业）

2017—2020 年，钢结构上市公司应纳企业所得税呈波动上升趋势。2019 年受企业研究投入增加、小微企业普惠性税收减免政策等因素影响，钢结构上市公司应纳企业所得税增幅大幅下降，企业所得税同比减少 31.68%，2020 年受海外业务拓展和市场环境转好影响，呈上升趋势，同比增加 113.33%（如图 4－32 所示）。

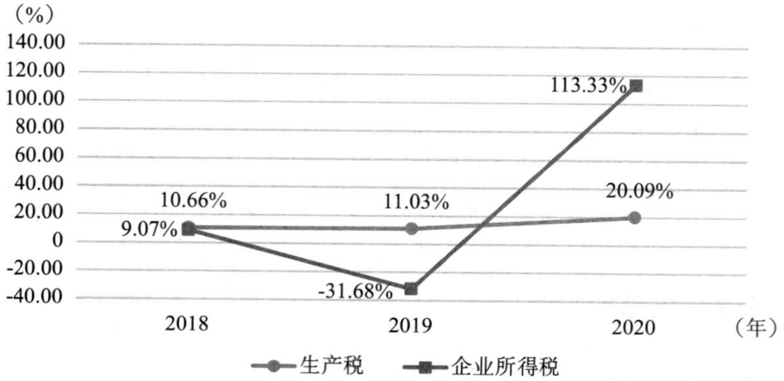

图 4－32　生产税和企业所得税增速变动情况（钢结构行业）

2017—2020 年，钢结构上市公司缴纳生产税呈现逐年上升趋势，2020 年受海外业务拓展、EPC 及装配式业务发展迅猛等影响因素，增幅较大，2019 年同比增长 11.03%，至 2020 年同比增长 20.09%。其中，增值税呈现相同走势（如表 4－7 所示）。

表 4－7　建筑业上市公司主要纳税指标统计表（钢结构行业）

金额单位：亿元

项目 \ 年份	2017	2018		2019		2020	
	值	值	同比（%）	值	同比（%）	值	同比（%）
纳税总额	11.76	12.94	10.03	12.21	－5.64	17.88	46.44
企业所得税	4.63	5.05	9.07	3.45	－31.68	7.36	113.33
生产税	7.13	7.89	10.66	8.76	11.03	10.52	20.09
增值税	4.98	5.68	14.06	6.27	10.39	7.37	17.54

2017—2020 年，钢结构上市公司缴纳税费合计呈现波动上升趋势，2020 年受海外业务拓展、EPC 及装配式业务发展迅猛等影响因

素，由 2019 年同比减少 5.64% 转为 2020 年同比增长 46.44%。2020 年钢结构上市公司纳税总额前两名分别是鸿路钢构和精工钢构，纳税总额分别达 7.24 亿元和 3.25 亿元，分别占比 40.47% 和 18.15%。

4.1.7.2　税负分析

2017—2020 年，受海外市场拓展、生产经营发展、增值税改革、减税降费等因素影响，钢结构行业上市公司总体税负与生产税税负、增值税税负变动基本一致，呈先降后升趋势。且生产税税负、增值税税负变动较为平缓，分别在 2% 和 1.5% 上下浮动（如图 4 – 33 所示）。

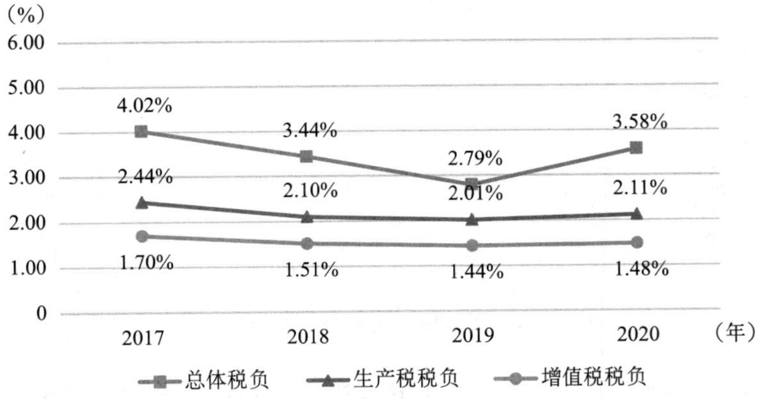

图 4 – 33　建筑业上市公司税负走势（钢结构行业）

2017—2020 年，受海外市场拓展、生产经营发展、减税降费等因素影响，钢结构行业上市公司总体税负呈先降后升趋势。近 4 年钢结构行业上市公司总体税负分别为 4.02%、3.44%（同比减少 0.58 个百分点）、2.79%（同比减少 0.65 个百分点）和 3.58%（同比增加 0.79 个百分点）。

2017—2020 年，钢结构行业上市公司生产税税负、增值税税负呈先降后升趋势，且变化均较为平稳，分别保持在 2%、1.5% 上下浮动。近 4 年钢结构行业上市公司生产税税负分别为 2.44%、2.10%

（同比减少 0.34 个百分点）、2.01%（同比减少 0.09 个百分点）和 2.11%（同比增加 0.10 个百分点）。

钢结构行业上市公司近 4 年增值税税负分别为 1.70%、1.51%（同比减少 0.19 个百分点）、1.44%（同比减少 0.07 个百分点）和 1.48%（同比增加 0.04 个百分点，如图 4－33 所示）。

受盈利情况、市场环境、税收优惠享受情况等因素影响，钢结构行业上市公司的企业所得税税负呈先降后升走势（如图 4－34 所示）。

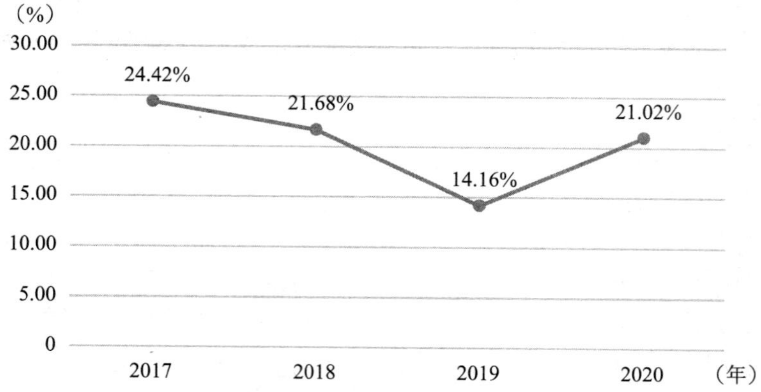

图 4－34　所得税税负走势（钢结构行业）

2017—2020 年，钢结构行业上市公司的企业所得税税负呈先降后升走势。2019 年因经营状况、研发投入增大等因素影响，企业所得税税负下跌至 14.16%。近 4 年钢结构行业上市公司企业所得税税负分别为 24.42%、21.68%（同比减少 2.74 个百分点）、14.16%（同比减少 7.52 个百分点）和 21.02%（同比增加 6.86 个百分点）。

4.1.7.3　税费净利比分析

2017—2020 年，受海外市场拓展、盈利状况、增值税改革、减税降费等因素影响，钢结构行业上市公司税费净利呈现先降后升趋势。2017—2020 年，钢结构行业上市公司税费净利比分别为 78.60%、

67.71%（同比减少10.89个百分点）、57.51%（同比减少10.20个百分点）和60.52%（同比增加3.01个百分点，如图4－35所示）。

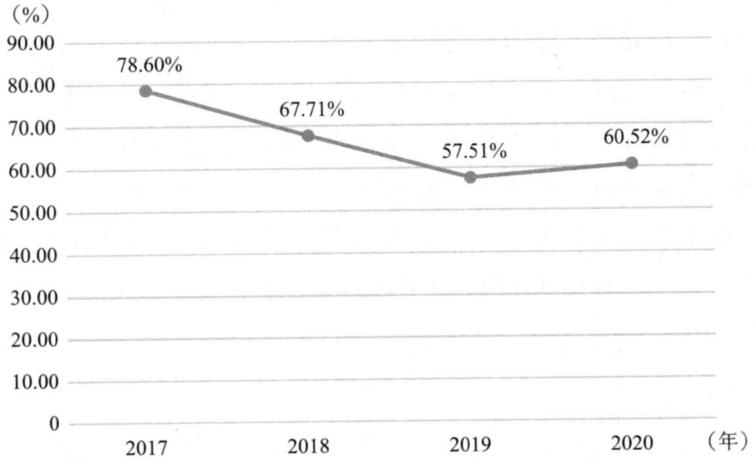

图4－35　税费净利比走势（钢结构行业）

4.1.8　小结

从纳税额看，基础设施建设、房屋建筑、石化冶金矿山工程三个行业纳税贡献较大，合计贡献占比超过90%。

2020年，上述三个明细行业纳税总额分别为1 178.67亿元、809.52亿元和197.65亿元，分别占50.68%、34.80%和8.50%。

从税负水平看，2020年房屋建筑业主要受土地增值税等因素影响，园林生态工程行业主要受龙头企业纳税增加等因素影响，总体税负较高，超过4%；基础设施建设、建筑装饰和钢结构行业税负为3%—4%，处于中间水平，其中钢结构行业税负较上年显著提高；石化冶金、国际工程行业税负较低，在3%以下，其中国际工程行业税负较上年明显降低（如图4－36所示）。

2020年，房屋建筑业总体税负为4.14%；园林生态工程总体税负较高，为4.49%；基础设施建设、建筑装饰业以及钢结构行业的总体税负处于中间水平，分别是 3.42%、3.60% 和 3.58%，石化冶金行业、国际工程行业的总体税负相对较低，分别为 2.73% 和 2.92%。

从税负走势看，2017—2020 年区间内，基础设施建设总体税负呈现出先升后降趋势，建筑装饰、园林生态工程、钢结构行业呈先降后升趋势，房屋建筑、石化冶金、国际工程行业整体呈下降趋势。除园林生态工程行业外，其他行业均在增值税改革、大规模减税降费措施下实现生产税税负、总体税负的下降，较 2017 年生产税税负下降 0.33 个百分点至 1.1 个百分点不等，总体税负下降 0.44 个百分点到 1.56 个百分点不等（如图 4－36、图 4－37 所示）。

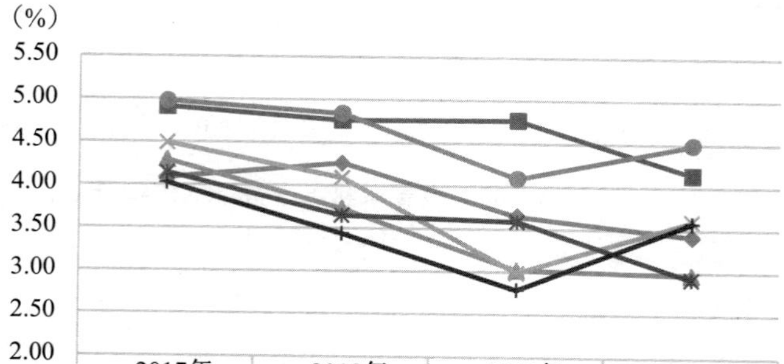

	2017年	2018年	2019年	2020年
基础设施	4.08%	4.26%	3.65%	3.42%
房屋建筑	4.91%	4.76%	4.77%	4.14%
石化冶金矿山	4.29%	3.73%	3.02%	2.97%
建筑装饰	4.49%	4.09%	2.99%	3.60%
国际工程	4.14%	3.65%	3.59%	2.92%
园林生态	4.98%	4.84%	4.09%	4.49%
钢结构	4.02%	3.44%	2.79%	3.58%

图 4－36　建筑业上市公司近 4 年各明细行业税负变动（总体税负）

2017—2020 年，按区间内生产税税负降幅排序，石化冶金行业下降了 1.1 个百分点，国际工程行业下降了 0.77 个百分点，房屋建设行业下降了 0.63 个百分点，基础设施行业下降了 0.6 个百分点，建筑装饰行业下降了 0.46 个百分点，钢结构行业下降了 0.33 个百分点。

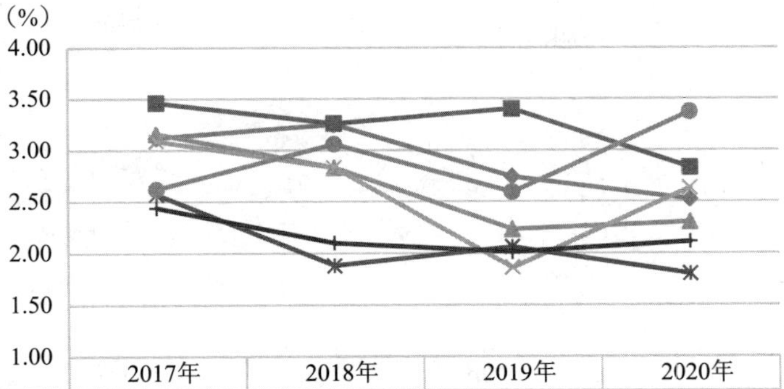

	2017年	2018年	2019年	2020年
基础设施	3.12%	3.25%	2.74%	2.52%
房屋建筑	3.46%	3.26%	3.40%	2.83%
石化冶金矿山	3.16%	2.83%	2.23%	2.30%
建筑装饰	3.09%	2.83%	1.86%	2.63%
国际工程	2.57%	1.88%	2.06%	1.80%
园林生态	2.62%	3.06%	2.59%	3.37%
钢结构	2.44%	2.10%	2.01%	2.11%

图 4－37　建筑业上市公司近 4 年各明细行业税负变动情况（生产税）

2017—2020 年，按区间内总体税负降幅排序，石化冶金行业下降了 1.56 个百分点，国际工程下降了 1.22 个百分点，建筑装饰下降了 0.89 个百分点，房屋建设下降了 0.77 个百分点，基础设施行业下降了 0.66 个百分点，园林生态下降了 0.49 个百分点，钢结构下降了 0.44 个百分点。

2020 年增值税税负与 2017 年相比，由于近两年增值税税率下调等政策的变动，除园林生态略浮动上升外，其他各明细行业增值税税负均有所下降（如图 4－38 所示）。

从税费净利比来看，2017—2020 年，房屋建筑、基础设施建设、石化冶金、园林生态行业的上市公司的税费净利比呈下降走势，钢结构行业呈先降后升走势，国际工程行业在波动中略有上升，建筑装饰行业呈上升走势。石化冶金、基础设施、房屋建筑、建筑装饰等行业上市公司的税费净利比相对较高，4 年平均值都在 102% 以上，国际工程、钢结构的税费净利率相对较低，4 年平均值在 80% 以下，由于园

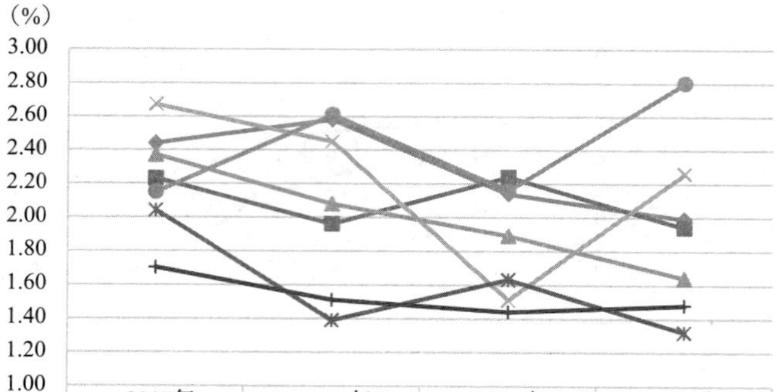

	2017年	2018年	2019年	2020年
基础设施	2.44%	2.58%	2.14%	1.99%
房屋建筑	2.23%	1.96%	2.24%	1.94%
石化冶金矿山	2.37%	2.08%	1.89%	1.64%
建筑装饰	2.67%	2.45%	1.51%	2.26%
国际工程	2.04%	1.39%	1.63%	1.32%
园林生态	2.15%	2.61%	2.16%	2.80%
钢结构	1.70%	1.51%	1.44%	1.48%

图 4－38　建筑业上市公司近两年各明细行业税负变动（增值税）

林生态行业上市公司近 2 年受到宏观政策等因素的影响，税费净利比出现了较大幅度的波动（如图 4－39 所示）。

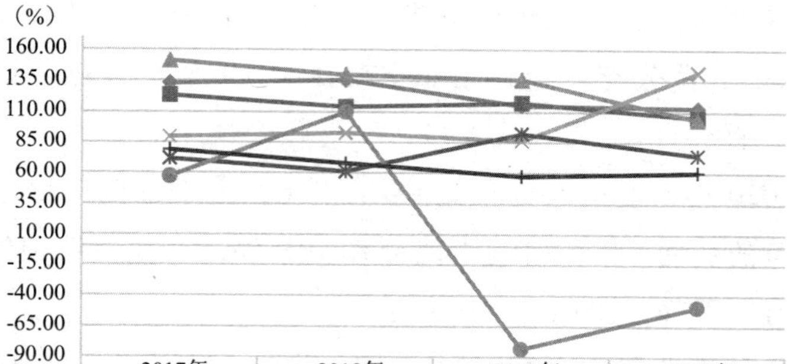

	2017年	2018年	2019年	2020年
基础设施	132.87%	135.55%	115.06%	113.18%
房屋建筑	123.18%	114.02%	117.24%	105.29%
石化冶金矿山	150.87%	139.61%	135.89%	103.52%
建筑装饰	89.36%	92.41%	86.10%	141.88%
国际工程	71.32%	61.06%	91.88%	74.31%
园林生态	57.07%	109.77%	-83.57%	-49.31%
钢结构	78.60%	67.71%	57.51%	60.52%

图 4－39　建筑业上市公司近两年各明细行业税负变动（税费净利比）

4.2　分规模分析

4.2.1　营业收入在 1 000 亿元以上

4.2.1.1　纳税总额分析

近 4 年，受税制改革、营业收入增长等因素影响，营业收入在 1 000 亿元以上上市公司的纳税总额呈持续上升走势（如图 4 - 40 所示）。

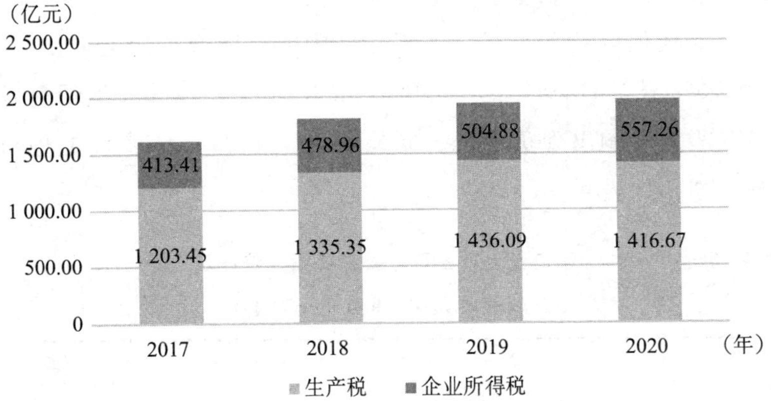

图 4 - 40　建筑业上市公司纳税情况（营业收入在 1 000 亿元以上）

2017—2020 年，营业收入 1 000 亿元以上上市公司应纳企业所得税逐年增长，但受税收优惠享受情况的影响，增幅在 2019 年呈现大幅下降趋势，由 2018 年的 15.86% 降至 2019 年的 5.41%，2020 年增幅回升至 10.37%（如图 4 - 41 所示）。

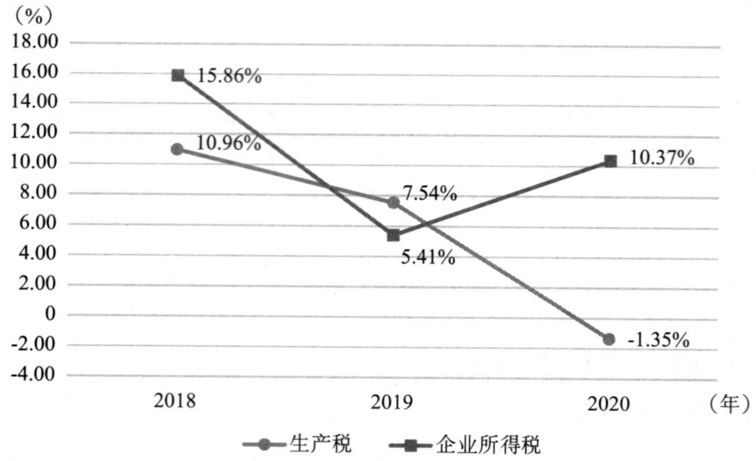

图 4－41　生产税和企业所得税增速变动情况（营业收入在 1 000 亿元以上）

2017—2020 年，营业收入在 1 000 亿元以上上市公司生产税逐年增长，但受减税降费等影响，增幅在 2019 年呈现下降趋势，由 2018 年的 10. 96% 降至 2019 年的 7. 54%，2020 年受新冠肺炎疫情蔓延、行业环境严峻等影响出现负增长，同比减少 1. 35%。增值税走势与生产税基本趋同，如表 4－8 所示。

表 4－8　建筑业上市公司主要纳税指标统计表

（营业收入在 1 000 亿元以上）

金额单位：亿元

项目 \ 年份	2017	2018		2019		2020	
	值	值	同比(%)	值	同比(%)	值	同比(%)
纳税总额	1 616. 86	1 814. 31	12. 21	1 940. 98	6. 98	1 973. 94	1. 70
企业所得税	413. 41	478. 96	15. 86	504. 88	5. 41	557. 26	10. 37
生产税	1 203. 45	1 335. 35	10. 96	1 436. 09	7. 54	1 416. 67	－1. 35
增值税	873. 18	960. 05	9. 95	1 060. 62	10. 48	1 068. 27	0. 72

2017—2020 年，营业收入 1 000 亿元以上上市公司缴纳税费合计逐年增长，但受盈利情况及税收优惠享受情况的影响，增幅在 2019 年呈现大幅下降，2018 年为 12. 21%，2019 年下降了 6. 98%。2020 年受

新冠肺炎疫情蔓延、市场环境严峻等因素影响，增长幅度再度大幅下降至 1.70%。2020 年营业收入 1 000 亿元以上上市公司纳税总额前三名分别是中国建筑、中国中铁和中国铁建；纳税总额分别达 704.97 亿元、306.27 亿元和 276.37 亿元；分别占比 35.71%、15.52% 和 14.00%。

4.2.1.2　税负分析

2017—2020 年，受税制改革、减税降费、新冠肺炎疫情冲击等因素影响，营业收入在 1 000 亿元以上上市公司总体税负、生产税税负和增值税税负变动基本一致，呈现小幅上升后下降趋势（如图 4－42 所示）。

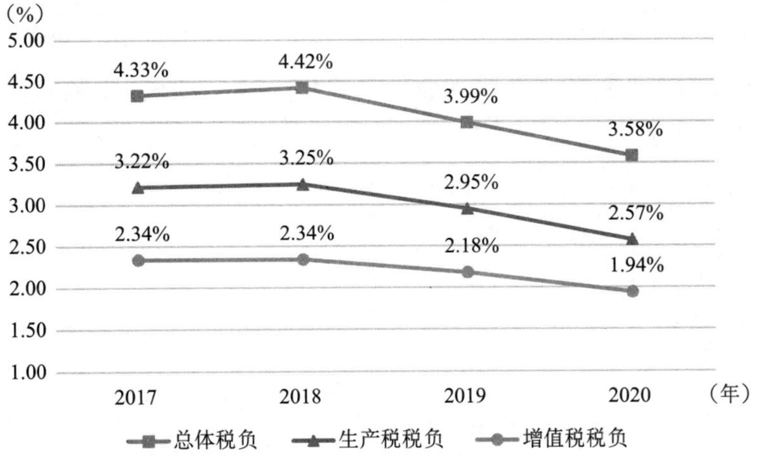

图 4－42　建筑业上市公司税负走势（营业收入在 1 000 亿元以上）

2017—2020 年，营业收入在 1 000 亿元以上上市公司总体税负呈现先升后降趋势，受 2019 年减税降费，及 2020 年疫情蔓延、市场环境严峻等因素影响，总体税负自 2019 年起逐年下降至 3.58%。近 4 年营业收入在 1 000 亿元以上上市公司总体税负分别为 4.33%、4.42%（同比增加 0.09 个百分点）、3.99%（同比减少 0.43 个百分点）和 3.58%（同比减少 0.41 个百分点）。

2017—2020 年，营业收入在 1 000 亿元以上上市公司生产税税负、增值税税负均与总体税负走势趋同，呈现小幅上升后下降走势，主要受增值税改革、减税降费政策、疫情蔓延、市场环境严峻等因素影响，自 2019 年持续下降至 2020 年的 2.57% 和 1.94%。2017—2020 年，营业收入在 1 000 亿元以上上市公司生产税税负分别为 3.22%、3.25%（同比增加 0.03 个百分点）、2.95%（同比减少 0.30 个百分点）和 2.57%（同比减少 0.38 个百分点）。

2017—2020 年，营业收入在 1 000 亿元以上上市公司增值税税负分别为 2.34%、2.34%（同比增加 0.00 个百分点）、2.18%（同比减少 0.16 个百分点）和 1.94%（同比减少 0.24 个百分点）。

2017—2020 年，受高新技术企业、西部大开发等税收优惠企业增加、以前年度所得税调整事项等因素影响，营业收入在 1 000 亿元以上上市公司企业所得税负呈现波动下降趋势（如图 4 – 43 所示）。

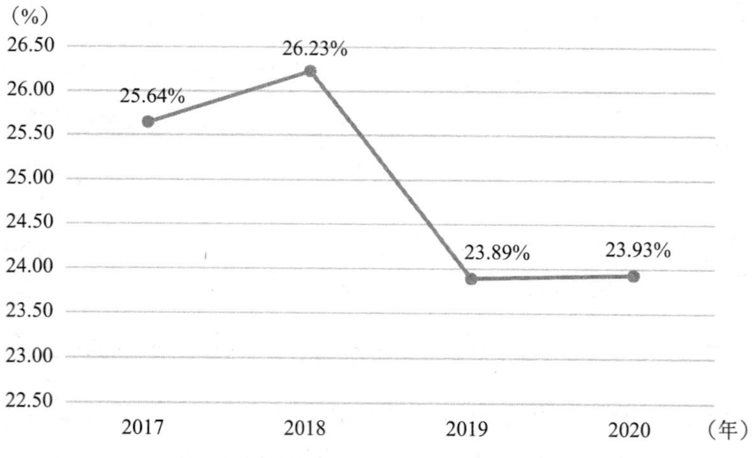

图 4 – 43　所得税税负走势（营业收入在 1 000 亿元以上）

2017—2020 年，受高新技术企业、西部大开发等税收优惠企业增加影响，2019 年营业收入在 1 000 亿元以上上市公司企业所得税税负大幅下降，2020 年与 2019 年基本相同，有小幅回升。近 4 年营业收入在 1 000 亿元以上上市公司企业所得税税负分别为 25.64%、26.23%（同比增加 0.59 个百分点）、23.89%（同比减少 2.34 个百分点）和 23.93%（同比增加 0.04 个百分点）。

4.2.1.3　税费净利比分析

2017—2020 年，营业收入在 1 000 亿元以上上市公司税费净利比呈持续下降趋势，主要受增值税改革、减税降费、新冠肺炎疫情蔓延、市场环境严峻等因素影响。2017—2020 年，营业收入在 1 000 亿元以上上市公司税费净利比分别为 130.16%、127.56%（同比减少 2.60 个百分点）、116.40%（同比减少 11.16 个百分点）和 109.24%（同比减少 7.16 个百分点，如图 4－44 所示）。

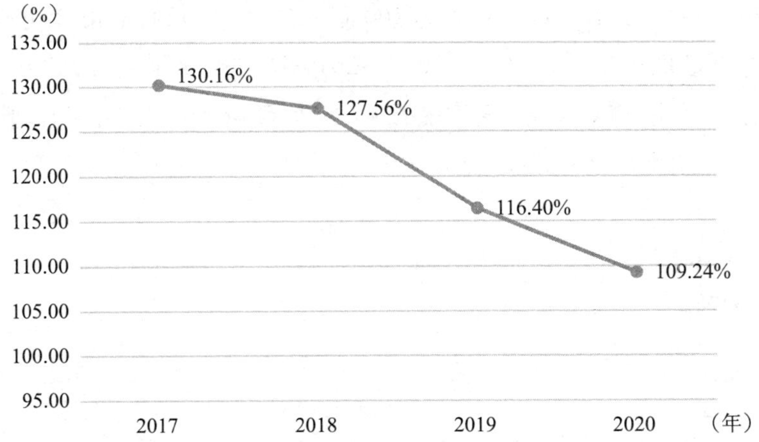

图 4－44　税费净利比走势（营业收入在 1 000 亿元以上）

4.2.2　营业收入为 100 亿—1 000 亿元

4.2.2.1　纳税总额分析

近 4 年，受产业政策支持、生产经营稳步发展、营业收入及利润上涨等因素影响，营业收入为 100 亿—1 000 亿元的上市公司的纳税总额呈现持续上升趋势（如图 4－45 所示）。

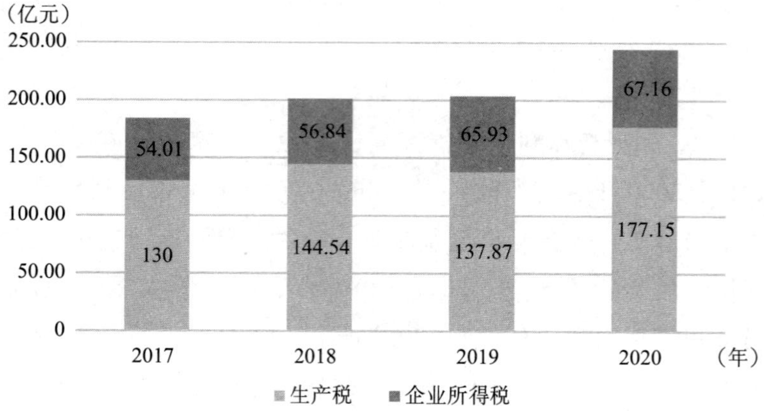

图 4－45　建筑业上市公司纳税情况（营业收入为 100 亿—1 000 亿元）

2017—2020 年，营业收入为 100 亿—1 000 亿元的上市公司应纳企业所得税呈现逐年增长趋势。2017—2019 年增幅逐年上升，2020 年受新冠肺炎疫情蔓延、市场环境严峻等因素影响，增幅大幅下降至 1.87%（如图 4－46 所示）。

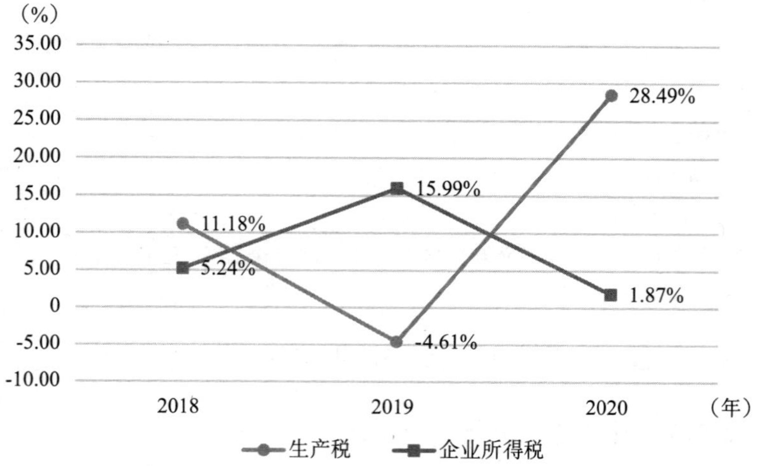

图 4－46　生产税和企业所得税增速变动情况（营业收入为 100 亿—1 000 亿元）

2017—2020 年，营业收入为 100 亿—1 000 亿元的上市公司生产税呈现波动上升趋势。2019 年受增值税改革、减税降费等因素影响，营业收入为 100 亿—1 000 亿元的上市公司生产税增幅大幅下降，2018 年同比上升 11. 18%，2019 年同比下降 4. 61%，之后 2020 年因营业收入上涨等因素影响，大幅上升至 28. 49%。增值税同样呈现波动上升走势（如表 4 – 9 所示）。

表 4 – 9　　建筑业上市公司主要纳税指标统计表

（营业收入为 100 亿—1 000 亿元）　　金额单位：亿元

项目 \ 年份	2017	2018		2019		2020	
	值	值	同比（%）	值	同比（%）	值	同比（%）
纳税总额	184. 01	201. 38	9. 44	203. 80	1. 20	244. 31	19. 88
企业所得税	54. 01	56. 84	5. 24	65. 93	15. 99	67. 16	1. 87
生产税	130. 00	144. 54	11. 18	137. 87	– 4. 61	177. 15	28. 49
增值税	106. 20	117. 65	10. 78	104. 62	– 11. 08	140. 55	34. 34

2017—2020 年，营业收入为 100 亿—1 000 亿元的上市公司缴纳税费合计逐年增长，但 2019 年受增值税改革、税收优惠享受情况的影响，增幅在 2019 年呈现大幅下降，由 2018 年 9. 44% 至 2019 年下降了 1. 20%，后受 2020 年营业收入增加等因素影响，增长幅度恢复至 19. 88%。2020 年营业收入为 100 亿—1 000 亿元的上市公司纳税总额前三名分别是天健集团、中国核建和安徽建工；纳税总额分别达 21. 68 亿元 、21. 61 亿元和 21. 59 亿元；分别占比 8. 87%、8. 85% 和 8. 84%。

4. 2. 2. 2　税负分析

2017—2020 年，受行业市场环境严峻、新冠肺炎疫情蔓延、盈利水平下降、减税降费等因素影响，营业收入为 100 亿—1 000 亿元的上市公司总体税负、生产税税负和增值税税负变动基本一致，呈现先降后升走势（如图 4 - 47 所示）。

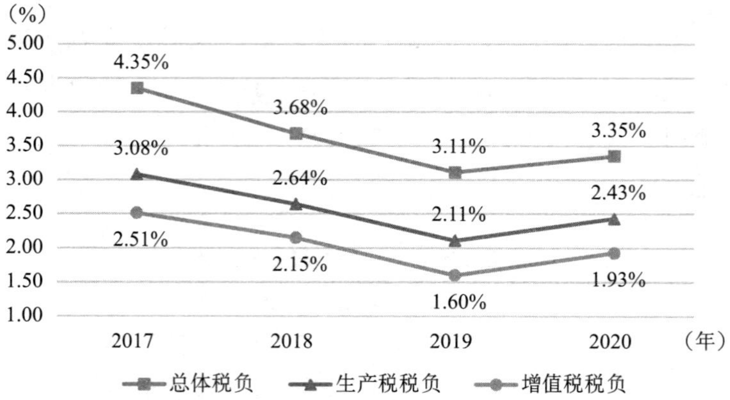

图 4 - 47　建筑业上市公司税负走势（营业收入为 100 亿—1 000 亿元）

2017—2020 年，营业收入为 100 亿—1 000 亿元的上市公司总体税负呈现先降后升趋势，2017—2019 年逐年下降，2020 年主要受行业经营状况好转等因素影响有所回升。近 4 年营业收入为 100 亿—1 000 亿元的上市公司总体税负分别为 4.35%、3.68%（同比减少 0.67 个百分点）、3.11%（同比减少 0.57 个百分点）和 3.35%（同比增加 0.24 个百分点）。

2017—2020 年，营业收入为 100 亿—1 000 亿元的上市公司生产税税负、增值税税负均与总体税负走势趋同，呈现先降后升趋势。近 4 年营业收入为 100 亿—1 000 亿元的上市公司生产税税负分别为 3.08%、2.64%（同比减少 0.44 个百分点）、2.11%（同比减少 0.53 个百分点）和 2.43%（同比增加 0.32 个百分点）。

2017—2020 年，营业收入为 100 亿—1 000 亿元的上市公司增值税税负分别为 2.51%、2.15%（同比减少 0.36 个百分点）、1.60%（同比减少 0.55 个百分点）和 1.93%（同比增加 0.33 个百分点）。

2017—2020 年，受产业转型行业竞争加剧、盈利能力下降、减税降费、税收优惠享受情况等因素影响，营业收入为 100 亿—1 000 亿元的上市公司企业所得税税负呈现波动下降趋势（如图 4－48 所示）。

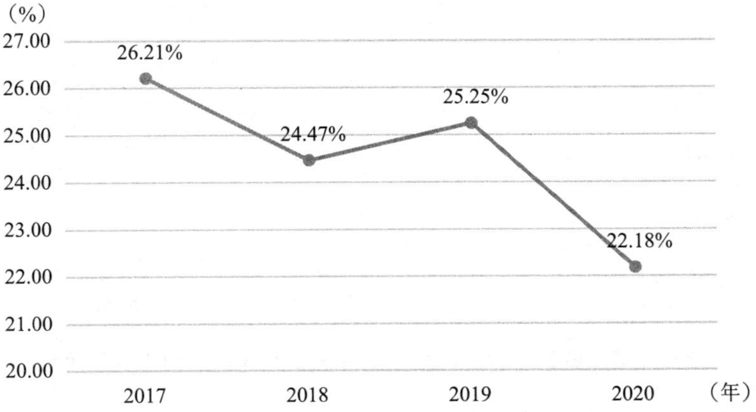

图 4－48　所得税税负走势（营业收入为 100 亿—1 000 亿元）

2017—2020 年，营业收入为 100 亿—1 000 亿元的上市公司企业所得税税负分别为 26.21%、24.47%（同比减少 1.74 个百分点）、25.25%（同比增加 0.78 个百分点）和 22.18（同比减少 3.07 个百分点）。

4.2.2.3　税费净利比分析

2017—2020 年，营业收入为 100 亿—1 000 亿元的上市公司税费净利比呈现逐年下降趋势，主要受盈利能力下降、税收优惠享受情况等因素影响。近 4 年营业收入为 100 亿—1 000 亿元的上市公司税费净利比分别 113.82%、111.32%（同比减少 2.50 个百分点）、101.48%（同比减少 9.84 个百分点）和 100.96%（同比减少 0.52 个百分点，如图 4－49 所示）。

4.2.3　营业收入在 100 亿元以下

在计算各项税负时，由于此分类下部分上市公司当期应纳税额口径（即“应交税金当期期末余额－应交税金上期期末余额＋当期支付

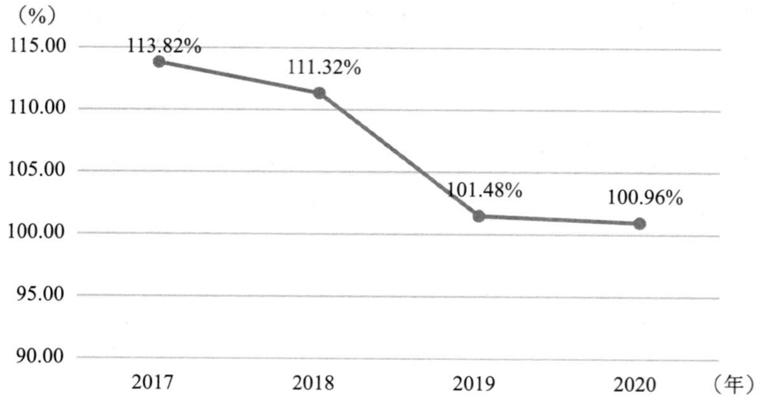

图 4－49　税费净利比走势（营业收入为 100 亿—1 000 亿元）

的各项税费”）计算数据为负，因此计算相关税负时，将此类公司调整为当期实缴税额口径（取自上市公司年度报告的合并现金流量表中“支付的各项税费”）。

4.2.3.1　纳税总额分析

近 4 年，受利润下降、减税降费、新冠肺炎疫情蔓延经济下行等因素影响，营业收入在 100 亿元以下上市公司纳税总额呈逐年下降趋势（如图 4－50 所示）。

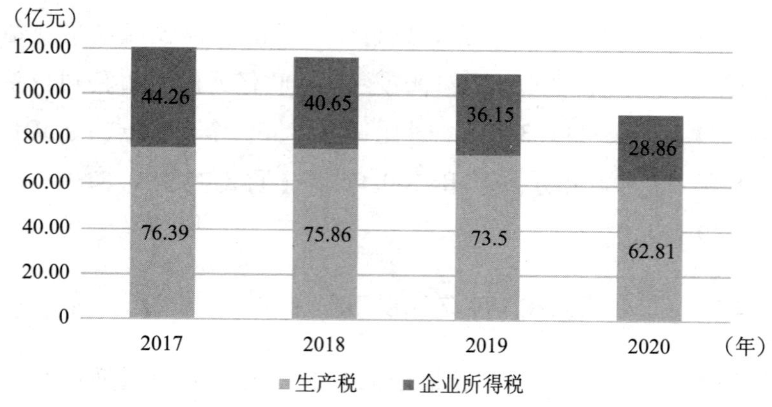

图 4－50　建筑业上市公司纳税情况（营业收入在 100 亿元以下）

2017—2020 年，受营业利润和减税降费等因素影响，营业收入在 100 亿元以下上市公司应纳企业所得税呈逐年下降趋势。2018 年同比减少 8.16%，2019 年同比减少 11.07%，2020 年受新冠肺炎疫情蔓延、市场环境严峻等因素影响继续大幅下降，同比减少 20.17%（如图 4 - 51 所示）。

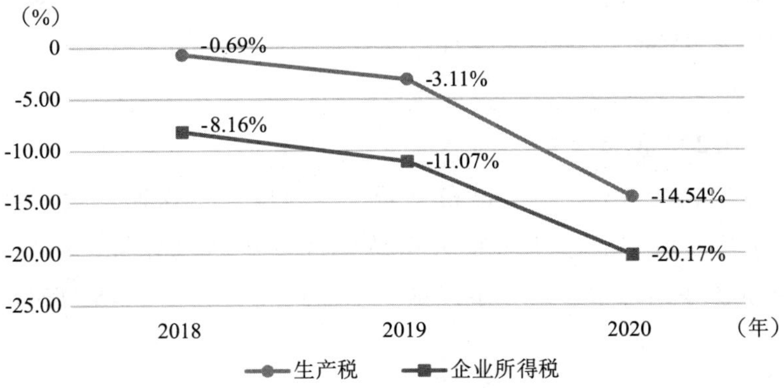

图 4 - 51　生产税和企业所得税增速变动情况（营业收入在 100 亿元以下）

2017—2020 年，受营业利润和减税降费等因素影响，营业收入在 100 亿元以下上市公司生产税呈逐年下降趋势，由 2018 年同比减少 0.69%，2019 年同比减少 3.11%，2020 年大幅下降，同比减少至 14.54%。增值税同样呈现下降趋势，如表 4 - 10 所示。

表 4 - 10　建筑业上市公司主要纳税指标统计表

（营业收入在 100 亿元以下）

金额单位：亿元

项目＼年份	2017	2018		2019		2020	
	值	值	同比（%）	值	同比（%）	值	同比（%）
纳税总额	120.65	116.51	-3.43	109.65	-5.89	91.67	-16.40
企业所得税	44.26	40.65	-8.16	36.15	-11.07	28.86	-20.17
生产税	76.39	75.86	-0.69	73.50	-3.11	62.81	-14.54
增值税	61.87	62.32	0.73	54.95	-11.83	46.02	-16.25

2017—2020 年，受利润下降、减税降费等因素影响，营业收入在 100 亿元以下上市公司缴纳税费呈现下降趋势，2018 年同比减少 3. 43%，2019 年同比减少 5. 89%，2020 年受新冠肺炎疫情蔓延、市场环境严峻等因素影响继续大幅下降，同比减少 16. 40%。其中，2020 年营业收入在 100 亿元以下上市公司纳税总额前三名分别是东方园林、中色股份、苏交科；纳税总额分别达 7. 19 亿元、4. 83 亿和 3. 80 亿元；分别占比 7. 85%、5. 27% 和 4. 15%。

4. 2. 3. 2 税负分析

近 4 年，受盈利情况、减税降费、新冠肺炎疫情冲击等因素影响营业收入在 100 亿元以下上市公司总体税负变动趋势与生产税税负、增值税税负变动基本一致，呈现逐年下降趋势（如图 4 – 52 所示）。

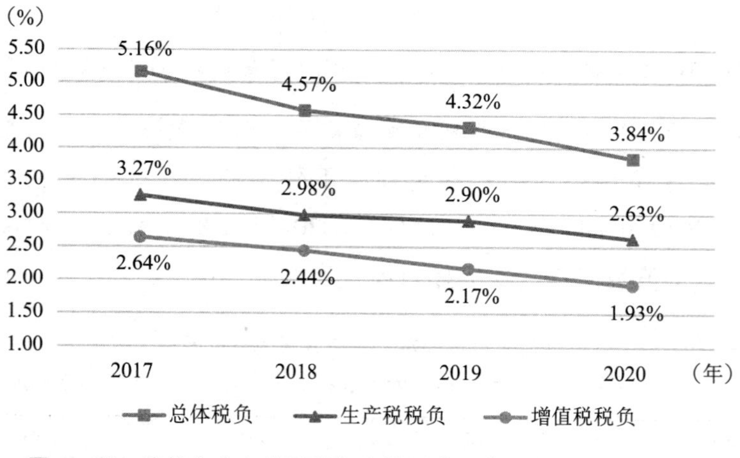

图 4 – 52 建筑业上市公司税负走势（营业收入在 100 亿元以下）

2017—2020 年，受宏观经济状况、盈利情况、减税降费等因素影响，营业收入在 100 亿元以下上市公司总体税负呈现连续下降走势，近 4 年总体税负分别为 5. 16%、4. 57%（同比减少 0. 59 个百分点）、4. 32%（同比减少 0. 25 个百分点）和 3. 84%（同比减少 0. 48 个百分点）。

2017—2020 年，营业收入在 100 亿元以下上市公司生产税税负、增值税税负均与总体税负走势趋同，呈逐年下降趋势，主要受宏观经济状况、盈利情况、减税降费等因素影响。近 4 年营业收入在 100 亿元以下上市公司生产税税负分别为 3.27%、2.98%（同比减少 0.29 个百分点）、2.90%（同比减少 0.08 个百分点）和 2.63%（同比减少 0.27 个百分点，如图 4－52 所示）。

2017—2020 年，营业收入在 100 亿元以下上市公司增值税税负分别为 2.64%、2.44%（同比减少 0.20 个百分点）、2.17%（同比减少 0.27 个百分点）和 1.93%（同比减少 0.24 个百分点）。

2020 年受新冠肺炎疫情冲击，工程项目进展受阻、利润亏损等因素影响，营业收入在 100 亿元以下上市公司企业所得税税负大幅提升（如图 4－53 所示）。

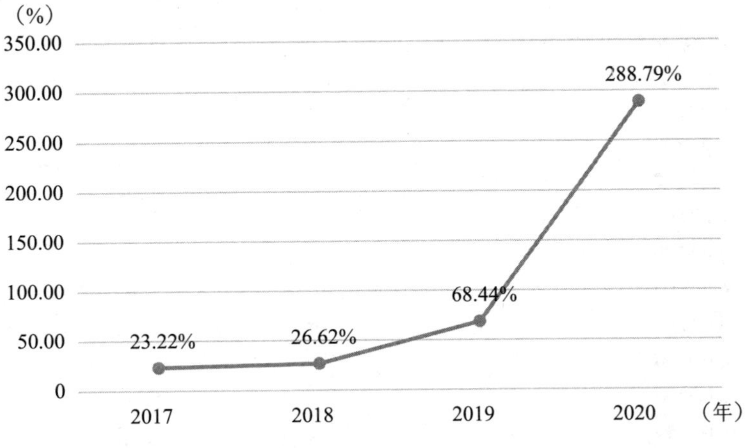

图 4－53　所得税税负走势（营业收入在 100 亿元以下）

2020 年受到疫情冲击，多数营业收入在 100 亿元以下的上市公司工程项目进展受阻，部分上市公司出现了大幅亏损，例如：天沃科技、奇信股份、洪涛股份、东方园林、岭南园林及京蓝科技等，使得营业收入在 100 亿元以下的上市公司汇总口径利润总额较 2019 年降低了 81.08%，导致该分类下上市公司 2020 年企业所得税税负大幅上涨。近 4 年营业收入在 100 亿元以下上市公司企业所得税税负分别为 23.22%、26.62%（同比增加 3.40 个百分点）、68.44%（同比增加 41.82 个百分点）和 288.79%（同比增加 220.35 个百分点）。

4.2.3.3 税费净利比分析

2017—2020 年，营业收入在 100 亿元以下上市公司税费净利比呈现先升后降趋势。2017—2019 年逐年上升，2020 年税费净利比大幅下降，主要由于报告期内规模较小的上市企业受到新冠肺炎疫情冲击影响较大，使得企业的净利润大幅下降，出现负值，进而导致税费净利比大幅下降。近 4 年营业收入在 100 亿元以下上市公司税费净利比分别为 77.55%、97.50%（同比增加 19.95 个百分点）、367.40%（同比增加 269.90 个百分点）和 -16 507.51%（同比减少 16 874.91 个百分点，如图 4-54 所示）。

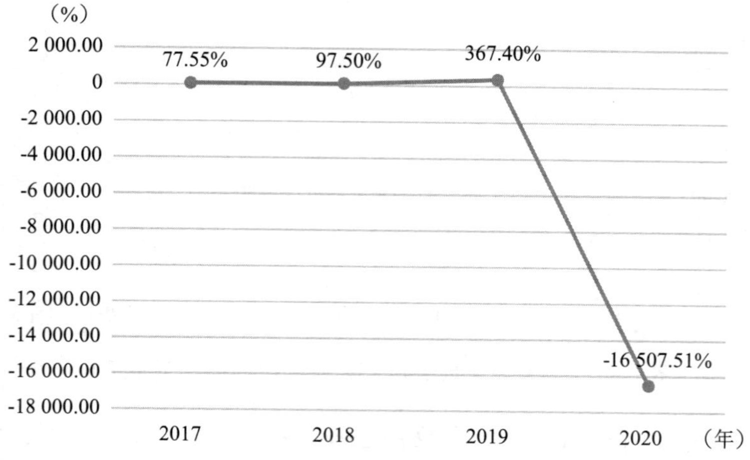

图 4-54 税费净利比走势（营业收入在 100 亿元以下）

4.2.4　小结

从纳税额看，营业收入分档规模在 1 000 亿元以上的 10 家企业（不含中国能建）贡献了约 85% 的行业税收，纳税总额的行业集中度较高。

2020 年营业收入在 1 000 亿元以上（10 家）、100 亿—1 000 亿元（26 家）、100 亿元以下（79 家）上市公司（不含中国能建共计 115 家境内上市公司）的纳税贡献分别为 1 973. 94 亿元（占 85. 46%，比营业收入占比 85. 06% 略高）、244. 31 亿元（占 10. 58%，比营业收入占比 11. 26% 低）和 91. 67 亿元（占 3. 97%，比营业收入占比 3. 68% 略高）。

近 4 年，营业收入在 1 000 亿元以上上市公司生产税都呈现逐年增长趋势，100 亿—1 000 亿元的上市公司生产税呈波动上升趋势，100 亿元以下上市公司生产额呈逐年下降趋势。

近 4 年，营业收入在 1 000 亿元以上和 100 亿—1 000 亿元的上市公司纳税总额呈持续上升走势；营业收入在 100 亿元以下上市公司受宏观经济形势影响较大，纳税总额呈连续 4 年下降，2020 年出现较大降幅。

从税负水平看，营业收入分档规模最小的企业类型总体税负水平较高，营业收入为 100 亿—1 000 亿元的企业的总体税负和生产税负均较低。总体上，各营业收入规模分档上市公司税负差异不大。

2020 年营业收入在 1 000 亿元以上、100 亿—1 000 亿元、100 亿元以下的上市公司生产税税负分别为 2. 57%、2. 43% 和 2. 63%，总体税负分别为 3. 58%、3. 35% 和 3. 84%，企业所得税税负分别为 23. 93%、22. 18% 和 288. 79%。由于报告期内规模较小的上市企业受到新冠肺炎疫情冲击影响较大，使得企业的利润总额出现大幅下降，进而导致企业所得税税负比大幅上升。

从税负走势看，除 100 亿—1 000 亿元的上市公司总体税负、生产税税负在 2020 年出现小幅回升外，各营业收入规模分档上市公司整体均呈现下降走势。随着增值税深化改革及税率降低，2017—2020 年，除 100 亿—1 000 亿元的上市公司增值税税负在 2020 年出现小幅回升外，各营业收入规模分档上市公司的增值税税负整体呈现下降趋势。

2020 年与 2017 年相比，各营业收入分档上市公司总体税负均有所下降，按营收规模区间从大到小排序，各营业收入分档上市公司总体税负分别从 2017 年的 4.33% 降至 2020 年的 3.58%，从 2017 年的 4.35% 降至 2020 年的 3.35%，从 2017 年的 5.16% 降至 2020 年的 3.84%，100 亿元以下上市公司下降幅度最大（如图 4－55 所示）。

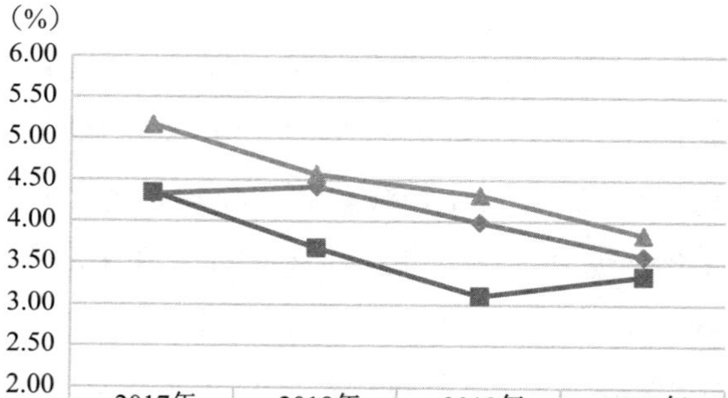

	2017年	2018年	2019年	2020年
1 000亿元以上	4.33%	4.42%	3.99%	3.58%
100亿—1 000亿元	4.35%	3.68%	3.11%	3.35%
100亿元以下	5.16%	4.57%	4.32%	3.84%

图 4－55　建筑业上市公司近 4 年各收入规模税负折线图（总体税负）

2017—2020 年，各营业收入分档上市公司生产税负均有所下降，按营收规模区间从大到小排序，各营业收入分档上市公司生产税负分别从 2017 年的 3.22% 降至 2020 年的 2.57%，从 2017 年的 3.08% 下降至 2020 年的 2.43%，从 2017 年的 3.27% 下降至 2020 年的 2.63%，下降幅度基本相同（如图 4－56 所示）。

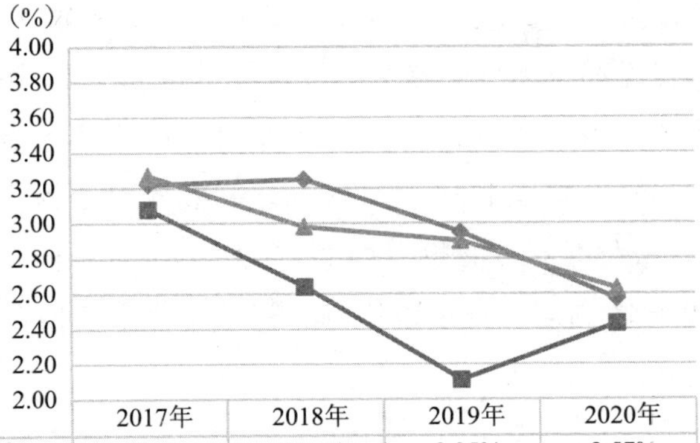

	2017年	2018年	2019年	2020年
1 000亿元以上	3.22%	3.25%	2.95%	2.57%
100亿—1 000亿元	3.08%	2.64%	2.11%	2.43%
100亿元以下	3.27%	2.98%	2.90%	2.63%

图 4－56　建筑业上市公司近 4 年各收入规模税负折线图（生产税税负）

2020 年与 2017 年相比，各营业收入规模分档上市公司增值税税负均有所下降，按营业收入规模从大到小排序，营业收入分档上市公司总体税负分别从 2017 年的 2. 34% 降至 2020 年的 1. 94%、从 2017 年的 2. 51% 降至 2020 年的 1. 93%、从 2017 年的 2. 64% 降至 2020 年的 1. 93%，100 亿元以下上市公司下降幅度最大（如图 4－57 所示）。

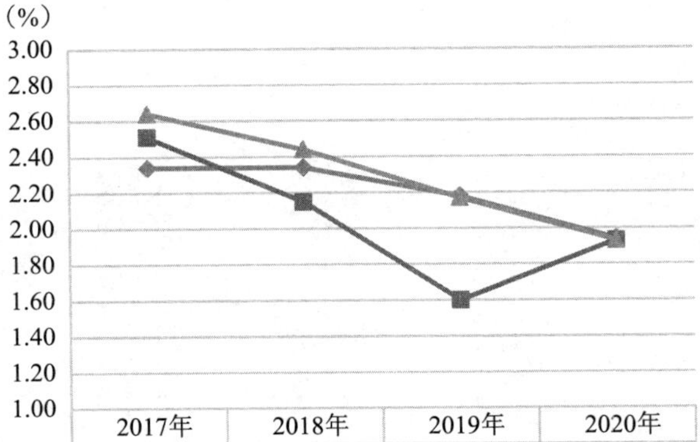

	2017年	2018年	2019年	2020年
1 000亿元以上	2.34%	2.34%	2.18%	1.94%
100亿—1 000亿元	2.51%	2.15%	1.60%	1.93%
100亿元以下	2.64%	2.44%	2.17%	1.93%

图 4－57　建筑业上市公司近 4 年各收入规模税负折线图（增值税税负）

从税费净利比来看，2017—2020 年，营业收入规模分档上市公司税费净利比都呈现下降趋势。按规模区间从大到小排序，2020 年税费净利比分别为 109.24%、100.96% 和 -16 507.51%。1 000 亿元以上上市公司的税费净利比相对较高，4 年平均值为 120.84%，100 亿—1 000 亿元上市公司的税费净利比为 106.9%，100 亿元以下上市公司受 2020 年净利润大幅下降影响，拉低 4 年平均值至 -3 991.27%。

4.3 分控股类型分析

4.3.1 国有控股

4.3.1.1 纳税总额分析

2017—2020 年，随着生产经营稳步发展，国有控股上市公司纳税总额持续上升，但受 2019 年起我国实施大规模减税降费影响，增速逐年减缓（如图 4-58 所示）。

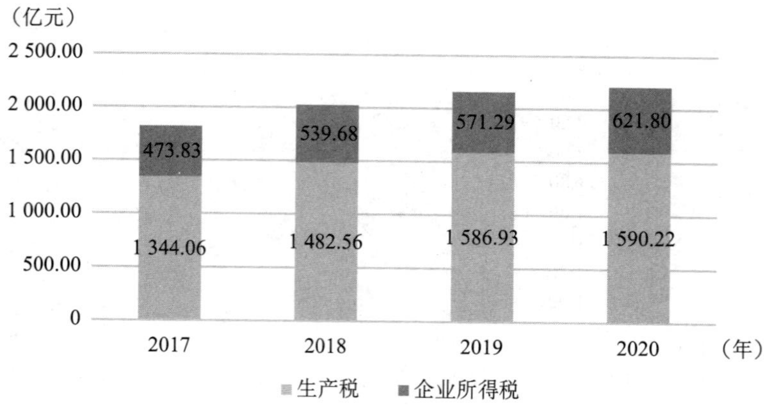

图 4-58 建筑业上市公司纳税情况（国有控股）

2017—2020 年，国有控股上市公司应纳企业所得税逐年增长，但受盈利及税收优惠享受情况的影响，增幅在 2019 年呈现大幅下降趋势，由 2018 年的 13.90% 降至 2019 年的 5.86%，2020 年略有回升，升至 8.84%（如图 4－59 所示）。

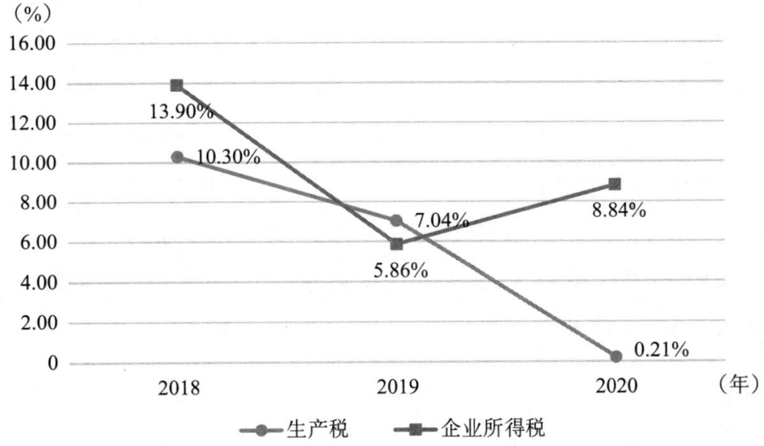

图 4－59　生产税和企业所得税增速变动情况（国有控股）

2017—2020 年，国有控股上市公司生产税呈逐年上升趋势，受减税降费等因素影响，2019 年起增幅下降，由 2018 年的 10.30% 降至 2019 年的 7.04%，2020 年受新冠肺炎疫情蔓延、市场环境严峻等因素影响，增幅大幅下降，降至 0.21%。增值税呈相同趋势（如表 4－11 所示）。

表 4－11　建筑业上市公司主要纳税指标统计表（国有控股） 金额单位：亿元

项目＼年份	2017	2018		2019		2020	
	值	值	同比（%）	值	同比（%）	值	同比（%）
纳税总额	1 817.89	2 022.23	11.24	2 158.22	6.72	2 212.02	2.49
企业所得税	473.83	539.68	13.90	571.29	5.86	621.80	8.84
生产税	1 344.06	1 482.56	10.30	1 586.93	7.04	1 590.22	0.21
增值税	986.64	1 078.95	9.36	1 171.82	8.61	1 200.02	2.41

2017—2020 年，国有控股上市公司缴纳税费合计呈现逐年上升趋势。2019 年起受减税降费等因素影响，增幅呈现下降趋势，由 2018 年的 11.24% 降至 2019 年的 6.72%，2020 年受新冠肺炎疫情蔓延、市场环境严峻等因素影响，降至 2.49%。2020 年国有控股上市公司纳税总额前三名分别是中国建筑、中国中铁和中国铁建；纳税总额分别达 704.97 亿元、306.27 亿元和 276.37 亿元；分别占比 31.87%、13.85% 和 12.49%。

4.3.1.2 税负分析

2017—2020 年，受减税降费、生产经营发展、新冠肺炎疫情蔓延等因素影响，国有控股上市公司总体税负、生产税税负、增值税税负变动基本一致，呈逐年下降趋势（如图 4-60 所示）。

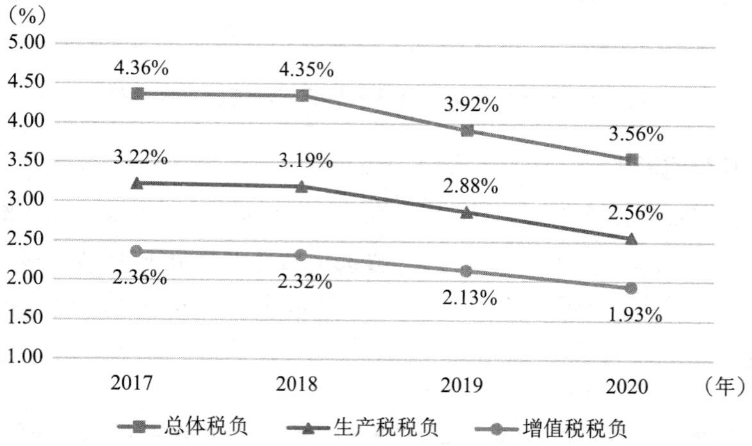

图 4-60　建筑业上市公司税负走势（国有控股）

2017—2020 年，国有控股上市公司总体税负呈现逐年下降趋势，受减税降费，新冠肺炎疫情蔓延等因素影响，总体税负自 2017 年起逐年下降。2017—2020 年，国有控股上市公司总体税负分别为 4.36%、4.35%（同比减少 0.01 个百分点）、3.92%（同比减少 0.43 个百分点）和 3.56%（同比减少 0.36 个百分点）。

2017—2020 年，国有控股上市公司生产税税负、增值税税负同样呈现逐年下降趋势，主要受宏观经济状况、增值税改革、减税降费等因素影响。2017—2020 年，国有控股上市公司生产税税负分别为 3.22%、3.19%（同比减少 0.03 个百分点）、2.88%（同比减少 0.31 个百分点）和 2.56%（同比减少 0.32 个百分点）。2017—2020 年，国有控股上市公司增值税税负分别为 2.36%、2.32%（同比减少 0.04 个百分点）、2.13%（同比减少 0.19 个百分点）和 1.93%（同比减少 0.20 个百分点）。

2017—2020 年，受高新技术企业、西部大开发等税收优惠企业增加等因素影响，国有控股上市公司企业所得税税负呈现波动下降（如图 4－61 所示）。

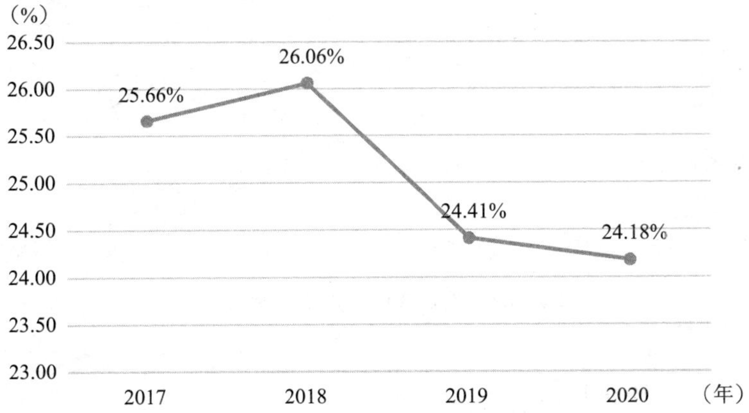

图 4－61　所得税税负走势（国有控股）

2017—2020 年，受高新技术企业、西部大开发等税收优惠企业增加影响，2019 年国有控股上市公司企业所得税税负大幅下降，2020 年受新冠肺炎疫情蔓延、市场环境严峻等因素影响，国有控股上市公司企业所得税税负持续下降。近 4 年国有控股上市公司企业所得税税负分别为 25.66%、26.06%（同比增加 0.40% 个百分点）、24.41%（同比减少 1. 65 个百分点）和 24. 18%（同比减少 0. 23 个百分点）。

4. 3. 1. 3 税费净利比分析

2017—2020 年，国有控股上市公司税费净利比呈逐年下降趋势，主要受增值税改革、减税降费、新冠肺炎疫情蔓延、市场环境严峻等因素影响。2017—2020 年，国有控股上市公司税费净利比分别为 127. 25%、125. 33%（同比减少 1. 92 个百分点）、117. 50%（同比减少 7. 83 个百分点）和 110. 57%（同比减少 6. 93 个百分点，如图 4 – 62 所示）。

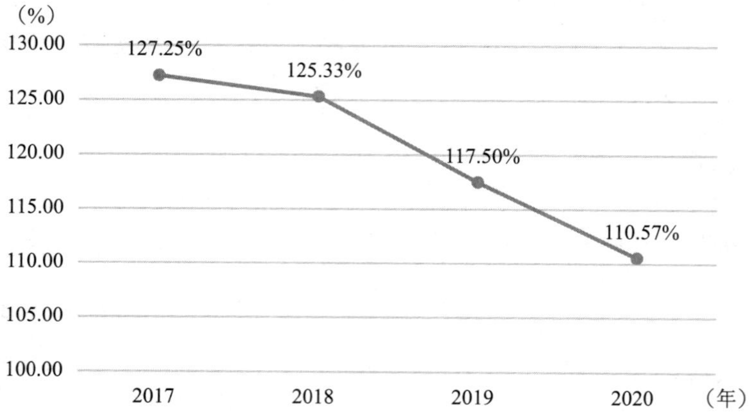

图 4 – 62 税费净利比走势（国有控股）

4. 3. 2 民营控股

在计算各项税负时，由于此分类下部分上市公司当期应纳税额口径（即"当期支付的各项税费 – 应交税金上期期末余额 + 应交税金当期期末余额"）计算数据为负，因此计算相关税负时，将此类公司调整为当期实缴税额口径（取自上市公司年度报告的合并现金流量表中"支付的各项税费"）。

4.3.2.1　纳税总额分析

近4年，受利润下降、减税降费等因素影响，民营控股上市公司纳税总额呈波动下降趋势（如图4－63所示）。

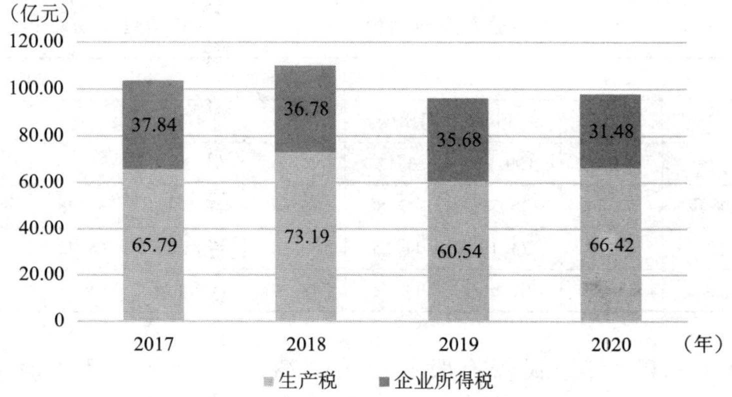

图4－63　建筑业上市公司纳税情况（民营控股）

2017—2020年，民营控股上市公司应纳企业所得税呈现逐年降低趋势，主要受新冠肺炎疫情蔓延、市场环境严峻、盈利状况、享受税收优惠等因素影响。2018年同比减少2.80%，2020年同比减少11.77%（如图4－64所示）。

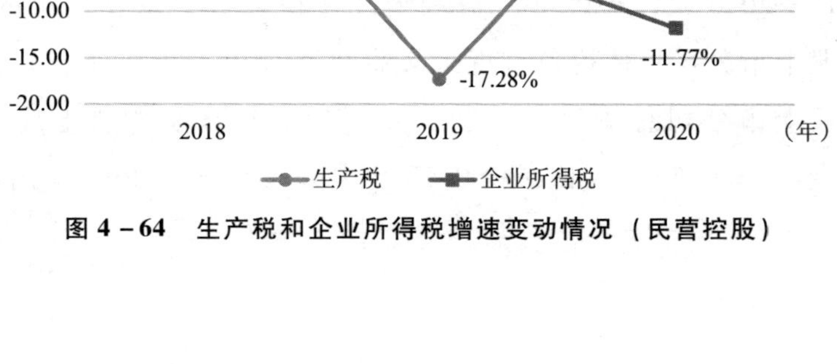

图4－64　生产税和企业所得税增速变动情况（民营控股）

2017—2020 年，民营控股上市公司生产税呈现波动小幅上升。2019 年受减税降费等政策因素影响，民营控股上市公司生产税增幅大幅下降，由 2018 年的 11.25% 降至 2019 年的同比减少 17.28%，2020 年，又大幅上升至 9.71%。增值税呈现相同走势，如表 4－12 所示。

表 4－12　　建筑业上市公司主要纳税指标统计表（民营控股） 金额单位：亿元

项目＼年份	2017	2018		2019		2020	
	值	值	同比（%）	值	同比（%）	值	同比（%）
纳税总额	103.63	109.97	6.12	96.21	－12.51	97.90	1.76
企业所得税	37.84	36.78	－2.80	35.68	－2.99	31.48	－11.77
生产税	65.79	73.19	11.25	60.54	－17.28	66.42	9.71
增值税	54.61	61.06	11.81	48.37	－20.78	54.82	13.33

2017—2020 年，民营控股上市公司缴纳税费合计呈波动下降趋势，2019 年受盈利及税收优惠享受情况的影响，增幅在 2019 年呈现大幅下降，由 2018 年同比增长 6.12% 降至 2019 年同比减少 12.51%，2020 年提高至 1.76%。2020 年民营控股上市公司纳税总额前三名分别是金螳螂、龙元建设和鸿路钢构；纳税总额分别达 13.98 亿元、8.81 亿元和 7.24 亿元；分别占比 14.28%、9.00% 和 7.39%。

4.3.2.2　税负分析

2017—2020 年，受盈利情况及税收优惠享受情况的影响，民营控股上市公司总体税负变动趋势与生产税税负、增值税负变动基本一致，呈现波动下降趋势（如图 4－65 所示）。

2017—2020 年，2019 年受盈利情况及税收优惠享受情况的影响，民营控股上市公司总体税负呈现下降趋势，2020 年略有上升。近 4 年民营控股上市公司总体税负分别为 4.77%、4.33%（同比减少 0.44 个百分点）、3.60%（同比减少 0.73 个百分点）和 3.86%（同比增加

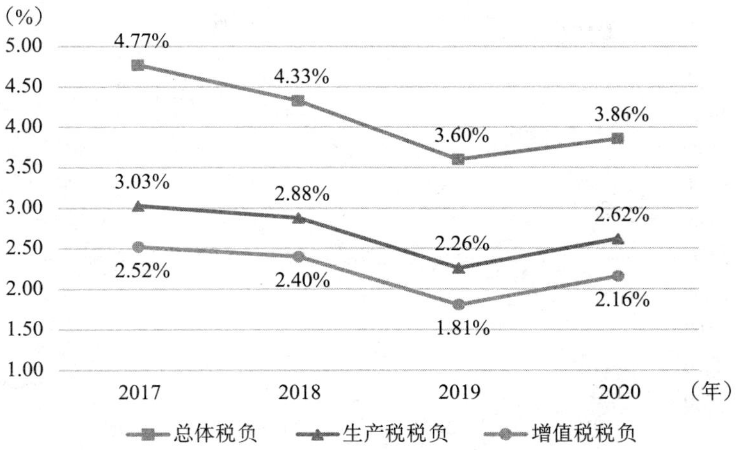

图 4-65　建筑业上市公司税负走势（民营控股）

0.26 个百分点）。

2017—2020 年，前三年受盈利情况及税收优惠享受情况的影响，民营控股上市公司生产税税负呈现下降趋势，2020 年略有上升。民营控股上市公司生产税税负分别为 3.03%、2.88%（同比减少 0.15 个百分点）、2.26%（同比减少 0.62 个百分点）和 2.62%（同比增加 0.36 个百分点）。

2017—2020 年，民营控股上市公司增值税税负与生产税税负呈相同趋势，各年增值税税负分别为 2.52%、2.40%（同比减少 0.12 个百分点）、1.81%（同比减少 0.59 个百分点）和 2.16%（同比增加 0.35 个百分点）。

2017—2020 年，受市场环境严峻、盈利状况等因素影响，民营控股上市公司企业所得税税负呈现逐年上升趋势（如图 4-66 所示）。

2019 年因宏观经济环境影响，部分民营控股上市公司的利润总额出现了较大幅度的负增长，例如：ST 围海、普邦股份、棕榈股份、铁汉生态、京蓝科技等，使得整个民营企业上市公司的利润总额较 2018 年降低了 38.14%，导致该分类下上市公司 2019 年企业所得税税负大

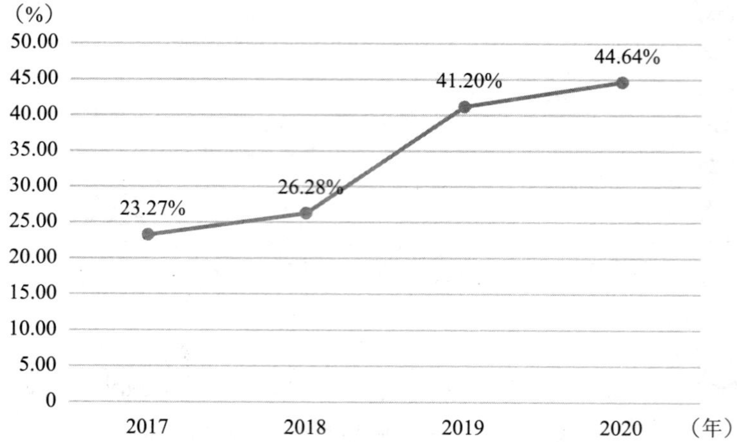

图 4－66　所得税税负走势（民营控股）

幅上涨。2020 年虽然受新冠肺炎疫情蔓延、市场环境严峻、多家企业出现利润亏损等因素影响，民营控股上市公司企业所得税税负依旧在 40% 以上。近 4 年民营控股上市公司企业所得税税负分别为 23.27%、26.28%（同比增加 3.01 个百分点）、41.20%（同比增加 14.92 个百分点）和 44.64%（同比增加 3.44 个百分点）。

4.3.2.3　税费净利比分析

2017—2020 年，民营控股上市公司税费净利比呈现持续上升趋势，主要受市场环境严峻、生产经营状况不良、新冠肺炎疫情冲击等因素影响，多数企业出现利润亏损，进而导致税费净利比大幅上升。近 4 年民营控股上市公司税费净利比分别为 79.19%、100.76%（同比增加 21.57 个百分点）、156.69%（同比增加 55.93 个百分点）、205.18%（同比增加 48.49 个百分点，如图 4－67 所示）。

4.3.3　小结

从纳税额看，国有控股上市公司贡献了近 96% 的行业税收，民营

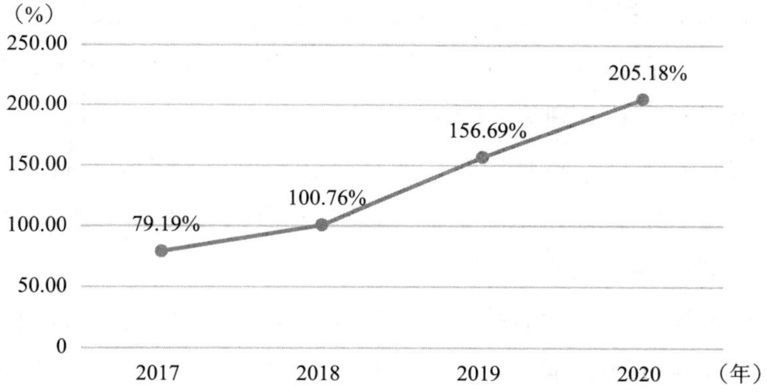

图 4－67　税费净利比走势（民营控股）

控股上市公司贡献了约 4% 的行业税收，前者贡献规模比重远高于后者。

2020 年，国有控股上市公司（52 家，不含中国能建）、民营控股上市公司（63 家）的纳税贡献分别为 2 212.02 亿元（占 95.76%，营业收入为 662 209.49 亿元，占 96.09%）和 97.90 亿元（占 4.24%，营业收入为 2 533.32 亿元，占 3.91%）。

近 4 年，受增值税改革、营业收入增长、减税降费等因素影响，国有控股上市公司缴纳的生产税均呈逐年下降走势；民营控股上市公司受宏观经济、增值税改革等因素影响，缴纳的生产税呈波动小幅上升走势，2019 年出现较大降幅，同比下降 17.28%，2020 年再度上升，同比增长 9.71%。

近 4 年，国有控股上市公司纳税总额同生产税呈现相同趋势，民营控股上市公司纳税总额呈波动下降趋势。

从税负水平看，整体上国有控股上市公司生产税税负与民营控股上市公司的税负差异不大。

2020 年，民营控股上市公司的总体税负、生产税税负、增值税税负均略高于国有控股上市公司，两类公司总体税负分别为 3.86% 和 3.56%，生产税税负分别为 2.62% 和 2.56%，增值税税负分别为

2.16% 和 1.93%，但由于受宏观经济环境影响利润下幅较大，民营控股上市公司的企业所得税税负则明显高于国有控股上市公司，两类公司企业所得税税负分别为 44.64% 和 24.18%。

从税负走势看，国有控股、民营控股上市公司的生产税税负及总体税负均呈下降或波动下降走势，随着增值税深化改革及税率降低，2020 年增值税税负较 2017 年有所降低。

2017—2020 年，国有控股、民营控股上市公司的总体税负，分别从 4.36% 和 4.77% 下降至 2020 年 3.56% 和 3.86%。国有控股上市公司的总体税负之后连续三年下降，而民营控股上市公司的总体税负从 2017 年的 4.77% 连续两年下降至 3.60% 后，在 2020 年上升到 3.86%（如图 4－68 所示）。

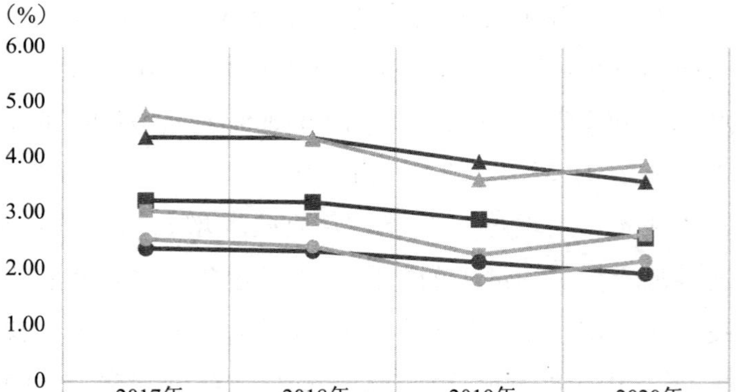

	2017年	2018年	2019年	2020年
国有生产税税负	3.22%	3.19%	2.88%	2.56%
民营生产税税负	3.03%	2.88%	2.26%	2.62%
国有总体税负	4.36%	4.35%	3.92%	3.56%
民营总体税负	4.77%	4.33%	3.60%	3.86%
国有增值税税负	2.36%	2.32%	2.13%	1.93%
民营增值税税负	2.52%	2.40%	1.81%	2.16%

图 4－68　建筑业上市公司税负走势对比（分控股类型）

2017—2020 年，国有控股、民营控股上市公司的生产税税负，分别从 3.22% 和 3.03% 下降至 2020 年的 2.56% 和 2.62%，国有控股上市公司的生产税税负之后连续三年下降，而民营控股上市公司从 2017 年的 3.03% 下降到 2019 年的 2.26% 后，在 2020 年上升到 2.62%（如图 4－68 所示）。

2017—2020 年，国有控股上市公司增值税税负均保持连续下降走势，民营控股上市公司增值税税负呈现波动下降趋势。2020 年增值税税负分别为 1.93% 和 2.16%（如图 4－68 所示）。

从税费净利比来看，2017—2018 年，国有控股上市公司的税费净利比均高于民营控股上市公司。2019 年受宏观经济形势影响，民营控股上市公司净利水平急剧下降，造成其 2019 年税费净利比远高于国有控股上市公司。2020 年受到新冠肺炎疫情蔓延、世界经济下行等因素影响，2020 年民营税费净利比持续高于国有控股上市公司。

2020 年，国有控股、民营控股上市公司的税费净利比分别为 110.57% 和 205.18%。民营控股上市公司税费净利比大幅上升，高出国有控股上市公司 94.61 个百分点。

第五部分

税收优惠分析

5.1　高新和西部大开发等低税率优惠

从总体上来说，建筑企业享受的企业所得税低税率优惠主要包括国家重点扶持的高新技术企业、西部大开发地区的适用 15% 低税率优惠，及新疆、西藏等部分地区性低税率优惠。

从享受主体上来看，2020 年建筑业上市公司报表合并范围内子公司已广泛享受高新技术及西部大开发优惠，其中基础设施建设企业数量最多。2020 年本报告统计范围内的 115 家建筑业上市公司（不含中国能建）中，共有 95 家上市公司合并报表范围内的 780 家法人企业享受高新技术企业低税率优惠，32 家上市公司合并报表范围内的 284 家法人企业享受西部大开发低税率优惠。其中，基础设施建设企业分别为256家和166家，房屋建筑业企业分别为140家和44家；石化冶金矿山工程企业分为141家和45家。

从享受企业所得税低税率优惠的节税额来看，2020年建筑业上市公司享受的低税率企业所得税优惠节税额显著增加。2017—2020年，除2018年出现了小幅下降外，其余年份均呈现上升走势，分别为91.05亿元、89.58亿元（同比减少1.61%）、93.41亿元（同比增加4.26%）和126.23亿元（同比增加35.14%，如图5-1所示）。

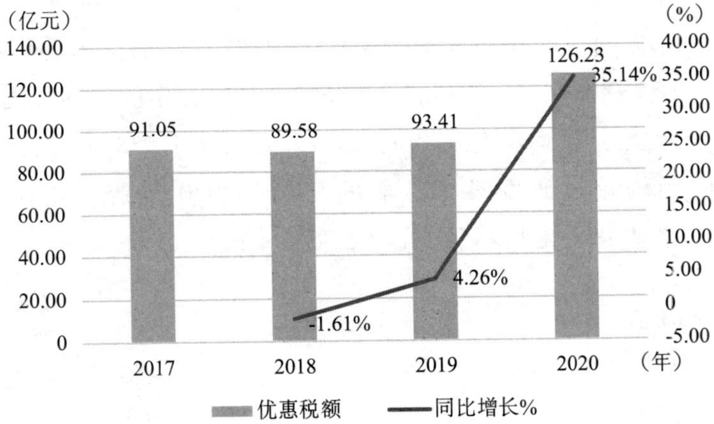

图5-1　2017—2020年建筑业上市公司享受高新和西部大开发等低税率优惠税额

注：上述优惠税额使用年报数据的合并利润表中的“利润总额”，审计报告附表的所得税费用中的“子公司税率不一致的影响税额”、“按法定/适用税率计算的所得税”等综合分析推算。此外，由于除高新技术企业及西部大开发企业低税率优惠外，其他低税率优惠相对较小，测算时未予考虑。

5.2 研发费加计扣除优惠

5.2.1 研发投入及加计扣除对税额影响情况

近 4 年，建筑业上市公司的研发投入总额呈明显的逐年上升趋势，尤其是 2020 年增长显著，费用化支出占比仍超 99%。2017—2019 年，研发投入总额分别为 789.91 亿元、932.31 亿元（同比增加 18.03%）和 1 133.48 亿元（同比增加 21.58%），2020 年增加至 1 541.47 亿元（同比增加 35.99%），年均增长 24.96%；其中各年的费用化支出分别为 787.16 亿元、928.07 亿元、1 129.19 亿元和 1 538.92 亿元，各年费用化比例均超过研发投入总额的 99%，2020 年费用化比例高达 99.83%，资本化支出均不足 1%（如图 5 - 2 所示）。

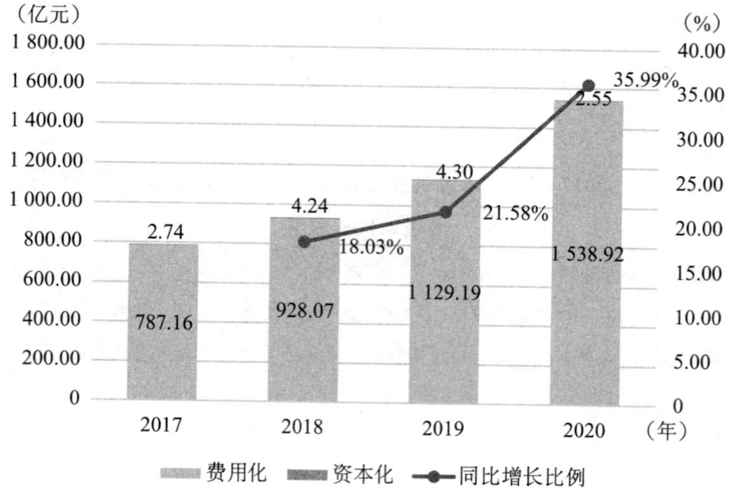

图 5 - 2 2017—2020 年建筑业上市公司研发投入额

2017—2020 年，建筑业上市公司的研发费占营业收入的比重同样呈持续上升走势，分别为 1.79%、1.89%、1.96% 和 2.38%。

2017—2020 年，建筑业上市公司因研发费加计扣除享受的企业所得税优惠税额呈逐年上升趋势，但增速逐渐减缓。各年享受的优惠税额分别为 22. 59 亿元、40. 83 亿元（同比增加 80. 74%）、55. 45 亿元（同比增加 35. 81%）和 65. 13 亿元（同比增加 17. 46%，如图 5 – 3 所示）；2017—2019 年，建筑业上市公司享受的企业所得税优惠税额增幅远大于研发投入的增幅，而 2020 年企业所得税优惠税额增幅低于研发投入的增幅。其中，中国建筑 2020 年研发投入同比增长 69. 99%，但研发费加计扣除享受的优惠税额同比下降 8. 90%，中国铁建 2020 年研发投入同比增长 12. 57%，但研发费加计扣除享受的优惠税额仅增长 1. 93%；而中国中铁的研发加计扣除优惠税额增幅大于研发投入增幅，同比增长比例分别为 32. 40% 和 58. 10%。

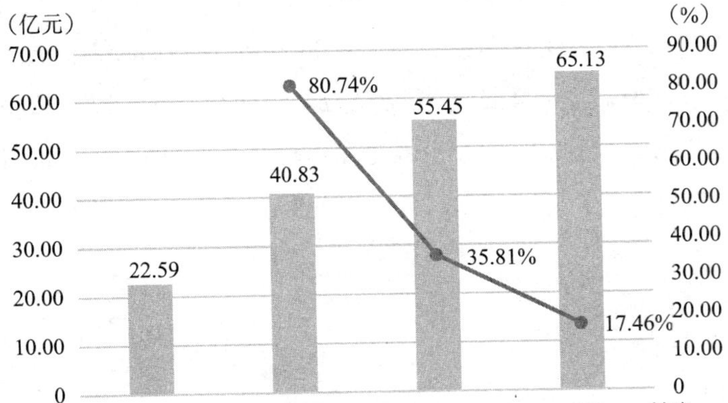

图 5 – 3　2017—2020 年建筑业上市公司研发费加计扣除额

5. 2. 2　研发费加计扣除率的分析

鉴于无法从上市公司公开资料中获得建筑业上市公司可申报享受研发费加计扣除的研发费用金额，本书测算了在建筑业上市公司对近 4 年研发中投入（基于资本化支出占比较小，且这部分加计扣除影响也会受前期已经完成资本化资产摊销的影响，这里不对资本化支出单独考虑）全额进行加计扣除时，可享受的企业所得税优惠税额。测算时分别按照全部上市公司及其子公司均适用 25% 的企业所得税税率和全部上市公司及其子公司均适用 15% 的企业所得税税率时可享受的优惠税额，进一步计算出建筑业上市公司研究开发费用加计扣除的实际加计扣除比例是否充分。

经测算，2017—2020 年，建筑业上市公司可享受和实际享受的研发费用加计扣除优惠税额逐年增加，但可享受优惠税额中仍有超过一半未被实际享受。在按建筑业上市公司及其子公司全部适用 15% 税率测算的情况下，因研发费加计扣除优惠，上市公司 2017—2020 年可享受的企业所得税优惠税额分别为 59. 24 亿元（已享受部分占比 38. 14%，未享受优惠税额为 36. 65 亿元）、104. 89 亿元（已享受部分占比 38. 92%，未享受优惠税额为 64. 06 亿元）、127. 52 亿元（已享受部分占比 43. 48%，未享受优惠税额为 72. 07 亿元）、173. 42 亿元（已享受部分占比 37. 56%，未享受优惠税额为 108. 29 亿元，如图 5 - 4 所示）。

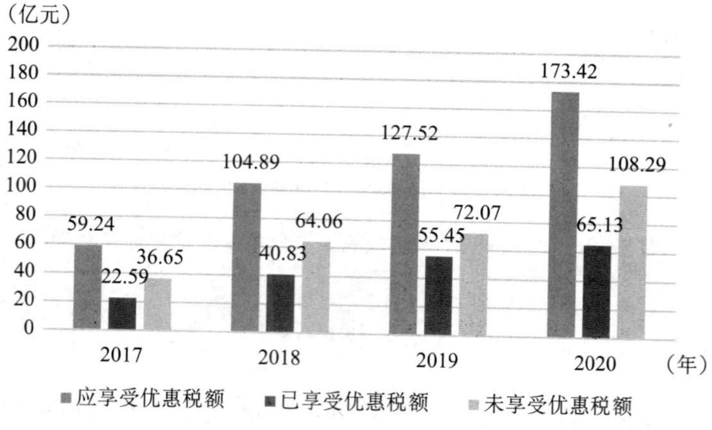

图 5 - 4　2017—2020 年建筑业上市公司享受研发费加计扣除对税费影响

（情形一：按 15% 测算）

在按建筑业上市公司及其子公司全部适用25%税率测算的情况下，因研发费加计扣除优惠，上市公司2017—2020年可享受的企业所得税优惠税额分别为98.74亿元（已享受部分占比22.88%，未享受优惠税额为76.15亿元）、174.81亿元（已享受部分占比23.35%，未享受优惠税额为133.98亿元）、212.53亿元（已享受部分占比26.09%，未享受优惠税额为157.08亿元）、289.03亿元（已享受部分占比22.53%，未享受优惠税额为223.90亿元，如图5-5所示）。

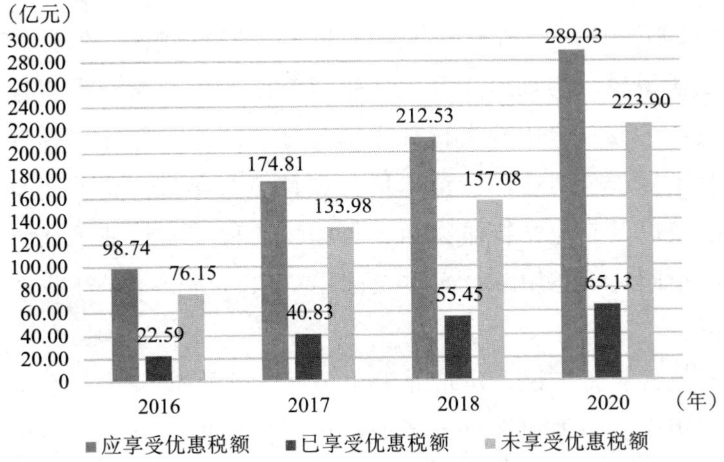

图5-5 2017—2020年建筑业上市公司享受研发费加计扣除对税费影响

（情形二：按25%测算）

同时，2017—2019年建筑业上市公司研发费用加计扣除优惠的实际享受优惠比例也呈上升趋势，但受研发投入增长较快影响，2020年出现下降，整体实际享受比例约在22.53%—43.48%。2017—2020年分别在22.88%—38.14%、23.35%—38.92%、26.09%—43.48%、22.53%—37.56%区间内。

5.3　其他涉税优惠政策

除上述企业所得税低税率及研发费加计扣除优惠外，建筑业上市公司及其子公司享受的企业所得税收优惠还包括：小型微利企业普惠性所得税减免、从事符合条件的环境保护、节能节水项目企业所得税“三免三减半”优惠、国家重点扶持的公共基础设施项“三免三减半”征收企业所得税、购置用于环境保护、节能节水、安全生产等专用设备的投资额，按一定比例实行税额抵免等。此外，部分园林生态工程企业及其下属子公司还享受苗木培育和种植所得免征企业所得税，从事花卉、茶以及其他饮料作物和香料作物的种植所得减半征收企业所得税；种植园林生态用草、文体设施用草项目所得减半征收企业所得税等优惠。

从增值税优惠来说，建筑业上市公司涉及得较少，主要是从事资源综合利用产品销售和提供劳务增值税即征即退优惠，作为生产、生活性服务业纳税人享受增值税加计抵减政策，以及园林生态工程企业涉及销售自产农产品、种植销售林业产品免征增值税等。

第六部分

社保费情况分析

6.1 社保费缴纳总额分析

2018 年 3 月中共中央印发《深化党和国家机构改革方案》明确指出，为提高社会保险资金征管效率，从 2019 年 1 月 1 日起，基本养老保险费、基本医疗保险费、失业保险费等各项社会保险费由税务部门统一征收。2019 年 4 月 1 日，国务院办公厅印发《降低社会保险费率综合方案》（国办发〔2019〕13 号），对降低社会保险费率，完善社会保险制度做出具体安排，要求稳步推进社保费征收体制改革；企业职工基本养老保险和企业职工其他险种缴费，原则上暂按现行征收体制继续征收，稳定缴费方式，“成熟一省、移交一省”；机关事业单位社保费和城乡居民社保费征管职责如期划转。

在 2019 年之前，全国已有 22 个省、直辖市和计划单列市的社会保险实行税务机关征收模式，其中内蒙古、江苏、安徽、湖北、湖南、海南、云南等 17 个省市为税务机关代收模式，即社保的申报和核定由社保部门负责，税务部门仅负责征收、划解和检查环节，仅浙江、广东、厦门等 5 个省市由税务机关全责征收。2020 年 10 月，为响应国家社会保险费征收体制改革部署，北京、上海、深圳、山东等其余 15 个省市相继发布文件，自 2020 年 11 月起企业社会保险均由税务机关负责征收。至此，全国基本完成社保费征收职责向税务机关的移交工作。

2020 年度，建筑业上市公司缴纳的由单位负担部分的社保费用共计 380.96 亿元，占实际支付工资薪金总额的 12.42%，其中：养老保险 202.73 亿元（53.22%），医疗保险 152.67 亿元（40.08%），工伤保险 9.51 亿元（2.50%），失业保险 8.58 亿元（2.25%），生育保险 7.47 亿元（1.96%）。

近 4 年，2017—2020 年建筑业上市公司由单位负担的社保总额呈先升后降趋势，各年单位缴纳的社保总额分别为 417.71 亿元、458.29 亿元（同比增长 9.71%）、490.85 亿元（同比增长 7.10%）、380.96 亿元（同比下降 22.39%）（如图 6－1 所示）。其中，2017—2019 年逐年稳健上升，而 2020 年受疫情影响，人力资源和社会保障部、财政部、国家税务总局出台阶段性减免企业社会保险费相关政策，自 2020 年 2 月起对中小微企业三项社会保险单位缴费部分免征、其他参保单位减半征收等，对企业负担的社会保险费减免力度较大，使得企业负担的社会保险费总额显著降低。中国建筑、中国中铁和中国铁建 2020 年缴纳的社保同比下降比例分别为 23.05%、21.29% 和 15.16%。

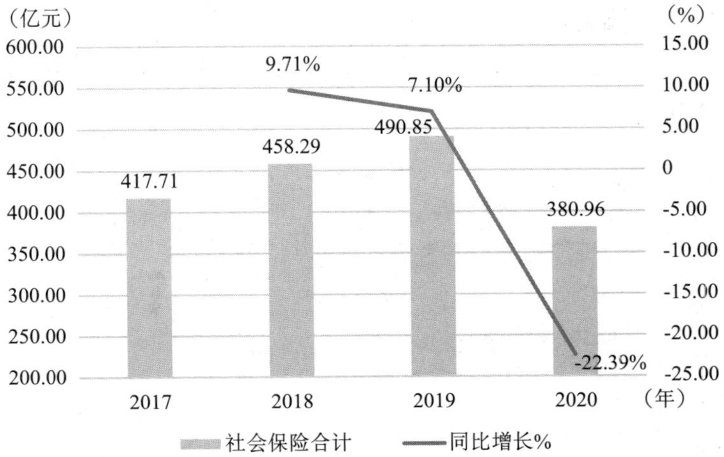

图 6－1　2017—2020 年建筑业上市公司社会保险单位承担部分总额

6.2　社保费占工资总额比重分析

近 4 年，建筑业上市公司社会保险单位承担部分占工资的比例呈逐年降低趋势，尤其 2020 年下降幅度较大。按上市公司年报数据估计，各年占比分别为 19.13%、18.39%、17.42% 和 12.42%。以北京市为例[①]，2017—2020 年各项社会保险费单位缴费比例为 31.9%、31.9%、28.9% 和 28.64%。各年建筑业上市公司由单位承担部分社保占工资比例远小于法定社保缴费比例，差距均在 10% 以上（如图 6－2 所示）。虽然职工各项社会保险费的缴纳基数与职工实际工资不一定完全一致，以法定缴费比例作为建筑业上市公司应承担的社保占工资

① 数据来源自北京市人民政府网站：http：//www.beijing.gov.cn/zhengce/zhengcefagui/201905/t20190522_59232.html，http：//www.beijing.gov.cn/zhengce/zhengcefagui/201905/t20190522_61948.html，http：//www.beijing.gov.cn/zhengce/zhengcefagui/202006/t20200609_1920164.html。

比例的标准可能不完全准确，但也从一定程度上反映出目前建筑业上市公司及其下属公司整体存在社保缴费比例偏低，可能未足额缴纳员工社保的问题。

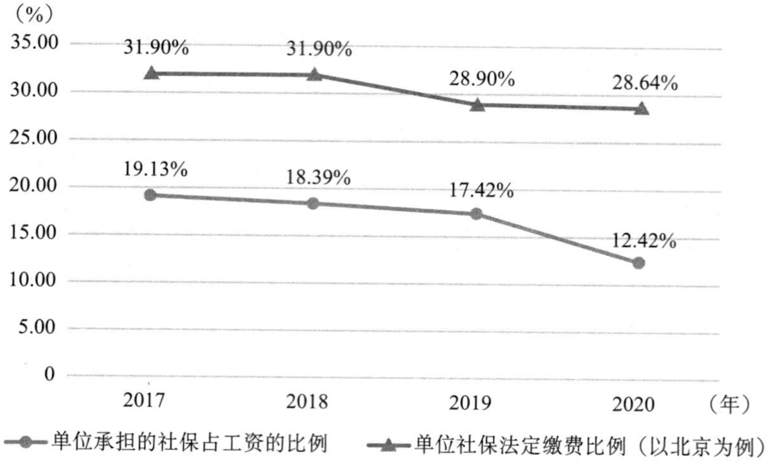

图6-2　2017—2020年建筑业上市公司社会保险单位承担部分占工资的比例

在社保征收职能移交税务机关的举措下，虽然目前各地仍然采用的是一个平稳的过渡方式，税务机关普遍仅承担代征职能，短期内对企业影响不大。但未来随着税务机关全面接收社保征收工作，税务机关和人社部门在信息共享方面加强合作，严格的征收机制可能会使建筑业上市公司社保缴费的实际支出水平升高，增加企业的人工成本负担。

第七部分

总结与建议

7.1 研究总结

近年来，我国建筑业上市公司持续稳步发展，增长速度有所放缓，盈利状况基本保持稳定，去杠杆力度加大，资产保值增值状况较好，研发投入持续增长。总体上看，营改增后受增值税进一步深化改革以及增值税税率下调、减税降费等因素影响，总体税负呈连续下降的走势，减轻了建筑业的税收负担。

7.1.1 财务分类情况总结

7.1.1.1 分明细行业分析

从营业收入和资产增长情况看，2017—2020年，除了国际工程、园林生态工程、建筑装饰行业外，其他各明细行业的营业收入都实现了持续增长；国际工程行业受全球新冠肺炎疫情蔓延、世界经济衰退、国际形势严峻等多重压力因素影响，营业收入呈先升后降趋势；园林生态工程行业受全球经济下行、市场融资趋紧、新冠肺炎疫情蔓延、工程项目开工复工受限制等因素影响，营业收入呈波动下降的走势；建筑装饰行业受新冠肺炎疫情冲击、下游房地产业不利因素增加等影响，先升后降。除园林生态外，所有明细行业的资产总额、净资产均实现了持续增长，营业收入的增长对资产的保值增值发挥了重要作用。

从净利润变化情况看，2017—2020年，基础设施建设、房屋建筑、石化冶金矿山工程、钢结构行业受国家宏观政策、整体投资、布局等因素影响，立足国内国际双循环，实现了净利润的持续增长；建筑装饰业、国际工程、园林生态工程行业受新冠肺炎疫情的冲击、经济下行、融资收紧等因素的影响，呈先升后降或持续下降的走势。

从毛利率和净利率变化情况看，2017—2020年，基础设施毛利率和净利率变化都较为平稳，分别保持在11%和3%以上；房屋建筑和建筑装饰行业毛利率都呈现先升后降趋势，房屋建筑行业净利率变化较为平稳，约在4%上下浮动，建筑装饰行业净利率呈现连续下降趋势；国际工程和园林生态行业毛利率和净利率都呈现下降趋势；石化冶金矿山和钢结构行业毛利率都呈现下降趋势，净利率都呈现先降后升趋势。

从净资产收益率变化情况看，2017—2020年，除了石化冶金和钢结构行业以外各明细行业的净资产收益率呈现波动下降态势。受国内外复杂的经济形势影响，融资成本提高、计提减值准备、高负债经营等因素影响较大，净资产收益率、扣除非经常损益后的净资产收益率均呈波动下滑或持平态势，园林生态、因受疫情蔓延、市场环境严峻等因素，造成净资产收益率显著下滑；基础设施建设、建筑装饰、国际工程行业净资产收益率呈现波动下降趋势；房屋建筑业净资产收益率较平稳，维持在14%左右水平波动；石化冶金、钢结构行业呈现上升趋势。

从资产负债率变化情况看，近4年基础设施建设、房屋建筑、国际工程行业资产负债率持续下降或波动下降，2020年与2017年相比分别下降了3.63、3.36和3.35个百分点，去杠杆持续发力，深化供给侧结构性改革取得成效。2018年开始，石化冶金、建筑装饰、园林生态行业负债水平有所回升，2020年负债率上升为73.65%、65.69%和67.09%。钢结构行业在前三年逐年上升，2020年小幅回落了0.63个百分点。

7.1.1.2　分营业收入规模区间分析

从财务情况看，营业收入分档规模较大企业的财务状况比较稳定，抗风险能力更强，营业收入增速更加稳定，净资产收益水平更高，分档规模较小企业的营业收入增长困难，抗风险能力弱，净资产收益水平更低。

7.1.1.3　分控股类型分析

国有控股上市公司的财务状况比较稳定，营业收入增速比民营控股上市公司稍高且更加稳定，宏观环境变化对国有控股上市公司利润的影响较小，民营控股上市公司利润受宏观环境影响程度较大。国有控股上市公司的杠杆利用程度和净资产收益率均显著高于民营控股上市公司。

7.1.2　纳税分类情况总结

7.1.2.1　分明细行业分析

从纳税额看，基础设施建设、房屋建筑、石化冶金矿山行业纳税贡献较大，合计贡献超过 90%。

从税负水平看，2020 年房屋建筑业主要受土地增值税等因素影响，园林生态工程行业主要受龙头企业纳税增加等因素影响，总体税负较高，超过 4%；基础设施建设、建筑装饰和钢结构行业税负为 3%—4%，处于中间水平，其中钢结构行业税负较上年显著提高；石化冶金、国际工程行业税负较低，在 3% 以下，其中国际工程行业税负较上年明显降低。

从税负走势看，2017—2020 年区间内，基础设施建设总体税负呈现出先升后降趋势；建筑装饰、园林生态工程、钢结构行业呈先降后升趋势，房屋建筑、石化冶金、国际工程行业整体呈下降趋势。除园林生态行业外，其他行业均在增值税改革、大规模减税降费措施下实现生产税税负、总体税负的下降。

从税费净利比来看，2017—2020 年，房屋建筑、基础设施建设、石化冶金、园林生态行业上市公司的税费净利比呈下降走势，钢结构行业呈先降后升走势，国际工程行业在波动中略有上升，建筑装饰行业呈上升走势，石化冶金、基础设施、房屋建筑、建筑装饰行业上市公司的税费净利比相对较高，4 年平均值都在 102% 以上，国际工程、钢结构行业的税费净利率相对较低，4 年平均值在 80% 以下，由于园林生态行业上市公司近 2 年受到宏观政策等因素的影响，税费净利比出现了较大幅度的波动。

7.1.2.2　分营业收入规模区间分析

从纳税额看，营业收入分档规模在 1 000 亿元以上的 10 家较大企业（不含中国能建）贡献了约 85% 的行业税收，纳税总额的行业集中度较高。

从税负水平看，营业收入分档规模最小的企业类型总体税负水平较高，营业收入为 100 亿—1 000 亿元的企业的总体税负和生产税负均较低，总体上各营业收入规模分档上市公司税负差异不大。

从税负走势看，除 100 亿—1 000 亿元区间上市公司总体税负、生产税税负、增值税负 2020 年出现小幅回升外，各营业收入规模分档上市公司整体均呈现下降走势。

从税费净利比来看，2017—2020 年，营业收入规模分档上市公司税费净利比都呈现下降趋势。营业收入分档规模最小的企业类型，税费净利比在 2018 年之前较高，2019 年开始与营业收入分档规模最大的企业趋同。

7.1.2.3　分控股类型分析

从纳税额看，国有控股上市公司贡献了近 96% 的行业税收，民营控股上市公司贡献了约 4% 的行业税收，前者贡献规模比重远高于后者。

从税负水平看，整体上国有控股上市公司生产税税负与民营控股上市公司的生产税税负相差幅度不大。

从税负走势看，国有控股、民营控股上市公司的生产税税负及总体税负均呈下降或波动下降走势，随着增值税深化改革及税率降低，2020 年增值税税负较 2017 年有所降低。

从税费净利比来看，2017—2018 年，国有控股上市公司的税费净利比均高于民营控股上市公司。2019 年受宏观经济形势影响民营控股上市公司净利水平急剧下降，造成其 2019 年税费净利比远高于国有控股上市公司。2020 年受到新冠肺炎疫情影响、世界经济下行等因素影响，2020 年民营税费净利比持续高于国有控股上市公司。

7.1.3 税收优惠情况总结

建筑业上市公司主要享受的税收优惠项目包括高新技术企业低税率优惠、西部大开发低税率优惠和研发费加计扣除优惠等。

从享受的主体上来看，2020 年建筑业上市公司报表合并范围内子公司已广泛享受高新技术及西部大开发优惠，其中基础设施建设企业数量最多。从享受企业所得税低税率优惠的节税额来看，2020 年建筑业上市公司享受的低税率企业所得税优惠节税额显著增加。2017—2020 年，建筑业上市公司享受的低税率优惠企业所得税额在 2018 年出现了小幅下降，其余年份均呈现上升走势。

近 4 年，建筑业上市公司的研发投入总额呈明显的逐年上升趋势，尤其是 2020 年增长显著，同比增长比例达 35.99%，费用化支出占比仍超 99%。建筑业上市公司因研发费加计扣除享受的企业所得税优惠税额也呈逐年上升趋势，但增速逐渐减缓，各年增速分别为 80.74%、35.81% 和 17.46%。经测算，2017—2020 年，建筑业上市公司可享受和实际享受的研发费用加计扣除优惠税额逐年增加，但可享受优惠税额中仍有超过一半未被实际享受。同时，2017—2019 年建筑业上市公司研发费用加计扣除优惠的实际享受优惠比例也呈上升趋势，但受研发投入增长较快影响，2020 年出现下降，2020 年整体实际享受比例为 22.53%—43.48%。

7.1.4 社保费情况总结

近 4 年中，2017—2019 年建筑业上市公司由单位负担的社保总额呈逐年稳健上升趋势。2020 年因新冠肺炎疫情影响，人力资源和社会保障部、财政部、国家税务总局出台减免企业社保政策，对企业单位负担部分的社保减免力度较大，社保总额显著降低。2020 年度，建筑业上市公司缴纳的由单位负担部分的社保费用共计 380.96 亿元，占实际支付工资薪金总额的 12. 42%。

近 4 年，建筑业上市公司社会保险单位承担部分占工资的比例呈逐年降低趋势，尤其 2020 年下降幅度较大。各年占比分别为 19. 13%、18. 39%、17. 42% 和 12. 42%。各年建筑业上市公司由单位承担部分社保占工资比例远小于法定社保缴费比例，差距均在 10% 以上。

7.2　加强建筑业税收管理的建议

7.2.1　建设一流税务管理体系

习近平总书记在党的十九大报告中明确，要深化国有企业改革，发展混合所有制经济，培育具有全球竞争力的世界一流企业。《国企改革三年行动方案（2020—2022）》提出，夯实中国特色现代企业制度基础，大力推进国有企业管理体系和管理能力现代化，提高制度执行力，开展对标世界一流企业管理提升行动。税务管理作为现代企业管理体系的重要组成部分，在保障战略实施、促进运营优化、提升价值创造、助推科技创新、降低合规风险等方面发挥着重要作用。

建设一流税务管理体系应作为公司重要战略之一，企业可从以下几方面考虑搭建适合自身的税务管理体系：公司战略治理方面，应制定企业税费管理战略，确定公司重大税收决策内容和流程，明确重大税收风险的防控要求，建立重大税收事项的报告制度；组织架构方面，应结合企业自身情况，搭建对应的税务组织架构；业务运营方面，配合公司税费管理战略，制定企业全业务、全流程、全税种配套的税务管理手册，通过建立健全合规的税务管理制度，加强对重点领域、重点环节和重点人员的管理，推进税务管理全面覆盖、有效运行，使税务管理工作更好地切合企业运营、生产经营；风险控制方面，需要结合企业风险管理及内控，建立税费风险管控体系，包括风险定义、识别和排序、风险应对控制策略与措施、风险结果跟踪评价等闭环管理，并将风险事前事中防范与事后控制有效结合；信息化建设方面，随着大数据、云计算、人工智能、移动互联网等现代信息技术催生企业业务、财务转型的同时，企业税务管理体系也必需适应数字科技，与业、财一并进行数字化转型；税务人才建设方面，高效的税务管理离不开人才的支撑，企业在建设一流税务管理体系的同时，必须高度重视税务人才的培养建设，全面构建人才发展通道，为企业提供持续的税务人力资源。

7.2.2 建立健全企业税务风险管控体系

随着“金税”三期工程的不断升级和金税四期工程的未来上线，税务机关正在逐步实现税收大数据管理和对纳税人税务风险的全面监控。2021 年 3 月，中共中央办公厅、国务院办公厅发布《关于进一步深化税收征管改革的意见》，提出到 2023 年建成“无风险不打扰、有违法要追究、全过程强智控”的税务执法新体系，建立健全以“信用 + 风险”为基础的新型监管机制的目标。可见，以税务风险管控为抓手开展征管工作是税收征管的必然趋势。

在这一征管改革背景下，建筑业企业应进一步强化风险防控意识，加强税务风险管理，建立健全税务风险管控体系，包括建立税务风险的定义、识别和排序机制，制定风险应对控制策略与措施、完善风险结果的跟踪评价与监督，将风险事前、事中防范与事后控制有效结合。建筑企业应充分发挥税务数字化系统的作用，结合税务机关风控指标和行业特征搭建全面的税务数据库，实现高效的风险识别、评估；应重视治理层在税务风险管控中的角色，将防范和控制税务风险作为企业经营的重要内容，重大税务风险管控建议由董事会负责督导并参与决策。加强税务风险管理对应的内控体系建设，抓好各类税务风险的监测预警、识别评估和研判处置，坚决守住不发生重大风险的底线，构建全面、全员、全过程、全体系的风险防控机制。

7.2.3　积极开展企业智慧税务建设

人工智能大数据时代已来临，科技赋能成为时代主题，企业也面临着数字化时代的业务转型、财务转型以及管理转型。在税务监管方面，税务机关已经跑在数字化科技赋能的前列，国家“十四五”规划中已明确提出建设智慧税务，推动税收征管现代化；根据2021年3月中办、国办印发的《关于进一步深化税收征管改革的意见》，2023年税收征管将实现从“以票管税”向“以数治税”分类精准监管转变，到2025年基本建成功能强大的智慧税务。

从税务的角度如何跟上时代，如何应对未来监管的格局，是每个建筑企业均需要去考虑应对的事情，而智慧税务建设就是必要的途径。集团智慧税务建设可从基础应用和分析决策两个层面，将税务管理架构、管理流程及税务管理要点全部实现信息化。基础应用重点涉及税基计算、税款计算、自动纳税申报、发票管理等；分析决策主要涉及不同维度的税负对比、差异分析、风险点控制、规划点挖掘、重大事项报告与决策辅助等。建筑企业应积极试点税企直连，利用专票电子化和财政票据电子化契机，推进发票池建设，优化供应链管理；完善计税规则，逐步实现全税种自动申报纳税；探索大数据、人工智能、移动互联网、云计算等现代信息技术在税务领域的应用。

7.2.4　强化建筑业税收政策研究

一是研究如何规范地适用建筑业特殊性税收政策。建筑业生产经营存在明显的行业特点，如采用综合承包、施工总承包、专业化承包、劳务分包等多种组织结构形式，跨地区提供建筑服务，实施项目化管理，从业人员流动性大等。为了支持建筑业发展，财政部和国家税务总局已经制定了多项建筑业适用的特殊性税收政策，如建筑业营改增税收政策、跨地区经营企业所得税预分政策等。建筑企业应结合本企业业务开展情况和经营特点，按照税收政策的要求，规范财税处理，准确计算、申报和缴纳各类税收，在现有税法框架下合法合理地降低企业税负。特别是在未来新的税制结构下，增值税立法将会进一步优化增值税制度，建筑业对应的增值税税率、征管方式等都可能有所变化；而随着房地产税立法、地方税体系逐步健全以及地方税政管理权相应扩大等政策的推行，建筑企业需要适当开展前瞻性财税政策研究。

二是研究改革创新带来的政策确定性和立法需求。我国力争 2030 年前实现碳达峰、2060 年前实现碳中和，而节能低碳是实现碳达峰碳中和目标的关键支撑，大力推动重点领域节能降碳，是我国“十四五”期间重点工作之一。碳达峰及碳中和倡议以及一直备受热议的“碳税”将为中国建筑工程行业带来新的挑战和契机。此外，“十四五”期间国家将进一步拓展投资空间，规范有序推进政府和社会资本合作（PPP），推动基础设施领域不动产投资信托基金（REITs）健康发展，有效盘活存量资产，形成存量资产和新增投资的良性循环。2021 年 6 月首批基础设施公募 REITs 挂牌上市，基础设施公募 REITs 的推出，为基础设施项目投资建设拓宽资金来源提供了更多思路，但也面临该领域税收政策缺失的问题。建筑企业要及时研究创新变化带来的税收政策的确定性问题，避免在税收处理没有研究透彻的情况下因重大交易事项产生额外的税收负担。深入研究建筑业发展产生的税收政策需求，积极向税法立法机关和国务院财税主管部门提出政策建议，降低企业乃至行业未来的税负，推动建筑业高质量发展。

三是研究国际税收和外国税制支持建筑业“走出去”。为了积极落实“一带一路”倡议，大力开展国际化发展，中国建筑、中国电建、中国交建、中国中铁、中国铁建等建筑行业公司不断发展境外项目的承接与建设，一大批关系国计民生的“一带一路”建设项目已取得重大进展。我国在《国民经济和社会发展第十四个五年规划和2035年远景目标纲要》中提出，加快构建以国内大循环为主体、国内国际双循环相互促进的新发展格局。

2020年，受新冠肺炎疫情冲击和地缘政治因素的影响，我国对外承包工程业务完成营业额10 756.1亿元人民币，同比下降9.8%（折合为1 559.4亿美元，同比下降9.8%），新签合同额17 626.1亿元人民币，同比下降1.8%（折合为2 555.4亿美元，同比下降1.8%）①。建筑企业开展境外项目需兼顾东道国税收遵从和国际税收筹划，深入研究国际税收规则和外国税制，对企业境外投资和业务开展要按照所在国家和地区税法做好税收合规工作。用好双边和多边征管制度工具，基于全球税务视角搭建整体税务效益最优的海外投资和交易架构。充分借助专业机构，积极与当地政府沟通，通过争取税收优惠、申请税收事先裁定等方式降低税务风险，积极维护建筑企业在境外的合法税收利益，保持合理的税收负担。

7.2.5　定期开展税负合理性评价

建筑企业税负变化影响因素是多方面的，通过税负分析，可以区分总体税负和税种税负变动中的经营性因素、政策性因素、遵从性因素、征管性因素的具体内容和影响，从而进一步识别出政策利用、改进遵从、优化管理等各方面的机会，将企业税负保持在合理水平，体现企业税收管理的巨大价值。

对于税负的合理评估，建筑企业可考虑从不同层级、角度进行对比分析，以做出正确的评价结果。建筑企业可对标本集团内同区域、同层级、同业务的兄弟单位；还可对标自身不同时期的税负情况，或

---

① 商务部对外投资和经济合作司. 2020年我国对外承包工程业务简明统计［EB/OL］.（2021-01-22）［2021-09-18］. http://hzs.mofcom.gov.cn/article/date/202101/20210103033290.shtml。

开展类似项目的横向对标评估等等。由于税负分析的复杂性，建议企业集中内部专业力量立项开发，或委托第三方专业机构开发，形成符合本企业特点的税负分析工具、模型或者系统，实施融合业务分析、会计处理、会计报表、财务报告、申报表、实缴税款多项目为一体的税负分析综合方案，定期开展税负合理性评价。

根据税负合理性评价结果，做好业税结合的增值应用，规范企业未来税务管理工作。在财税管理领域，找出并完善存在的遵从薄弱环节和风险点；在经营管理领域，从组织架构、业务模式、市场、经营开发、设备管理、物资管理、分包管理、结算管理、合同管理、资金管理、投资管理等方面，提出管理改进建议。

7.2.6 积极充分享受税收优惠

在 2020 年联合国大会上，中国承诺力争在 2030 年前实现碳达峰，2060 年前实现碳中和。建筑业面临的转型发展任务十分艰巨。为推动建筑业转型升级和绿色发展，2021 年住房和城乡建设部办公厅发布《绿色建造技术导则（试行）》。这意味着建筑业必须加大技术创新、增加研发投入，采用有利于节约资源、保护环境、减少排放、提高效率、保障品质的建造方式，实现绿色建造建筑业转型升级目标。为了助力企业可持续发展、激励企业加大研发投入，国家也将实施更大力度的研发费用加计扣除、高新技术企业税收优惠等普惠性政策，扩大环境保护、节能节水等企业所得税优惠目录范围等措施；同时配套出台相关的优化政策实施的举措，如税务总局 2021 年发布的《关于进一步落实研发费用加计扣除政策有关问题的公告》。

因此充分运用税收优惠政策，特别是技术创新类税收优惠，积极享受税收优惠红利，必然将降低建筑企业的税负，为企业带来较好的经济效益。建筑企业税务管理人员，要进一步突破传统思维的局限，吸收同行业企业享受税收优惠的经验，向第三方专业机构咨询行业优惠实施和申请的成功案例，要加强与技术、工程等相关部门的交流沟通，充分挖掘和体现本企业技术对建筑服务和产品的价值作用，有效推动企业加强研发，推动技术成果应用于生产经营，积极争取享受高新技术企业低税率优惠和研发费加计扣除优惠。在研发的各个环节，全面加强研发费税收合规性管理。具体管理要点包括但不限于：科研工作分工、科研项目立项管理，实施阶段人工成本、材料费用、固定资产、无形资产的归集管理，完成阶段测试费用支出、科研成果的管理，财务会计核算与科目设置、税务辅助账填写与申报，各部门资料流转审核规范体系建设，标准化资料表单设计规范等，并应形成各部门职责划分清单、研发费管理流程图及关键节点留存资料标准化文档。通过在立项、实施、结题、核算、优惠享受等所有环节规范管理，最大程度地提高建筑企业享受税收优惠的确定性。

7.2.7　实施全流程税务优化战略

从对已发生交易或事项的财税处理入手，一步步分析到企业申报纳税结果，是税负分析比较清晰和常见的路径。如果进一步提升税务管理视角，对现有交易或事项构成要素、处理节点、职责划分、授权审批、结果记录、报告披露等进行全流程的合理性分析，进而寻找组织架构调整、交易结构优化、政策设计争取、关联交易与转让定价、重大投融资安排等方面的优化机会，则可以制定优化流程的税收方案，在控制风险的同时，主动地、有效地、实质性地降低税负，从基础层面提升税收价值空间。兼具企业经营管理和税收治理的视角，对企业从事的各类业务实施全流程的税收优化战略，是大企业高层税务管理人员面临的重大课题和任务，对管理人员的理念视域、专业水平、综合能力和决策能力有着较高的要求和挑战。

建筑企业在人力资源条件具备的情况下，可以组建高级税务管理团队，在暂时不具备条件的情况下，可以寻找管理理念先进、兼具专业能力和综合能力、已经积累战略实施经验的专业机构，由其选派专家与本企业关键税务管理人员组成团队，编制本企业集团的税收优化规划指导手册，有效实施全流程税收优化战略。

7.3 建筑业税收展望

2021 年是国家“十四五”的开局之年，《国民经济和社会发展第十四个五年规划和 2035 年远景目标纲要》（以下简称“十四五”规划纲要）中提到“完善现代税收制度，健全地方税、直接税体系，优化税制结构，适当提高直接税比重，深化税收征管制度改革”，可见“十四五”期间，财税体制仍然会在国家治理中发挥基础且重要的支柱作用，并且服务于国家的整体战略。2021 年 3 月中办、国办印发的《关于进一步深化税收征管改革的意见》提出，到 2023 年实现从“以票管税”向“以数治税”分类精准监管转变，到 2025 年基本建成功能强大的智慧税务，全方位提高税务执法、服务、监管能力。综上我们认为，建筑业应从以下方面开展前瞻性财税政策研究，提前预测变化因素、征管改革对本集团的影响，并制定初步的税收应对预案及中长期税务规划。

7.3.1 税收法定持续推进，税收政策将持续优化调整

截至 2020 年，我国税收立法工作持续推进，在现行 18 个税种[①]中，已有 11 个税种完成立法，税收法制化步入快车道，税收政策不断

① 18 个税种包括：企业所得税、个人所得税、增值税、消费税、环境保护税、资源税、城镇土地使用税、房产税、城市维护建设税、耕地占用税、土地增值税、车辆购置税、车船税、印花税、契税、烟叶税、关税、船舶吨税。

优化和完善。例如“十四五”规划纲要中提出优化税制结构，其中提到“进一步优化增值税制度”，未来增值税的立法很可能将会进一步深化增值税的改革，增值税税率很可能会进一步由三档调整至两档，建筑服务适用的增值税税率可能会相应变化；再如房地产税立法、健全地方税体系以及扩大地方税政管理权等均与建筑业密切相关，建筑企业应予以关注并适当开展前瞻性财税政策研究。

7.3.2　信息技术提升，税收征管将更加精准高效

近年来，我国税收制度改革不断深化，税收征管体制持续优化，纳税服务和税务执法的规范性、便捷性、精准性不断提升。“十四五”规划纲要中提出深化税收征管制度改革，建设智慧税务，推动税收征管现代化。《关于进一步深化税收征管改革的意见》提出未来 5 年将在推进税收征管数字化升级和智能化改造、完善税务执法制度和机制、推行优质高效智能税费服务、精准实施税务监管科学精确的税收执法等方面深化税收征管改革。

新的税收征管体制下，建筑企业办理纳税业务将更加便捷，风险低、信用好的企业税收遵从成本将进一步降低，但同时税收征管及稽查在国家税收大数据的支撑下将有新的转变，对建筑企业的税务风险管控能力也提出了更高的要求，建筑企业需要结合自身发展，提升自身的税务信息化管理水平，以应对更加精准高效的税收征管环境。

7.3.3　社保入税基本完成，社保费支出刚性将逐步增强

2019 年国务院印发《降低社会保险费率综合方案》，社保费征收体制改革拉开序幕。2020 年 11 月，除此前已实行社会保险费税务部门征收的省市外，其余各地也完成了社会保险费征收职责向税务部门的移交，社保由税务机关统一全责征收的时代已经来临。目前从各省发文所采取的社保征收方式看，短期内对企业暂无影响，但随着执法

力度的调整，社保依法缴纳是趋势；鉴于税务机关掌握企业职工的工资数据且征管能力强，如果未来社保基数的核定由税务机关负责，企业出现的职工社保缴费基数与实际工资不一致的问题将受到更严格监管，此种情况下建筑企业需要做好社保费支出刚性逐步增强的准备。

7.3.4 “两新一重” + “基础设施 REITs”，带来新机遇新挑战

重点支持新型基础设施建设，新型城镇化建设，交通、水利等重大工程建设仍是“十四五”期间的重点投资方向，国资委表示将引导企业进一步把握新一轮科技革命和产业变革的机遇，积极参与“两新一重”建设。同时，“十四五”规划纲要中明确提出“推动基础设施领域不动产投资信托基金（REITs）健康发展，有效盘活存量资产，形成存量资产和新增投资的良性循环”，即基础设施 REITs 将成为拓宽项目投资资金来源的重要手段。2021 年 7 月国家发展和改革委员会发布《关于进一步做好基础设施领域不动产投资信托基金（REITs）试点工作的通知》，该文件对公募基础设施 REITs 的试点范围、资产范围等都有进一步的扩容，并对募集规模以及基金管理人和运营机构等提出了新的要求。基础设施 REITs 的推出，有助于提高建筑企业的再投资能力，拓宽了项目建设资金来源，提升了基础设施项目的流动性。

建筑企业应当抓住新的发展机遇，充分研究新基建及公募基础设施 REITs 中各类税收问题，特别是做好 REITs 发行前后的财务、税务、资金策划安排，提前规划，抓好落地，创造新的税收价值。

7.3.5 绿色税收政策，助力建筑业转型发展

根据“十四五”规划纲要，我国将大力发展绿色经济，构建绿色发展政策体系。“十四五”规划纲要中提出推动能源清洁低碳安全高效利用，深入推进工业、建筑、交通等领域低碳转型，因此未来建筑

企业必然面临着升级与转型。为了助力企业发展，“十四五”规划纲要中同时提出实施更大力度的研发费用加计扣除、高新技术企业税收优惠等普惠性政策；保持合理的财政支出力度和赤字率水平，完善减税降费政策，构建有利于企业扩大投资、增加研发投入、调节收入分配、减轻消费者负担的税收制度。2021 年政府工作报告中提出扎实做好碳达峰、碳中和各项工作，并提到扩大环境保护、节能节水等企业所得税优惠目录范围等措施。

预计未来我国将进一步通过绿色税收政策推进工业、建筑、交通等领域低碳转型，助力节能降碳，加快先进节能技术和产品设备研发推广。建筑企业应做好绿色升级、转型应对工作，将绿色理念融入建筑全价值链管理，加大环保节能项目投资和绿色转型技术研发投入，充分享受相关税收优惠。

7.3.6　国际形势复杂多变，“走出去”税收风险加大

建筑企业近年来积极响应“一带一路”倡议，积极拓展国际业务，是走出去企业的先锋队。但受逆全球化思想冲击、大国间战略博弈加剧影响，国际形势不确定性因素和风险增加。新冠肺炎疫情持续蔓延导致国际市场发包项目锐减，市场开拓压力明显增大，在建项目出现防疫支出增加、收款延迟、履约进度滞后等情况，项目成本及工期压力增大。特别是个别国家安全形势不稳定、加大了海外市场经营的难度。

“一带一路”沿线国家政治动荡，国际税源争夺日趋激烈，建筑企业在境外开展业务面临的税制和征管环境将更具不确定性。目前在部分国家已发生中资建筑企业因与东道国涉税争议而承担巨额补税与罚款的案例，因而保障“走出去”建筑企业的合法税收权益，日益成为海外施工与投资领域管理的重点难点问题。面对复杂多变的国际形势，建筑企业需要不断增强识别和应对国际化经营风险的能力，特别

是税收风险。不断加强公司管控与组织结构动态调整，健全海外业务全业务链的全面风险管理体系，尽可能地识别、防范与化解国际化经营风险。

附录

排行榜

附录1 建筑业上市公司收入、利润和纳税总额排行榜（2020年度）

（H股上市公司不参与纳税总额排名）

金额单位：万元

明细行业	企业简称	营业收入		净利润		归属于上市公司股东净利润		纳税总额（不含扣缴个税）	
		金额	排名	金额	排名	金额	排名	金额	排名
房建	中国建筑	161 502 333	1	7 095 038	1	4 494 425	1	7 049 739	1
基础设施	中国中铁	97 140 489	2	2 724 943	2	2 518 779	2	3 062 702	2
基础设施	中国铁建	91 032 476	3	2 570 867	3	2 239 298	3	2 763 719	3
基础设施	中国交建	62 758 619	4	1 934 862	4	1 620 601	4	2 331 174	4
基础设施	中国电建	40 118 066	5	1 273 581	5	798 717	5	1 425 815	5

续表

明细行业	企业简称	营业收入		净利润		归属于上市公司股东净利润		纳税总额（不含扣缴个税）	
		金额	排名	金额	排名	金额	排名	金额	排名
石化冶金	中国中冶	40 011 462	6	938 236	6	786 219	6	1 075 963	6
基础设施	中国能建	27 032 766	7	869 209	7	451 663	7	—	—
房建	上海建工	23 132 723	8	322 231	10	335 085	10	635 680	8
石化冶金	陕西建工（延长化建）	12 772 308	9	295 921	12	282 928	12	321 196	9
基础设施	葛洲坝	11 261 117	10	529 345	8	428 230	8	768 211	7
石化冶金	中国化学	10 945 651	11	384 216	9	365 884	9	305 180	10
其他	浙江建投（多喜爱）	7 954 965	12	115 374	19	107 507	19	202 498	14
基础设施	中国核建	7 280 046	13	175 227	15	135 989	16	216 103	12
基础设施	四川路桥	6 106 991	14	304 547	11	302 522	11	159 458	17
基础设施	安徽建工	5 697 244	15	121 355	18	81 579	22	215 949	13
房建	重庆建工	5 529 417	16	37 458	37	26 671	45	161 982	16
基础设施	隧道股份	5 400 625	17	230 678	14	226 723	14	170 148	15
基础设施	浙江交科	3 673 772	18	104 891	22	99 741	20	89 059	19
基础设施	山东路桥	3 443 733	19	147 551	17	133 865	17	82 544	21
建筑装饰	金螳螂	3 124 323	20	234 061	13	237 392	13	139 801	18
国际工程	中材国际	2 249 195	21	111 821	21	113 335	18	71 632	25
房建	宁波建工	1 979 685	22	29 732	43	27 959	43	82 237	22
建筑装饰	江河集团	1 804 996	23	112 796	20	94 836	21	43 043	31
石化冶金	海油工程	1 786 258	24	36 553	39	36 330	40	66 201	26
房建	龙元建设	1 778 668	25	83 294	24	80 894	23	88 123	20
基础设施	天健集团	1 712 471	26	148 879	16	148 618	15	216 761	11
国际工程	中钢国际	1 482 749	27	61 357	31	60 200	30	35 820	36
钢结构	鸿路钢构	1 345 093	28	79 909	26	79 909	24	72 369	23
国际工程	北方国际	1 285 066	29	78 414	27	75 138	25	15 800	59
基础设施	粤水电	1 258 302	30	27 613	44	26 358	46	39 853	32

续表

明细行业	企业简称	营业收入		净利润		归属于上市公司股东净利润		纳税总额（不含扣缴个税）	
		金额	排名	金额	排名	金额	排名	金额	排名
建筑装饰	广田集团	1 224 648	31	-79 204	114	-78 428	114	49 457	28
基础设施	北新路桥	1 188 579	32	8 032	69	5 509	73	44 029	30
基础设施	龙建股份	1 183 743	33	22 280	49	22 445	51	34 791	38
钢结构	精工钢构	1 148 402	34	64 525	30	64 811	28	32 462	40
基础设施	宏润建设	1 131 657	35	53 324	33	41 398	35	35 007	37
建筑装饰	亚厦股份	1 078 735	36	33 163	41	31 747	41	25 433	44
基础设施	东湖高新	1 059 375	37	76 195	28	68 481	27	52 546	27
钢结构	东南网架	925 629	38	26 349	46	27 081	44	23 868	46
其他	华电重工	890 642	39	9 778	65	9 670	65	20 987	48
园林生态	东方园林	872 554	40	-48 917	111	-49 226	111	71 930	24
基础设施	浦东建设	837 649	41	45 563	34	44 461	33	20 713	49
钢结构	杭萧钢构	813 876	42	75 163	29	72 393	26	24 546	45
国际工程	中工国际	796 599	43	-10 206	98	-8 383	99	18 190	53
基础设施	天沃科技	771 247	44	-140 192	115	-115 952	115	2 444	97
其他	西藏天路	707 678	45	79 945	25	43 678	34	36 193	35
国际工程	中色股份	678 579	46	14 007	59	2 155	85	48 330	29
园林生态	岭南园林	665 128	47	-45 207	109	46 012	32	13 186	66
房建	同济科技	630 263	48	87 105	23	59 600	31	37 900	34
建筑装饰	宝鹰股份	595 490	49	10 250	64	11 097	62	27 958	42
基础设施	腾达建设	590 342	50	57 467	32	60 725	29	21 989	47
其他	中化岩土	566 278	51	16 919	57	18 495	53	32 814	39
建筑装饰	中装建设	558 145	52	25 893	47	25 838	47	25 728	43
房建	高新发展	553 308	53	26 741	45	24 084	48	16 454	57
其他	苏交科	549 936	54	41 475	35	38 832	36	38 007	33
建筑装饰	全筑股份	542 417	55	17 856	54	13 328	60	19 834	51
石化冶金	东华科技	521 030	56	20 238	51	19 809	52	8 785	72
房建	中国海诚	509 663	57	6 385	72	6 385	70	19 872	50

续表

明细行业	企业简称	营业收入		净利润		归属于上市公司股东净利润		纳税总额（不含扣缴个税）	
		金额	排名	金额	排名	金额	排名	金额	排名
基础设施	正平股份	489 161	58	13 066	62	11 033	63	17 933	55
园林生态	棕榈股份	482 115	59	2 816	80	4 424	79	9 360	71
建筑装饰	中航三鑫	442 110	60	16 951	56	14 956	57	14 064	62
园林生态	铁汉生态	421 150	61	5 757	74	5 881	71	15 127	60
钢结构	富煌钢构	407 442	62	13 447	61	13 290	61	9 684	69
其他	垒知集团（建研集团）	387 074	63	37 885	36	37 245	38	18 469	52
石化冶金	金诚信	386 345	64	35 826	40	36 528	39	30 823	41
建筑装饰	瑞和股份	376 388	65	17 502	55	14 786	58	13 236	65
建筑装饰	洪涛股份	356 858	66	-33 258	105	-34 951	106	8 444	73
建筑装饰	东易日盛	344 667	67	21 720	50	18 032	55	18 063	54
建筑装饰	森特股份	315 252	68	18 245	53	18 247	54	8 174	74
园林生态	美晨生态（美晨科技）	306 593	69	2 667	81	5 180	75	11 020	68
建筑装饰	柯利达	265 700	70	2 360	85	1 911	87	5 355	83
钢结构	东方铁塔	265 139	71	30 902	42	30 890	42	14 038	63
园林生态	蒙草生态	254 179	72	19 314	52	23 210	49	17 407	56
园林生态	普邦股份	254 148	73	-21 867	102	-21 603	103	9 611	70
园林生态	文科园林	252 020	74	15 543	58	15 991	56	14 337	61
建筑装饰	建艺集团	226 939	75	-2 601	92	-2 460	93	13 463	64
基础设施	成都路桥	217 530	76	8 211	67	8 169	67	6 614	81
建筑装饰	维业股份	211 053	77	4 797	77	4 606	78	6 655	80
建筑装饰	奇信股份	210 957	78	-57 186	112	-55 503	112	4 662	85
建筑装饰	嘉寓股份	207 863	79	8 082	68	8 082	68	11 596	67
基础设施	*ST 围海（围海股份）	197 508	80	-28 649	103	-27 174	104	4 956	84
园林生态	博天环境	192 047	81	-45 205	108	-42 827	109	2 200	99

续表

明细行业	企业简称	营业收入		净利润		归属于上市公司股东净利润		纳税总额（不含扣缴个税）	
		金额	排名	金额	排名	金额	排名	金额	排名
建筑装饰	郑中设计（亚泰国际）	189 315	82	2 628	82	2 743	82	7 386	76
园林生态	中船科技	187 494	83	13 967	60	14 346	59	7 775	75
园林生态	*ST 美丽（美丽生态）	140 854	84	7 635	70	3 984	81	6 790	79
其他	百利科技	140 420	85	2 499	84	2 365	83	3 273	93
园林生态	美尚生态	134 132	86	- 801	91	- 570	92	16 069	58
建筑装饰	美芝股份	124 853	87	1 541	86	1 541	88	2 361	98
园林生态	京蓝科技	115 832	88	-253 132	116	-235 485	116	7 169	77
园林生态	诚邦股份	114 742	89	4 076	79	4 142	80	3 281	91
房建	空港股份	111 791	90	465	89	907	89	3 229	95
石化冶金	镇海股份	109 621	91	6 512	71	6 512	69	1 318	105
建筑装饰	创兴资源	109 597	92	6 094	73	5 794	72	4 447	86
基础设施	永福股份	98 044	93	4 762	78	5 092	76	4 156	89
园林生态	大千生态	94 417	94	10 965	63	10 209	64	3 511	90
其他	亚翔集成	92 937	95	- 3 452	94	- 3 294	94	483	108
建筑装饰	名雕股份	86 721	96	2 573	83	2 239	84	3 273	92
钢结构	海波重科	85 723	97	5 190	75	5 190	74	1 873	102
园林生态	杭州园林	80 634	98	5 030	76	5 030	77	1 683	103
其他	正源股份（国栋建设）	73 148	99	-76 806	113	-76 846	113	2 590	96
园林生态	元成股份	71 476	100	9 289	66	9 292	66	2 045	101
石化冶金	三维工程	67 596	101	37 180	38	37 298	37	6 900	78
其他	延华智能	65 985	102	-28 763	104	-27 176	105	2 172	100
园林生态	万邦达	63 102	103	-37 629	107	-37 500	108	4 332	87
园林生态	中锐股份（丽鹏股份）	61 605	104	-18 121	101	-17 948	102	3 250	94

续表

明细行业	企业简称	营业收入		净利润		归属于上市公司股东净利润		纳税总额（不含扣缴个税）	
		金额	排名	金额	排名	金额	排名	金额	排名
园林生态	天域生态	58 254	105	-15 860	100	-15 745	101	1 615	104
园林生态	花王股份	57 203	106	210	90	2 154	86	5 607	82
建筑装饰	名家汇	51 288	107	-33 707	106	-34 995	107	—	112
建筑装饰	弘高创意	45 010	108	- 5 896	95	- 5 812	96	—	111
园林生态	巴安水务	42 905	109	-48 393	110	-47 025	110	—	115
园林生态	农尚环境	28 827	110	715	87	715	90	1 313	106
园林生态	ST 云投（云投生态）	26 771	111	-11 479	99	- 9 434	100	368	109
园林生态	乾景园林	25 850	112	- 8 065	97	- 8 045	98	1 120	107
其他	重庆路桥	20 174	113	22 723	48	22 723	50	4 306	88
其他	*ST 雅博（雅百特）	12 537	114	- 3 403	93	- 3 404	95	—	114
建筑装饰	*ST 罗顿（罗顿发展）	5 439	115	- 7 569	96	- 7 729	97	—	113
园林生态	祥龙电业	3 067	116	529	88	529	91	4	110

附录 2　建筑业上市公司主要财务比率排行榜（2020 年度）

金额单位：万元

明细行业	企业简称	营业收入		毛利率		净利率		资产负债率		净资产收益率 1		净资产收益率 2	
		金额	排名	比率	排名	比率	排名	比率	排名	比率	排名	比率	排名
房建	中国建筑	161 502 333	1	10.83%	79	4.39%	41	73.67%	37	15.54%	12	14.76%	6
基础设施	中国中铁	97 140 489	2	9.95%	90	2.81%	62	73.90%	36	11.85%	22	10.17%	19
基础设施	中国铁建	91 032 476	3	9.26%	97	2.82%	61	74.76%	32	11.45%	26	10.42%	17
基础设施	中国交建	62 758 619	4	13.02%	65	3.08%	55	72.56%	42	7.12%	53	5.93%	48
基础设施	中国电建	40 118 066	5	14.23%	57	3.17%	54	74.74%	33	7.85%	48	4.88%	59
石化冶金	中国中冶	40 011 462	6	11.35%	73	2.34%	66	72.28%	43	8.93%	39	8.01%	36
基础设施	中国能建	27 032 766	7	13.35%	62	3.22%	53	71.03%	45	7.14%	52	5.49%	54
房建	上海建工	23 132 723	8	9.67%	93	1.39%	78	86.34%	10	11.11%	28	8.36%	31
石化冶金	陕西建工（延长化建）	12 772 308	9	7.82%	105	2.32%	67	90.51%	3	26.42%	1	4.15%	62
基础设施	葛洲坝	11 261 117	10	17.75%	37	4.70%	37	69.41%	52	10.31%	34	8.71%	27
石化冶金	中国化学	10 945 651	11	11.02%	76	3.51%	50	70.06%	50	10.52%	32	9.70%	23

续表

明细行业	企业简称	营业收入		毛利率		净利率		资产负债率		净资产收益率 1		净资产收益率 2	
		金额	排名	比率	排名	比率	排名	比率	排名	比率	排名	比率	排名
其他	浙江建投（多喜爱）	7 954 965	12	5.52%	109	1.45%	77	91.54%	2	24.73%	3	21.02%	1
基础设施	中国核建	7 280 046	13	9.55%	94	2.41%	65	82.30%	14	10.52%	32	9.59%	24
基础设施	四川路桥	6 106 991	14	14.80%	54	4.99%	32	78.13%	19	16.96%	10	16.55%	4
基础设施	安徽建工	5 697 244	15	11.62%	71	2.13%	70	83.61%	13	9.01%	37	8.34%	33
房建	重庆建工	5 529 417	16	3.68%	113	0.68%	86	86.55%	9	3.08%	75	2.03%	73
基础设施	隧道股份	5 400 625	17	11.15%	75	4.27%	43	76.95%	25	9.89%	35	9.17%	26
基础设施	浙江交科	3 673 772	18	8.19%	102	2.86%	59	76.89%	26	12.22%	19	11.71%	10
基础设施	山东路桥	3 443 733	19	10.37%	83	4.28%	42	76.59%	27	16.47%	11	18.05%	3
建筑装饰	金螳螂	3 124 323	20	16.59%	42	7.49%	16	61.90%	70	14.83%	14	14.30%	7
国际工程	中材国际	2 249 195	21	16.05%	44	4.97%	33	67.15%	57	10.90%	30	8.24%	35
房建	宁波建工	1 979 685	22	7.72%	106	1.50%	76	79.63%	18	8.78%	40	7.27%	38
建筑装饰	江河集团	1 804 996	23	18.30%	31	6.25%	20	66.02%	59	11.55%	25	6.78%	43
石化冶金	海油工程	1 786 258	24	10.30%	86	2.05%	72	31.90%	112	1.61%	83	0.23%	83
房建	龙元建设	1 778 668	25	10.84%	78	4.68%	38	79.98%	16	7.36%	51	5.74%	50
基础设施	天健集团	1 712 471	26	23.82%	21	8.69%	13	77.47%	21	14.31%	15	14.01%	8
国际工程	中钢国际	1 482 749	27	11.00%	77	4.14%	44	70.79%	46	11.19%	27	10.94%	16
钢结构	鸿路钢构	1 345 093	28	13.55%	61	5.94%	26	63.12%	67	15.01%	13	11.41%	14

续表

明细行业	企业简称	营业收入		毛利率		净利率		资产负债率		净资产收益率 1		净资产收益率 2	
		金额	排名	比率	排名	比率	排名	比率	排名	比率	排名	比率	排名
国际工程	北方国际	1 285 066	29	10.02%	89	6.10%	23	65.56%	60	14.06%	16	11.71%	10
基础设施	粤水电	1 258 302	30	11.16%	74	2.19%	69	86.97%	8	8.04%	47	8.26%	34
建筑装饰	广田集团	1 224 648	31	12.80%	67	-6.47%	96	72.83%	39	-12.00%	105	-12.17%	105
基础设施	北新路桥	1 188 579	32	10.61%	82	0.68%	87	88.37%	7	2.81%	77	0.67%	80
基础设施	龙建股份	1 183 743	33	9.36%	96	1.88%	73	85.86%	11	11.81%	23	11.70%	12
钢结构	精工钢构	1 148 402	34	15.68%	47	5.62%	28	56.72%	86	11.03%	29	10.07%	20
基础设施	宏润建设	1 131 657	35	9.79%	91	4.71%	36	77.63%	20	12.19%	20	8.60%	29
建筑装饰	亚厦股份	1 078 735	36	14.26%	56	3.07%	56	61.49%	73	3.89%	72	2.95%	67
基础设施	东湖高新	1 059 375	37	13.70%	59	7.19%	18	74.04%	35	13.65%	17	12.13%	9
钢结构	东南网架	925 629	38	11.61%	72	2.85%	60	64.44%	64	6.24%	58	5.54%	53
其他	华电重工	890 642	39	7.87%	104	1.10%	83	57.53%	83	2.64%	79	1.87%	75
园林生态	东方园林	872 554	40	17.72%	38	-5.61%	95	70.71%	47	-4.04%	94	-4.38%	92
基础设施	浦东建设	837 649	41	9.09%	99	5.44%	30	60.18%	77	7.09%	54	6.12%	46
钢结构	杭萧钢构	813 876	42	17.78%	36	9.24%	12	52.68%	96	19.42%	9	9.75%	22
国际工程	中工国际	796 599	43	18.22%	33	-1.28%	93	50.68%	101	-7.11%	97	-9.06%	99
基础设施	天沃科技	771 247	44	0.30%	114	-18.18%	102	89.84%	4	-37.54%	112	-40.64%	112
其他	西藏天路	707 678	45	27.38%	12	11.30%	8	47.37%	104	10.72%	31	10.31%	18
国际工程	中色股份	678 579	46	19.08%	29	2.06%	71	59.30%	80	0.46%	88	-1.04%	86

续表

明细行业	企业简称	营业收入		毛利率		净利率		资产负债率		净资产收益率 1		净资产收益率 2	
		金额	排名	比率	排名	比率	排名	比率	排名	比率	排名	比率	排名
园林生态	岭南园林	665 128	47	14.61%	55	-6.80%	97	75.26%	29	-10.02%	102	-10.96%	101
房建	同济科技	630 263	48	26.03%	17	13.82%	4	79.60%	48	20.09%	8	19.43%	2
建筑装饰	宝鹰股份	595 490	49	16.13%	43	1.72%	75	64.93%	63	2.68%	78	2.48%	71
基础设施	腾达建设	590 342	50	13.13%	64	9.73%	10	52.68%	95	12.18%	21	5.34%	55
其他	中化岩土	566 278	51	18.14%	34	2.99%	57	61.33%	75	4.57%	69	4.61%	60
建筑装饰	中装建设	558 145	52	17.29%	39	4.64%	40	52.67%	97	8.32%	45	8.00%	37
房建	高新发展	553 308	53	10.35%	84	4.83%	35	79.73%	17	20.73%	6	15.41%	5
其他	苏交科	549 936	54	35.83%	3	7.54%	15	61.85%	71	7.85%	48	7.00%	41
建筑装饰	全筑股份	542 417	55	13.17%	63	3.29%	52	74.62%	34	5.96%	62	5.02%	57
石化冶金	东华科技	521 030	56	15.42%	50	3.88%	46	70.45%	49	8.65%	42	8.47%	30
房建	中国海诚	509 663	57	10.13%	88	1.25%	81	68.99%	54	4.61%	68	1.99%	74
基础设施	正平股份	489 161	58	9.74%	92	2.67%	63	75.25%	30	7.65%	50	7.24%	39
园林生态	棕榈股份	482 115	59	19.69%	26	0.58%	88	71.25%	44	0.97%	87	-5.93%	94
建筑装饰	中航三鑫	442 110	60	15.85%	45	3.83%	47	82.14%	15	20.30%	7	2.28%	72
园林生态	铁汉生态	421 150	61	23.30%	23	1.37%	80	77.45%	22	-0.21%	90	-2.78%	89
钢结构	富煌钢构	407 442	62	15.10%	52	3.30%	51	67.37%	56	5.97%	61	5.60%	52
其他	垒知集团（建研集团）	387 074	63	24.03%	20	9.79%	9	39.74%	110	12.41%	18	11.41%	14

续表

明细行业	企业简称	营业收入		毛利率		净利率		资产负债率		净资产收益率1		净资产收益率2	
		金额	排名	比率	排名	比率	排名	比率	排名	比率	排名	比率	排名
石化冶金	金诚信	386 345	64	28. 16%	11	9. 27%	11	40. 33%	108	8. 34%	44	8. 36%	31
建筑装饰	瑞和股份	376 388	65	15. 23%	51	4. 65%	39	55. 87%	87	6. 15%	59	5. 79%	49
建筑装饰	洪涛股份	356 858	66	15. 49%	49	-9. 32%	99	72. 65%	41	-11. 86%	104	-12. 08%	103
建筑装饰	东易日盛	344 667	67	36. 28%	2	6. 30%	19	67. 69%	55	22. 30%	4	9. 36%	25
建筑装饰	森特股份	315 252	68	18. 24%	32	5. 79%	27	57. 39%	85	8. 77%	41	8. 66%	28
园林生态	美晨生态（美晨科技）	306 593	69	26. 54%	15	0. 87%	85	69. 79%	51	1. 45%	84	1. 22%	77
建筑装饰	柯利达	265 700	70	11. 83%	69	0. 89%	84	69. 15%	53	1. 38%	85	1. 35%	76
钢结构	东方铁塔	265 139	71	19. 55%	27	11. 66%	6	33. 40%	111	3. 98%	71	2. 88%	68
园林生态	蒙草生态	254 179	72	35. 15%	4	7. 60v	14	63. 90%	66	4. 36%	70	2. 96%	66
园林生态	普邦股份	254 148	73	7. 95%	103	-8. 60%	98	44. 06%	106	-5. 46%	95	-6. 84%	95
园林生态	文科园林	252 020	74	21. 90%	24	6. 17%	22	53. 13%	93	6. 29%	57	6. 11%	47
建筑装饰	建艺集团	226 939	75	16. 60%	41	-1. 15%	92	76. 54%	28	-2. 11%	92	-2. 35%	88
基础设施	成都路桥	217 530	76	3. 85%	112	3. 77%	48	61. 73%	72	2. 89%	76	2. 79%	70
建筑装饰	维业股份	211 053	77	13. 57%	60	2. 27%	68	64. 34%	65	4. 74%	66	4. 41%	61
建筑装饰	奇信股份	210 957	78	6. 39%	108	-27. 11%	104	62. 65%	69	-32. 49%	109	-32. 20%	109
建筑装饰	嘉寓股份	207 863	79	12. 84%	66	3. 89%	45	73. 57%	38	5. 66%	63	-12. 07%	102

续表

明细行业	企业简称	营业收入		毛利率		净利率		资产负债率		净资产收益率 1		净资产收益率 2	
		金额	排名	比率	排名	比率	排名	比率	排名	比率	排名	比率	排名
基础设施	＊ST 围海（围海股份）	197 508	80	6. 91%	107	-14. 51%	101	59. 57%	78	-8. 06%	99	-4. 08%	91
园林生态	博天环境	192 047	81	10. 82%	80	-23. 54%	103	88. 76%	6	-56. 16%	113	-59. 18%	113
建筑装饰	郑中设计（亚泰国际）	189 315	82	21. 01%	25	1. 39%	79	48. 54%	103	1. 71%	82	0. 85%	79
园林生态	中船科技	187 494	83	14. 09%	58	7. 45%	17	53. 03%	94	3. 69%	73	-0. 73%	85
园林生态	＊ST 美丽（美丽生态）	140 854	84	19. 41%	28	5. 42%	31	76. 95%	24	8. 51%	43	-3. 42%	90
其他	百利科技	140 420	85	12. 48%	68	1. 78%	74	77. 06%	23	5. 04%	65	2. 81%	69
园林生态	美尚生态	134 132	86	31. 53%	8	-0. 60%	91	57. 46%	84	-0. 15%	89	-0. 18%	84
建筑装饰	美芝股份	124 853	87	9. 42%	95	1. 23%	82	53. 40%	90	2. 15%	80	0. 30%	82
园林生态	京蓝科技	115 832	88	-0. 79%	115	-218. 53%	116	72. 66%	40	-68. 04%	116	-69. 21%	114
园林生态	诚邦股份	114 742	89	17. 07%	40	3. 55%	49	61. 43%	74	4. 64%	67	3. 84%	64
房建	空港股份	111 791	90	10. 22%	87	0. 42%	89	59. 33%	79	-1. 31%	91	-2. 25%	87
石化冶金	镇海股份	109 621	91	10. 31%	85	5. 94%	25	41. 52%	107	8. 25%	46	6. 58%	44
建筑装饰	创兴资源	109 597	92	11. 71%	70	5. 56%	29	74. 88%	31	22. 11%	5	9. 87%	21
基础设施	永福股份	98 044	93	27. 35%	13	4. 86%	34	52. 54%	98	5. 09%	64	3. 85%	63
园林生态	大千生态	94 417	94	23. 48%	22	11. 61%	7	52. 30%	99	7. 08%	55	7. 05%	40

续表

明细行业	企业简称	营业收入		毛利率		净利率		资产负债率		净资产收益率 1		净资产收益率 2	
		金额	排名	比率	排名	比率	排名	比率	排名	比率	排名	比率	排名
其他	亚翔集成	92 937	95	8.28%	101	-3.71%	94	46.90%	105	-2.86%	93	-4.45%	93
建筑装饰	名雕股份	86 721	96	27.27%	14	2.97%	58	55.77%	88	3.49%	74	3.16%	65
钢结构	海波重科	85 723	97	17.84%	35	6.05%	24	53.26%	92	6.94%	56	6.80%	42
园林生态	杭州园林	80 634	98	18.41%	30	6.24%	21	64.98%	62	11.77%	24	11.45%	13
其他	正源股份（国栋建设）	73 148	99	-11.40%	116	-105.00%	113	55.65%	89	-32.98%	110	-33.20%	110
园林生态	元成股份	71 476	100	29.23%	10	13.00%	5	62.87%	68	8.94%	38	6.54%	45
石化冶金	三维工程	67 596	101	32.12%	7	55.00%	2	20.43%	114	26.31%	2	5.72%	51
其他	延华智能	65 985	102	15.10%	53	-43.59%	110	57.58%	82	-37.35%	111	-37.77%	111
园林生态	万邦达	63 102	103	25.76%	18	-59.63%	111	17.39%	115	-6.77%	96	-6.86%	96
园林生态	中锐股份（丽鹏股份）	61 605	104	9.24%	98	-29.42%	107	49.79%	102	-7.30%	98	-7.12%	97
园林生态	天域生态	58 254	105	10.62%	81	-27.22%	106	58.99%	81	-11.82%	103	-12.14%	104
园林生态	花王股份	57 203	106	33.92%	5	0.37%	90	66.98%	58	1.89%	81	0.47%	81
建筑装饰	名家汇	51 288	107	30.06%	9	-65.72%	112	52.22%	100	-23.02%	108	-23.29%	108
建筑装饰	弘高创意	45 010	108	8.65%	100	-13.10%	100	83.78%	12	-9.68%	101	-9.63%	100
园林生态	巴安水务	42 905	109	26.14%	16	-112.79%	114	65.20%	61	-22.37%	107	-21.76%	107
园林生态	农尚环境	28 827	110	15.75%	46	2.48%	64	53.30%	91	1.17%	86	1.11%	78

续表

明细行业	企业简称	营业收入		毛利率		净利率		资产负债率		净资产收益率 1		净资产收益率 2	
		金额	排名	比率	排名	比率	排名	比率	排名	比率	排名	比率	排名
园林生态	ST 云投（云投生态）	26 771	111	25. 20%	19	-42. 88%	109	89. 00%	5	-62. 77%	115	-122. 60%	115
园林生态	乾景园林	25 850	112	5. 08%	110	-31. 20%	108	28. 96%	113	-8. 45%	100	-8. 60%	98
其他	重庆路桥	20 174	113	86. 21%	1	112. 64%	1	40. 05%	109	6. 02%	60	4. 97%	58
其他	*ST 雅博（雅百特）	12 537	114	3. 91%	111	-27. 14%	105	96. 07%	1	-56. 33%	114	-327. 58%	116
建筑装饰	*ST 罗顿（罗顿发展）	5 439	115	15. 59%	48	-139. 16%	115	14. 91%	116	-16. 23%	106	-18. 02%	106
园林生态	祥龙电业	3 067	116	32. 14%	6	17. 24%	3	60. 90%	76	9. 16%	36	5. 25%	56

注 1：“净资产收益率 1”指加权平均净资产收益率；

注 2：“净资产收益率 2”指扣除非经常损益后的加权平均净资产收益率。

附录3　建筑业上市公司（央企）研发投入和考核净利润排行榜（2020年度）

金额单位：万元

明细行业	企业简称	净利润		研发投入		考核净利润	
		金额	排名	金额	排名	金额	排名
房建	中国建筑	7 095 038	1	2 939 176	1	9 299 420	1
基础设施	中国中铁	2 724 943	2	2 187 415	2	4 365 504	2
基础设施	中国铁建	2 570 867	3	1 860 595	4	3 966 314	3
基础设施	中国交建	1 934 862	4	2 015 483	3	3 446 474	4
基础设施	中国电建	1 273 581	5	1 527 640	5	2 419 311	5
石化冶金	中国中冶	938 236	6	1 237 448	6	1 866 322	6
基础设施	中国能建	869 209	7	678 481	7	1 378 070	7
基础设施	葛洲坝	529 345	8	335 368	9	780 871	8
石化冶金	中国化学	384 216	9	380 202	8	669 368	9
基础设施	中国核建	175 227	10	95 676	11	246 985	10
国际工程	中材国际	111 821	11	60 864	12	157 469	11
国际工程	中钢国际	61 357	12	22 560	15	78 276	13
石化冶金	海油工程	36 553	13	98 271	10	110 256	12
石化冶金	东华科技	20 238	14	18 676	16	34 245	15
国际工程	中色股份	14 007	15	683	18	14 519	17
其他	华电重工	9 778	16	34 113	13	35 362	14
房建	中国海诚	6 385	17	18 107	17	19 965	16
国际工程	中工国际	−10 206	18	27 964	14	10 767	18

附录4 建筑业上市公司税负排行榜（2020 年度）（分明细行业）

＊阅读提示：为正确理解和使用税负指标，请读者先阅读报告 1.3“主要术语与口径”相关内容。H 股上市公司不参与纳税总额排名。

（一）基础设施建设

金额单位：万元

明细行业	企业简称	营业收入		总体税负		生产税税负		增值税税负		所得税税负	
		金额	排名	比率	排名	比率	排名	比率	排名	比率	排名
基础设施	中国中铁	97 140 489	1	3.15%	12	2.35%	15	1.77%	17	23.22%	10
基础设施	中国铁建	91 032 476	2	3.04%	16	2.41%	14	2.00%	12	18.12%	14
基础设施	中国交建	62 758 619	3	3.71%	7	2.57%	11	2.14%	7	28.32%	5
基础设施	中国电建	40 118 066	4	3.55%	10	2.60%	9	2.04%	11	23.58%	9
基础设施	葛洲坝	11 261 117	5	6.82%	2	4.69%	2	3.66%	2	31.25%	3
基础设施	中国核建	7 280 046	6	2.97%	17	2.09%	19	1.86%	15	29.40%	4
基础设施	四川路桥	6 106 991	7	2.61%	19	1.61%	20	1.22%	21	16.59%	16
基础设施	安徽建工	5 697 244	8	3.79%	5	2.59%	10	1.98%	14	39.65%	2
基础设施	隧道股份	5 400 625	9	3.15%	13	2.22%	18	1.99%	13	17.94%	15
基础设施	浙江交科	3 673 772	10	2.42%	22	1.43%	22	1.21%	22	26.10%	6
基础设施	山东路桥	3 443 733	11	2.40%	23	1.40%	23	1.18%	23	18.87%	13
基础设施	天健集团	1 712 471	12	12.66%	1	10.10%	1	4.14%	1	20.00%	12
基础设施	粤水电	1 258 302	13	3.17%	11	2.51%	13	2.09%	8	23.91%	8
基础设施	北新路桥	1 188 579	14	3.70%	8	2.67%	8	1.57%	18	69.58%	1
基础设施	龙建股份	1 183 743	15	2.94%	18	2.56%	12	2.08%	9	16.16%	17
基础设施	宏润建设	1 131 657	16	3.09%	14	2.29%	16	1.56%	19	14.47%	19
基础设施	东湖高新	1 059 375	17	4.96%	3	3.84%	3	2.96%	3	13.76%	20
基础设施	浦东建设	837 649	18	2.47%	21	1.48%	21	1.25%	20	15.96%	18

续表

明细行业	企业简称	营业收入		总体税负		生产税税负		增值税税负		所得税税负	
		金额	排名	比率	排名	比率	排名	比率	排名	比率	排名
基础设施	天沃科技	771 247	19	0.32%	24	—	24	—	24	—	23
基础设施	腾达建设	590 342	20	3.72%	6	2.68%	7	2.07%	10	8.46%	21
基础设施	正平股份	489 161	21	3.67%	9	2.84%	5	2.54%	4	24.46%	7
基础设施	成都路桥	217 530	22	3.04%	15	2.69%	6	2.43%	5	6.86%	22
基础设施	*ST 围海（围海股份）	197 508	23	2.51%	20	2.22%	17	1.83%	16	—	23
基础设施	永福股份	98 044	24	4.24%	4	3.01%	4	2.42%	6	20.54%	11

（二）房屋建筑业

金额单位：万元

明细行业	企业简称	营业收入		总体税负		生产税税负		增值税税负		所得税税负	
		金额	排名	比率	排名	比率	排名	比率	排名	比率	排名
房建	中国建筑	161 502 333	1	4.37%	3	2.93%	4	1.94%	5	24.62%	8
房建	上海建工	23 132 723	2	2.75%	9	2.14%	8	1.79%	6	31.99%	4
房建	重庆建工	5 529 417	3	2.93%	7	2.64%	6	2.29%	4	33.70%	3
房建	宁波建工	1 979 685	4	4.15%	4	3.70%	1	3.42%	1	26.11%	5
房建	龙元建设	1 778 668	5	4.95%	2	3.37%	2	2.99%	2	25.11%	6
房建	同济科技	630 263	6	6.01%	1	2.22%	7	—	9	21.58%	9
房建	高新发展	553 308	7	2.97%	6	1.41%	9	1.06%	8	24.95%	7
房建	中国海诚	509 663	8	3.90%	5	2.95%	3	2.54%	3	50.98%	1
房建	空港股份	111 791	9	2.89%	8	2.66%	5	1.59%	7	38.30%	2

（三）石化冶金矿山工程

金额单位：万元

明细行业	企业简称	营业收入		总体税负		生产税税负		增值税税负		所得税税负	
		金额	排名	比率	排名	比率	排名	比率	排名	比率	排名
石化冶金	中国中冶	40 011 462	1	2.69%	5	2.06%	5	1.57%	5	21.12%	3
石化冶金	延长化建	12 772 308	2	2.51%	6	1.79%	6	1.53%	6	26.17%	1

续表

明细行业	企业简称	营业收入		总体税负		生产税税负		增值税税负		所得税税负	
		金额	排名	比率	排名	比率	排名	比率	排名	比率	排名
石化冶金	中国化学	10 945 651	3	2.79%	4	2.08%	4	1.81%	4	16.99%	5
石化冶金	海油工程	1 786 258	4	3.71%	3	3.35%	3	2.54%	3	11.76%	6
石化冶金	东华科技	521 030	5	1.69%	7	0.82%	7	0.60%	7	19.20%	4
石化冶金	金诚信	386 345	6	7.98%	2	4.64%	2	4.22%	2	25.85%	2
石化冶金	镇海股份	109 621	7	1.20%	8	0.47%	8	0.18%	8	10.94%	7
石化冶金	三维工程	67 596	8	10.21%	1	7.86%	1	7.05%	1	4.11%	8

（四）建筑装饰业

金额单位：万元

明细行业	企业简称	营业收入		总体税负		生产税税负		增值税税负		所得税税负	
		金额	排名	比率	排名	比率	排名	比率	排名	比率	排名
建筑装饰	金螳螂	3 124 323	1	4.47%	6	3.22%	6	2.87%	5	14.48%	14
建筑装饰	江河集团	1 804 996	2	2.38%	16	1.48%	18	1.29%	17	12.66%	16
建筑装饰	广田集团	1 224 648	3	4.04%	8	3.70%	3	3.30%	3	—	19
建筑装饰	亚厦股份	1 078 735	4	2.36%	18	1.66%	16	1.29%	18	18.46%	12
建筑装饰	宝鹰股份	595 490	5	4.70%	4	3.50%	4	3.22%	4	50.72%	4
建筑装饰	中装建设	558 145	6	4.61%	5	3.26%	5	2.70%	6	22.61%	8
建筑装饰	全筑股份	542 417	7	3.66%	11	2.84%	9	2.51%	7	21.31%	9
建筑装饰	中航三鑫	442 110	8	3.18%	13	2.54%	11	1.80%	13	14.44%	15
建筑装饰	瑞和股份	376 388	9	3.52%	12	2.53%	12	2.22%	11	18.72%	10
建筑装饰	洪涛股份	356 858	10	2.37%	17	1.65%	17	1.36%	16	—	19
建筑装饰	东易日盛	344 667	11	5.24%	3	4.34%	2	3.75%	2	12.02%	17
建筑装饰	森特股份	315 252	12	2.59%	15	1.34%	19	1.06%	19	18.64%	11
建筑装饰	柯利达	265 700	13	2.02%	20	1.82%	15	1.39%	15	97.70%	1
建筑装饰	建艺集团	226 939	14	5.93%	1	4.98%	1	4.41%	1	—	19
建筑装饰	维业股份	211 053	15	3.15%	14	2.34%	13	1.95%	12	26.83%	7
建筑装饰	奇信股份	210 957	16	2.21%	19	2.21%	14	1.79%	14	—	19
建筑装饰	嘉寓股份	207 863	17	5.58%	2	2.98%	8	2.30%	10	39.43%	6

续表

明细行业	企业简称	营业收入		总体税负		生产税税负		增值税税负		所得税税负	
		金额	排名	比率	排名	比率	排名	比率	排名	比率	排名
建筑装饰	郑中设计（亚泰国际）	189 315	18	3.90%	9	2.66%	10	2.33%	9	65.85%	2
建筑装饰	美芝股份	124 853	19	1.89%	21	0.80%	20	0.58%	20	59.95%	3
建筑装饰	创兴资源	109 597	20	4.06%	7	0.21%	21	0.13%	21	41.50%	5
建筑装饰	名雕股份	86 721	21	3.77%	10	3.04%	7	2.50%	8	18.05%	13
建筑装饰	名家汇	51 288	22	—	22	—	22	—	22	—	19
建筑装饰	弘高创意	45 010	23	—	22	—	22	—	22	1.88%	18
建筑装饰	*ST 罗顿（罗顿发展）	5 439	24	—	22	—	22	—	22	—	19

（五）国际工程

金额单位：万元

明细行业	企业简称	营业收入		总体税负		生产税税负		增值税税负		所得税税负	
		金额	排名	比率	排名	比率	排名	比率	排名	比率	排名
国际工程	中材国际	2 249 195	1	3.18%	2	1.72%	3	1.38%	3	24.21%	1
国际工程	中钢国际	1 482 749	2	2.42%	3	1.39%	4	1.20%	4	20.95%	2
国际工程	北方国际	1 285 066	3	1.23%	5	0.40%	5	0.29%	5	11.76%	3
国际工程	中工国际	796 599	4	2.28%	4	1.97%	2	1.60%	2	—	4
国际工程	中色股份	678 579	5	7.12%	1	5.42%	1	3.02%	1	—	4

（六）园林生态工程

金额单位：万元

明细行业	企业简称	营业收入		总体税负		生产税税负		增值税税负		所得税税负	
		金额	排名	比率	排名	比率	排名	比率	排名	比率	排名
园林生态	东方园林	872 554	1	8.24%	3	7.15%	2	6.27%	3	—	18
园林生态	岭南园林	665 128	2	1.98%	21	1.55%	18	1.34%	17	—	18
园林生态	棕榈股份	482 115	3	1.94%	22	1.86%	17	1.33%	18	23.35%	7
园林生态	铁汉生态	421 150	4	3.59%	16	2.60%	14	2.16%	12	60.60%	3

续表

明细行业	企业简称	营业收入		总体税负		生产税税负		增值税税负		所得税税负	
		金额	排名	比率	排名	比率	排名	比率	排名	比率	排名
园林生态	美晨生态（美晨科技）	306 593	5	3. 59%	15	2. 85%	13	2. 34%	11	44. 58%	5
园林生态	蒙草生态	254 179	6	6. 85%	5	3. 60%	9	3. 00%	9	33. 88%	6
园林生态	普邦股份	254 148	7	3. 78%	13	3. 68%	8	3. 00%	8	—	18
园林生态	文科园林	252 020	8	5. 69%	7	4. 54%	5	3. 86%	6	16. 36%	9
园林生态	博天环境	192 047	9	1. 15%	24	0. 76%	24	0. 34%	24	—	18
园林生态	中船科技	187 494	10	4. 15%	12	2. 99%	12	1. 98%	14	13. 10%	14
园林生态	*ST 美丽（美丽生态）	140 854	11	4. 82%	9	0. 93%	22	0. 73%	20	46. 88%	4
园林生态	美尚生态	134 132	12	11. 98%	1	9. 01%	1	8. 62%	1	473. 97%	1
园林生态	京蓝科技	115 832	13	6. 19%	6	3. 25%	11	2. 87%	10	—	18
园林生态	诚邦股份	114 742	14	2. 86%	18	2. 22%	15	2. 14%	13	17. 24%	8
园林生态	大千生态	94 417	15	3. 72%	14	1. 52%	19	1. 32%	19	16. 07%	10
园林生态	杭州园林	80 634	16	2. 09%	20	1. 09%	21	0. 67%	22	14. 25%	12
园林生态	元成股份	71 476	17	2. 86%	17	0. 88%	23	0. 72%	21	13. 48%	13
园林生态	万邦达	63 102	18	6. 86%	4	5. 46%	4	3. 61%	7	—	18
园林生态	丽鹏股份	61 605	19	5. 28%	8	3. 47%	10	1. 77%	15	—	18
园林生态	天域生态	58 254	20	2. 77%	19	2. 21%	16	1. 69%	16	—	18
园林生态	花王股份	57 203	21	9. 80%	2	7. 07%	3	6. 65%	2	201. 42%	2
园林生态	巴安水务	42 905	22	—	26	—	26	—	25	—	18
园林生态	农尚环境	28 827	23	4. 55%	10	4. 16%	7	3. 94%	4	14. 95%	11
园林生态	ST 云投（云投生态）	26 771	24	1. 38%	23	1. 42%	20	0. 50%	23	0. 08%	16
园林生态	乾景园林	25 850	25	4. 33%	11	4. 34%	6	3. 86%	5	0. 03%	17
园林生态	祥龙电业	3 067	26	0. 14%	25	0. 12%	25	—	25	0. 10%	15

（七）钢结构行业

金额单位：万元

明细行业	企业简称	营业收入		总体税负		生产税税负		增值税税负		所得税税负	
		金额	排名	比率	排名	比率	排名	比率	排名	比率	排名
钢结构	鸿路钢构	1 345 093	1	5.38%	1	2.84%	2	2.10%	1	33.44%	1
钢结构	精工钢构	1 148 402	2	2.83%	4	2.39%	3	2.02%	2	7.40%	7
钢结构	东南网架	925 629	3	2.58%	5	1.79%	5	1.50%	4	21.67%	2
钢结构	杭萧钢构	813 876	4	3.02%	3	0.76%	7	—	7	20.31%	3
钢结构	富煌钢构	407 442	5	2.38%	6	1.94%	4	1.65%	3	12.39%	6
钢结构	东方铁塔	265 139	6	5.29%	2	3.00%	1	1.36%	5	16.94%	4
钢结构	海波重科	85 723	7	2.19%	7	1.11%	6	0.90%	6	15.32%	5

（八）其他行业

金额单位：万元

明细行业	企业简称	营业收入		总体税负		生产税税负		增值税税负		所得税税负	
		金额	排名	比率	排名	比率	排名	比率	排名	比率	排名
其他	多喜爱	7 954 965	1	2.55%	8	2.00%	8	1.70%	8	28.72%	5
其他	华电重工	890 642	2	2.36%	9	1.89%	9	1.51%	9	32.73%	3
其他	西藏天路	707 678	3	5.11%	4	3.69%	4	3.13%	4	11.24%	7
其他	中化岩土	566 278	4	5.79%	3	4.54%	2	4.32%	2	35.64%	2
其他	苏交科	549 936	5	6.91%	2	3.96%	3	3.39%	3	32.02%	4
其他	垒知集团（建研集团）	387 074	6	4.77%	5	3.16%	7	2.66%	6	14.44%	6
其他	百利科技	140 420	7	2.33%	10	1.45%	10	1.22%	10	58.37%	1
其他	亚翔集成	92 937	8	0.52%	11	0.37%	11	0.18%	11	—	11
其他	正源股份（国栋建设）	73 148	9	3.54%	6	3.54%	5	2.56%	7	—	11
其他	延华智能	65 985	10	3.29%	7	3.47%	6	2.91%	5	0.38%	10
其他	重庆路桥	20 174	11	21.34%	1	7.42%	1	6.22%	1	9.43%	8
其他	*ST 雅博（雅百特）	12 537	12	—	12	—	12	—	12	5.72%	9

附录 5　建筑业上市公司税费净利比排行榜（2020 年度）

（H 股上市公司不参与纳税总额排名）

金额单位：万元

明细行业	企业简称	净利润		纳税总额		税费净利比	
		金额	排名	金额	排名	比率	排名
房建	中国建筑	7 095 038	1	7 049 739	1	99.36%	40
基础设施	中国中铁	2 724 943	2	3 062 702	2	112.40%	34
基础设施	中国铁建	2 570 867	3	2 763 719	3	107.50%	38
基础设施	中国交建	1 934 862	4	2 331 174	4	120.48%	32
基础设施	中国电建	1 273 581	5	1 425 815	5	111.95%	35
石化冶金	中国中冶	938 236	6	1 075 963	6	114.68%	33
基础设施	葛洲坝	529 345	7	768 211	7	145.12%	24
石化冶金	中国化学	384 216	8	305 180	10	79.43%	55
房建	上海建工	322 231	9	635 680	8	197.27%	15
基础设施	四川路桥	304 547	10	159 458	17	52.36%	69
石化冶金	陕西建工（延长化建）	295 921	11	321 196	9	108.54%	37
建筑装饰	金螳螂	234 061	12	139 801	18	59.73%	65
基础设施	隧道股份	230 678	13	170 148	15	73.76%	58
基础设施	中国核建	175 227	14	216 103	12	123.33%	31
基础设施	天健集团	148 879	15	216 761	11	145.60%	23
基础设施	山东路桥	147 551	16	82 544	21	55.94%	67
基础设施	安徽建工	121 355	17	215 949	13	177.95%	19
其他	浙江建投（多喜爱）	115 374	18	202 498	14	175.51%	20
建筑装饰	江河集团	112 796	19	43 043	31	38.16%	79
国际工程	中材国际	111 821	20	71 632	25	64.06%	63

续表

明细行业	企业简称	净利润		纳税总额		税费净利比	
		金额	排名	金额	排名	比率	排名
基础设施	浙江交科	104 891	21	89 059	19	84.91%	50
房建	同济科技	87 105	22	37 900	34	43.51%	76
房建	龙元建设	83 294	23	88 123	20	105.80%	39
其他	西藏天路	79 945	24	36 193	35	45.27%	74
钢结构	鸿路钢构	79 909	25	72 369	23	90.56%	45
国际工程	北方国际	78 414	26	15 800	59	20.15%	86
基础设施	东湖高新	76 195	27	52 546	27	68.96%	61
钢结构	杭萧钢构	75 163	28	24 546	45	32.66%	82
钢结构	精工钢构	64 525	29	32 462	40	50.31%	70
国际工程	中钢国际	61 357	30	35 820	36	58.38%	66
基础设施	腾达建设	57 467	31	21 989	47	38.26%	78
基础设施	宏润建设	53 324	32	35 007	37	65.65%	62
基础设施	浦东建设	45 563	33	20 713	49	45.46%	72
其他	苏交科	41 475	34	38 007	33	91.64%	43
其他	垒知集团（建研集团）	37 885	35	18 469	52	48.75%	71
房建	重庆建工	37 458	36	161 982	16	432.44%	4
石化冶金	三维工程	37 180	37	6 900	78	18.56%	88
石化冶金	海油工程	36 553	38	66 201	26	181.11%	18
石化冶金	金诚信	35 826	39	30 823	41	86.04%	49
建筑装饰	亚厦股份	33 163	40	25 433	44	76.69%	56
钢结构	东方铁塔	30 902	41	14 038	63	45.43%	73
房建	宁波建工	29 732	42	82 237	22	276.59%	10
基础设施	粤水电	27 613	43	39 853	32	144.33%	25
房建	高新发展	26 741	44	16 454	57	61.53%	64
钢结构	东南网架	26 349	45	23 868	46	90.58%	44
建筑装饰	中装建设	25 893	46	25 728	43	99.36%	41
其他	重庆路桥	22 723	47	4 306	88	18.95%	87
基础设施	龙建股份	22 280	48	34 791	38	156.16%	21

续表

明细行业	企业简称	净利润		纳税总额		税费净利比	
		金额	排名	金额	排名	比率	排名
建筑装饰	东易日盛	21 720	49	18 063	54	83. 16%	51
石化冶金	东华科技	20 238	50	8 785	72	43. 41%	77
园林生态	蒙草生态	19 314	51	17 407	56	90. 13%	46
建筑装饰	森特股份	18 245	52	8 174	74	44. 80%	75
建筑装饰	全筑股份	17 856	53	19 834	51	111. 08%	36
建筑装饰	瑞和股份	17 502	54	13 236	65	75. 63%	57
建筑装饰	中航三鑫	16 951	55	14 064	62	82. 97%	52
其他	中化岩土	16 919	56	32 814	39	193. 95%	16
园林生态	文科园林	15 543	57	14 337	61	92. 24%	42
国际工程	中色股份	14 007	58	48 330	29	345. 05%	6
园林生态	中船科技	13 967	59	7 775	75	55. 67%	68
钢结构	富煌钢构	13 447	60	9 684	69	72. 02%	60
基础设施	正平股份	13 066	61	17 933	55	137. 25%	28
园林生态	大千生态	10 965	62	3 511	90	32. 02%	83
建筑装饰	宝鹰股份	10 250	63	27 958	42	272. 77%	11
其他	华电重工	9 778	64	20 987	48	214. 64%	14
园林生态	元成股份	9 289	65	2 045	101	22. 02%	84
基础设施	成都路桥	8 211	66	6 614	81	80. 55%	53
建筑装饰	嘉寓股份	8 082	67	11 596	67	143. 49%	26
基础设施	北新路桥	8 032	68	44 029	30	548. 16%	3
园林生态	* ST 美丽（美丽生态）	7 635	69	6 790	79	88. 93%	47
石化冶金	镇海股份	6 512	70	1 318	105	20. 23%	85
房建	中国海诚	6 385	71	19 872	50	311. 24%	8
建筑装饰	创兴资源	6 094	72	4 447	86	72. 97%	59
园林生态	铁汉生态	5 757	73	15 127	60	262. 77%	12
钢结构	海波重科	5 190	74	1 873	102	36. 09%	80
园林生态	杭州园林	5 030	75	1 683	103	33. 45%	81
建筑装饰	维业股份	4 797	76	6 655	80	138. 75%	27

续表

明细行业	企业简称	净利润		纳税总额		税费净利比	
		金额	排名	金额	排名	比率	排名
基础设施	永福股份	4 762	77	4 156	89	87.28%	48
园林生态	诚邦股份	4 076	78	3 281	91	80.48%	54
园林生态	棕榈股份	2 816	79	9 360	71	332.43%	7
园林生态	美晨生态（美晨科技）	2 667	80	11 020	68	413.14%	5
建筑装饰	郑中设计（亚泰国际）	2 628	81	7 386	76	281.06%	9
建筑装饰	名雕股份	2 573	82	3 273	92	127.23%	30
其他	百利科技	2 499	83	3 273	93	130.95%	29
建筑装饰	柯利达	2 360	84	5 355	83	226.91%	13
建筑装饰	美芝股份	1 541	85	2 361	98	153.26%	22
园林生态	农尚环境	715	86	1 313	106	183.59%	17
园林生态	祥龙电业	529	87	4	110	0.82%	89
房建	空港股份	465	88	3 229	95	694.80%	2
园林生态	花王股份	210	89	5 607	82	2 673.05%	1
园林生态	美尚生态	- 801	90	16 069	58	—	—
建筑装饰	建艺集团	- 2 601	91	13 463	64	—	—
其他	*ST 雅博（雅百特）	- 3 403	92	—	—	—	—
其他	亚翔集成	- 3 452	93	483	108	—	—
建筑装饰	弘高创意	- 5 896	94	—	—	—	—
建筑装饰	*ST 罗顿（罗顿发展）	- 7 569	95	—	—	—	—
园林生态	乾景园林	- 8 065	96	1 120	107	—	—
国际工程	中工国际	-10 206	97	18 190	53	—	—
园林生态	ST 云投（云投生态）	-11 479	98	368	109	—	—
园林生态	天域生态	-15 860	99	1 615	104	—	—
园林生态	中锐股份（丽鹏股份）	-18 121	100	3 250	94	—	—
园林生态	普邦股份	-21 867	101	9 611	70	—	—
基础设施	*ST 围海（围海股份）	-28 649	102	4 956	84	—	—
其他	延华智能	-28 763	103	2 172	100	—	—
建筑装饰	洪涛股份	-33 258	104	8 444	73	—	—

续表

明细行业	企业简称	净利润		纳税总额		税费净利比	
		金额	排名	金额	排名	比率	排名
建筑装饰	名家汇	-33 707	105	—	—	—	—
园林生态	万邦达	-37 629	106	4 332	87	—	—
园林生态	博天环境	-45 205	107	2 200	99	—	—
园林生态	岭南园林	-45 207	108	13 186	66	—	—
园林生态	巴安水务	-48 393	109	—	—	—	—
园林生态	东方园林	-48 917	110	71 930	24	—	—
建筑装饰	奇信股份	-57 186	111	4 662	85	—	—
其他	正源股份（国栋建设）	-76 806	112	2 590	96	—	—
建筑装饰	广田集团	-79 204	113	49 457	28	—	—
基础设施	天沃科技	-140 192	114	2 444	97	—	—
园林生态	京蓝科技	-253 132	115	7 169	77	—	—

附录6　建筑业上市公司研发投入排行榜（2020年度）

金额单位：万元

明细行业	企业简称	营业收入		研发投入		研发投入占比	
		金额	排名	金额	排名	比率	排名
房建	中国建筑	161 502 333	1	2 939 176	1	1.82%	83
基础设施	中国中铁	97 140 489	2	2 187 415	2	2.25%	76
基础设施	中国铁建	91 032 476	3	1 860 595	4	2.04%	81
基础设施	中国交建	62 758 619	4	2 015 483	3	3.21%	48
基础设施	中国电建	40 118 066	5	1 527 640	5	3.81%	25
石化冶金	中国中冶	40 011 462	6	1 237 448	6	3.09%	54
基础设施	中国能建	27 032 766	7	678 481	8	2.51%	70
房建	上海建工	23 132 723	8	811 405	7	3.51%	35
石化冶金	陕西建工（延长化建）	12 772 308	9	58 948	20	0.46%	97
基础设施	葛洲坝	11 261 117	10	335 368	10	2.98%	61
石化冶金	中国化学	10 945 651	11	380 202	9	3.47%	40
其他	浙江建投（多喜爱）	7 954 965	12	25 389	35	0.32%	100
基础设施	中国核建	7 280 046	13	95 676	14	1.31%	90
基础设施	四川路桥	6 106 991	14	168 497	12	2.76%	65
基础设施	安徽建工	5 697 244	15	70 411	18	1.24%	92
房建	重庆建工	5 529 417	16	7 488	69	0.14%	103
基础设施	隧道股份	5 400 625	17	212 983	11	3.94%	18
基础设施	浙江交科	3 673 772	18	80 787	16	2.20%	77
基础设施	山东路桥	3 443 733	19	74 656	17	2.17%	79

续表

明细行业	企业简称	营业收入		研发投入		研发投入占比	
		金额	排名	金额	排名	比率	排名
建筑装饰	金螳螂	3 124 323	20	95 578	15	3.06%	55
国际工程	中材国际	2 249 195	21	60 864	19	2.71%	66
房建	宁波建工	1 979 685	22	35 443	25	1.79%	85
建筑装饰	江河集团	1 804 996	23	50 534	21	2.80%	63
石化冶金	海油工程	1 786 258	24	98 271	13	5.50%	4
房建	龙元建设	1 778 668	25	7 479	70	0.42%	98
基础设施	天健集团	1 712 471	26	14 264	52	0.83%	95
国际工程	中钢国际	1 482 749	27	22 560	37	1.52%	87
钢结构	鸿路钢构	1 345 093	28	38 437	24	2.86%	62
国际工程	北方国际	1 285 066	29	1 494	95	0.12%	105
基础设施	粤水电	1 258 302	30	10 051	59	0.80%	96
建筑装饰	广田集团	1 224 648	31	40 271	23	3.29%	44
基础设施	北新路桥	1 188 579	32	332	106	0.03%	107
基础设施	龙建股份	1 183 743	33	17 055	43	1.44%	88
钢结构	精工钢构	1 148 402	34	44 268	22	3.85%	23
基础设施	宏润建设	1 131 657	35	33 934	28	3.00%	58
建筑装饰	亚厦股份	1 078 735	36	32 762	30	3.04%	57
基础设施	东湖高新	1 059 375	37	10 788	57	1.02%	94
钢结构	东南网架	925 629	38	32 981	29	3.56%	31
其他	华电重工	890 642	39	34 113	27	3.83%	24
园林生态	东方园林	872 554	40	19 187	39	2.20%	78
基础设施	浦东建设	837 649	41	27 789	34	3.32%	43
钢结构	杭萧钢构	813 876	42	34 212	26	4.20%	15
国际工程	中工国际	796 599	43	27 964	33	3.51%	34
基础设施	天沃科技	771 247	44	28 492	32	3.69%	27
其他	西藏天路	707 678	45	16 208	47	2.29%	74
国际工程	中色股份	678 579	46	683	103	0.10%	106
园林生态	岭南园林	665 128	47	29 759	31	4.47%	12

续表

明细行业	企业简称	营业收入		研发投入		研发投入占比	
		金额	排名	金额	排名	比率	排名
房建	同济科技	630 263	48	2 548	91	0.40%	99
建筑装饰	宝鹰股份	595 490	49	18 960	40	3.18%	49
基础设施	腾达建设	590 342	50	21 476	38	3.64%	28
其他	中化岩土	566 278	51	16 973	45	3.00%	59
建筑装饰	中装建设	558 145	52	17 000	44	3.05%	56
房建	高新发展	553 308	53	694	101	0.13%	104
其他	苏交科	549 936	54	23 777	36	4.32%	14
建筑装饰	全筑股份	542 417	55	9 847	62	1.82%	84
石化冶金	东华科技	521 030	56	18 676	41	3.58%	30
房建	中国海诚	509 663	57	18 107	42	3.55%	33
基础设施	正平股份	489 161	58	687	102	0.14%	102
园林生态	棕榈股份	482 115	59	16 768	46	3.48%	39
建筑装饰	中航三鑫	442 110	60	11 872	56	2.69%	67
园林生态	铁汉生态	421 150	61	15 177	50	3.60%	29
钢结构	富煌钢构	407 442	62	14 286	51	3.51%	36
其他	垒知集团（建研集团）	387 074	63	15 211	49	3.93%	19
石化冶金	金诚信	386 345	64	7 586	68	1.96%	82
建筑装饰	瑞和股份	376 388	65	12 269	55	3.26%	45
建筑装饰	洪涛股份	356 858	66	9 944	61	2.79%	64
建筑装饰	东易日盛	344 667	67	15 849	48	4.60%	11
建筑装饰	森特股份	315 252	68	10 007	60	3.17%	50
园林生态	美晨生态（美晨科技）	306 593	69	12 681	53	4.14%	16
建筑装饰	柯利达	265 700	70	9 219	64	3.47%	41
钢结构	东方铁塔	265 139	71	5 684	76	2.14%	80
园林生态	蒙草生态	254 179	72	12 299	54	4.84%	10
园林生态	普邦股份	254 148	73	10 329	58	4.06%	17

续表

明细行业	企业简称	营业收入		研发投入		研发投入占比	
		金额	排名	金额	排名	比率	排名
园林生态	文科园林	252 020	74	7 932	67	3.15%	51
建筑装饰	建艺集团	226 939	75	7 099	72	3.13%	53
基础设施	成都路桥	217 530	76	399	104	0.18%	101
建筑装饰	维业股份	211 053	77	5 635	77	2.67%	68
建筑装饰	奇信股份	210 957	78	8 192	65	3.88%	21
建筑装饰	嘉寓股份	207 863	79	6 735	73	3.24%	47
基础设施	*ST 围海（围海股份）	197 508	80	2 227	93	1.13%	93
园林生态	博天环境	192 047	81	6 600	74	3.44%	42
建筑装饰	郑中设计（亚泰国际）	189 315	82	9 814	63	5.18%	5
园林生态	中船科技	187 494	83	6 090	75	3.25%	46
园林生态	*ST 美丽（美丽生态）	140 854	84	—	108	—	108
其他	百利科技	140 420	85	7 104	71	5.06%	6
园林生态	美尚生态	134 132	86	3 492	83	2.60%	69
建筑装饰	美芝股份	124 853	87	—	108	—	108
园林生态	京蓝科技	115 832	88	2 789	88	2.41%	73
园林生态	诚邦股份	114 742	89	4 082	80	3.56%	32
房建	空港股份	111 791	90	—	108	—	108
石化冶金	镇海股份	109 621	91	3 440	84	3.14%	52
建筑装饰	创兴资源	109 597	92	—	108	—	108
基础设施	永福股份	98 044	93	3 847	81	3.92%	20
园林生态	大千生态	94 417	94	3 640	82	3.86%	22
其他	亚翔集成	92 937	95	4 669	79	5.02%	7
建筑装饰	名雕股份	86 721	96	1 244	97	1.43%	89
钢结构	海波重科	85 723	97	2 994	87	3.49%	38
园林生态	杭州园林	80 634	98	3 042	86	3.77%	26

续表

明细行业	企业简称	营业收入		研发投入		研发投入占比	
		金额	排名	金额	排名	比率	排名
其他	正源股份（国栋建设）	73 148	99	—	108	—	108
园林生态	元成股份	71 476	100	2 497	92	3.49%	37
石化冶金	三维工程	67 596	101	3 271	85	4.84%	9
其他	延华智能	65 985	102	7 977	66	12.09%	1
园林生态	万邦达	63 102	103	1 544	94	2.45%	71
园林生态	中锐股份（丽鹏股份）	61 605	104	993	99	1.61%	86
园林生态	天域生态	58 254	105	1 314	96	2.26%	75
园林生态	花王股份	57 203	106	2 782	89	4.86%	8
建筑装饰	名家汇	51 288	107	4 785	78	9.33%	2
建筑装饰	弘高创意	45 010	108	—	108	—	108
园林生态	巴安水务	42 905	109	2 552	90	5.95%	3
园林生态	农尚环境	28 827	110	864	100	3.00%	60
园林生态	ST 云投（云投生态）	26 771	111	342	105	1.28%	91
园林生态	乾景园林	25 850	112	1 151	98	4.45%	13
其他	重庆路桥	20 174	113	—	108	—	108
其他	*ST 雅博（雅百特）	12 537	114	307	107	2.45%	72
建筑装饰	*ST 罗顿（罗顿发展）	5 439	115	—	108	—	108
园林生态	祥龙电业	3 067	116	—	108	—	108

主要参考文献

[1] World Bank Group, Doing Business 2020 [R]. 2020.

[2] 国家统计局. 中国统计年鉴（2017）[M]. 北京：中国统计出版社, 2017.

[3] 国家统计局. 中国统计年鉴（2018）[M]. 北京：中国统计出版社, 2018.

[4] 国家统计局. 中国统计年鉴（2019）[M]. 北京：中国统计出版社, 2019.

[5] 国家统计局. 中国统计年鉴（2020）[M]. 北京：中国统计出版社, 2020.

[6] 韩丽萍. 生产税对居民初次分配总收入影响研究 [J]. 数理统计与管理, 2016, 35（02）: 319—328.

[7] 李颖. 资金流量表、生产税和间接税的经济归宿 [J]. 中南财经政法大学学报, 2018（3）: 98—105.

[8] 中国建筑业协会. 2019 年建筑业发展统计分析 [J]. 工程管理学报, 2020（4）.

[9] 国家税务总局. 中国税务年鉴（2018）[M]. 北京：中国税务出版社, 2018.

[10] 国家税务总局．中国税务年鉴（2019）[M]．北京：中国税务出版社，2019.

[11] 中国财政科学研究院 2019 年"降成本"调研综合组．降成本：2019 年的调查与分析 [J]．财政研究，2019（11）.

[12] 中国财政科学研究院 2020 年"降成本"调研综合组．降成本：2020 年的调查与分析 [J]．财政研究，2020（11）.

[13] 刘尚希，程瑜，王志刚，许文，张琦，朱小玉，夏楸．企业成本：2020 年的调查与分析——从给企业减负转向对冲公共风险 [J]．财政研究，2021（3）.

[14] 中国人民大学财税研究所，中国人民大学重阳金融研究院，中国人民大学财政金融学院．中国企业税收负担报告 [EB/OL]．(2019-07-18) [2019-09-03]. http://rdcy-sf.ruc.edu.cn/Index/news_cont/id/60343.html.